新世纪高等学校教材 · 生物科学系列

U0659712

种子植物 实验及实习

（第4版）

刘全儒　魏　来◎编

ZHONGZI ZHIWU
SHIYAN JI SHIXI

北京师范大学出版集团
BEIJING NORMAL UNIVERSITY PUBLISHING GROUP
北京师范大学出版社

图书在版编目(CIP)数据

种子植物实验及实习/刘全儒,魏来编. —4 版. —北京:
北京师范大学出版社,2017.2(2024.7 重印)
(新世纪高等学校教材·生物科学系列)
ISBN 978-7-303-21081-7

Ⅰ.①种… Ⅱ.①刘… ②魏… Ⅲ.①种子植物—实验—高
等学校—教材 Ⅳ.①Q949.4-33

中国版本图书馆 CIP 数据核字(2016)第 183068 号

图 书 意 见 反 馈:gaozhifk@bnupg.com 010-58805079
营 销 中 心 电 话:010-58802181 58805532

出版发行:北京师范大学出版社 www.bnupg.com
北京市西城区新街口外大街 12-3 号
邮政编码:100088
印 刷:北京天泽润科贸有限公司
经 销:全国新华书店
开 本:787 mm×1092 mm 1/16
印 张:10.25
字 数:231 千字
版 次:2017 年 2 月第 4 版
印 次:2024 年 7 月第 7 次印刷
定 价:29.80 元

策划编辑:刘风娟 姚斯研 责任编辑:刘风娟 姚斯研
美术编辑:焦 丽 装帧设计:焦 丽
责任校对:陈 民 责任印制:马 洁 赵 龙

第 4 版前言

　　《种子植物实验及实习》一书最初由我的恩师尹祖棠先生编写，第 1 版早在 1987 年就已经出版，以后陆续出版了第 2 版和第 3 版，我有幸参加了第 2 版的绘图，并受恩师的嘱托完成了第 3 版的修订。令人遗憾的是恩师于 2012 年不幸仙逝，因此，本书首先敬献给我的恩师尹祖棠先生。

　　本书自第 3 版修订以来，承蒙广大读者的厚爱，长期使用该教材，并不断地给我们提出修改和改进的意见，在此，我们表达深深的谢意。

　　本次修订，正值分子系统学研究进入一个辉煌的时代，种子植物的分类系统不断地改进和完善，基于分子系统学研究建立的新的裸子植物分类系统和被子植物的新分类系统 APG Ⅳ 也相继发表，基于此，我们决定对本书进行修订，我们保留了原书中关于基础理论、基本知识和基本技能等方面内容以及注重实践、重视培养学生能力的理念，全面修改了种子植物的分类系统，其中裸子植物主要采用 Christenhusz 系统，并将买麻藤类放在松柏类的后面；被子植物采用 APG Ⅳ 系统。在本次修订中，我们改正了第 3 版中的个别错误，根据需要增删了部分科属内容，补充了部分分类参考文献。

　　本次修订是由我和魏来老师共同完成的。由于编者的专业水平有限，书中的不足之处在所难免，恳请广大读者批评指正。

刘全儒

2024 年 6 月

于北京

第3版前言

　　《种子植物实验及实习》是根据植物学教学大纲的要求，在编者几十年的教学实践活动所积累的经验基础上编写而成的。本书除在基础理论、基本知识和基本技能等方面作了较系统的阐述外，还着重在培养学生的独立工作能力、分析问题和解决问题的思路和方法上，作了引导性的论述。

　　本书自1991年修订版（第2版）发行以来，至今已有16个年头了，得到了广大读者和使用本书的师生们的热情支持、鼓励和肯定，在此深表感谢。

　　根据广大读者，特别是同行专家对本书提出的意见和建议，决定再一次作必要的修订。本次修订，改正了书中原有叙述不当的地方，更新了"种子植物分类学教学和研究的重要参考文献"中的部分资料，在"野外实习"一章中，增加了一节关于"野外实习中的科研训练"的内容，并对书中的插图全部重新绘制。

　　由于编者的业务水平有限，书中的错误也在所难免，恳请广大读者批评指正。

编　者
2008 年 10 月
于北京

第2版前言

《种子植物实验及实习》一书自1987年出版以来，已连续使用6年。几年来的教学和野外实习的实践证明，本书有些内容应作必要的修订和补充。我们认为，通过实验与实习，应使学生真正掌握鉴别植物的方法，并对部分重要科、属的认识有明显的提高。同时对植物与环境之间的辩证关系应具有综合分析的能力和思路。为此，增加了华北地区种子植物分科检索表、植物与环境的辩证关系，以及种子植物分类学国内外的重要文献等内容，以促进学生独立工作能力的培养和提高学生的分析问题和解决问题的实际能力。

在这次修订的过程中，曾得到广大读者的热情支持，给本书的修订提出了许多具体的宝贵意见，同时也得到许多同行专家的关心和帮助，另外，本书中的全部插图均由我组研究生刘全儒同志描绘，在此一并深表感谢。

由于编者的业务水平所限，书中难免会有一些错误，恳请广大读者批评指正。

编　者
1991 年 12 月 3 日

第1版前言

　　《种子植物实验及实习》一书，是根据教学大纲的要求，在我们多年教学实践活动所积累的资料、经验和教训的基础上编写而成的。本书除在基础理论、基本知识和基本技能等方面作了较系统的阐述外，还着重在培养学生的独立工作能力，分析问题和解决问题的思维方法上，作了诱导性的论述。

　　本书在内容和章节的安排上，是经过反复考虑的。在绪论中，首先用比较丰富而又生动的事实，说明学好植物分类学的重要性，同时也讲明实验和野外实习的目的和具体要求，从而起到激发学生学好本门学科的兴趣和决心。为了使实验和野外实习获得更好的效果，我们把有关实验和实习的基础理论和基本方法作为第2章。这样安排，对进行实验和野外实习、对培养学生的独立工作和实际操作能力，是大有好处的。在编写实验和野外实习内容时，我们力争把指导和培养学生的学习方法、思维能力和实际操作等方面放在首位，起到指导性的作用。如在实验时所用的材料，一般只提出带有启发性的问题，而不给予具体的结论；结论应由学生自己通过对材料细致地解剖观察，进行独立分析和判断而得出。在每个实验后面，还提出了复习思考的问题，以便学生课后思考和复习。同时，附有北京地区常见植物各科的突出特征以及实验材料和标本采集、保存的具体资料，以利于学生查阅和参考。

　　本书为我系本科生的教材，可供师范院校、综合性大学、农、林等兄弟院校参考，并可作为函授、业余大学、中学生物教师及自学青年的参考书。

　　本书在编写的过程中，曾得到组内许多同志的热情支持，对编写提纲提出不少宝贵意见．并承蒙贺士元老师审阅和提出不少修改意见，在此深表感谢。

　　由于编者的水平有限，书中定有不少错误，恳请广大读者批评指正。

编　者
1985 年 6 月 4 日

目 录

绪 论

种子植物的实验和野外实习，是植物学教学过程中不可缺少的重要组成部分，是复习、巩固和验证理论知识，联系实际的极为重要的一环；同时也是扩大和丰富植物分类学的知识范围，培养学生独立工作能力和了解植物与环境的关系等方面不可缺少的环节。因此，为了学好植物分类学，必须认真完成本门课程的实验与实习。

1. 学习植物分类学的重要意义

人类的衣、食、住、行都和植物密不可分，没有植物，也就没有人类。

我国地大物博，地形极为复杂，在各种复杂的自然环境中，生长着极为丰富的植物资源。据最近统计，我国的植物种类仅次于马来西亚和巴西，居世界第三位；而且我国特有植物的种类非常丰富，共有190余属，占全国植物总数的6.8%，其中以云南、四川的植物种类为最多，如云南省就有植物12 000种左右，占全国第一位，素有"植物王国"之称。据统计，全欧洲植物的种类约有6 000种，法国约有3 900种，德国1 100种。从中可以看出，云南省的植物种类相当于全欧洲植物种类的2倍、法国的3倍、德国的10倍多。因此，学好植物分类学，不仅对广泛利用、改造和保护植物资源，维护生态平衡，绿化美化祖国，改善人类生存的环境有着重要的作用；而且对提高和改善人民生活水平，解决目前轻工业某些原料不足的问题具有重要的经济效益和社会效益。

此外，掌握植物分类学的基础知识，对野生植物资源的开发利用和保护珍贵动植物等，都会有很大的帮助。大家知道，植物是许多动物的饲料和各种动物的栖息地，因此，我们了解了该地区的植被类型和植物的种类，就有助于了解该地区的动物种类和分布。实践也生动地说明了这一点。如1985年，植物研究所有一位植物分类工作者，到秦岭进行植被调查时，发现山上有大片箭竹，当时就提出秦岭可能有大熊猫，其根据是，箭竹是大熊猫的主要食物。果不其然，在秦岭地区发现了野生大熊猫。

最后还应特别指出的是：作为一个生物学教师，掌握本门课程的基础知识是极为重要的。例如，在中学开展的青少年夏令营的活动，其中动、植物的采集和调查，是最为丰富的活动内容；教师还可以根据当地的植物多样性现状，开发具有地方特色的有关植物观察和识别的校本课程。因此，我们必须十分重视本课程的学习，对课堂讲授、实验、实习和参观访问等每一个教学环节都应认真对待，一定把它学好。

2. 实验课的目的、内容和安排

(1)实验课的目的：植物分类学的学习对象是自然界极其丰富多样的植物，而实验课是实现理论联系实际的重要环节，因此，必须十分重视实验课的质量。其目的概括起来有以下几点：

①复习、巩固和验证课堂讲授的基本理论和基本知识。要求掌握重点科、属、种的特征、区别及其经济意义。

②掌握植物的解剖、观察、绘图、描述和鉴定等分类学的基本技能，能独立地进行实验工作，以识别植物和鉴定植物的正确名称为重点。

③学会编制检索表和利用检索表鉴定植物的方法，从而要求学会正确掌握分类学上对各个类群特征的分析和比较的方法。

④学会从分类理论上去鉴别重点科、属、种，了解这些主要类群的分类特征、分布和演化趋向。

⑤要求记住重要科、属、种的拉丁学名(要记 60～70 个)。

⑥培养运用参考书和文献独立解决种子植物分类问题的能力。

(2)实验课的内容和安排：根据教学计划和教学目的的要求，本课程讲课 16 周(周学时 2)，实验课 16 周(周学时 3)，野外实习 2 周。

为了保证上好每一堂实验课，要求学生必须预习实验内容，明确实验目的和要求。

实验课应根据当时植物生长的情况和实际的需要，采取多种形式，如到郊外、公园、菜地等进行现场教学，使所学的基础理论及时地得到验证、巩固和运用。

3. 野外实习的目的、内容和安排

(1)野外实习的目的：植物分类学的野外实习，不仅能扩大和巩固学生所学的课堂理论和培养学生的独立工作能力，而且还可以使学生更多地认识植物界的形形色色、多种多样，从而激发对学习植物分类学的浓厚兴趣。实习的目的概括起来有以下几点：

①复习巩固和验证课堂上讲授的理论，把理论和实际密切地结合起来。

②扩大和丰富植物分类学的知识范围。

③培养学生分析问题和解决问题的实际能力。如解剖、描述、绘图、鉴定(使用检索表的能力)、采集、压制标本、制作腊叶标本、浸制标本，以及如何做野外记录等。

④要求学生能正确分析植物与环境的辩证关系。

(2)野外实习的内容和安排：

①野外实习的主要内容：

a. 学会调查、采集、野外记录、压制、上台纸、定名等方法。学会浸制标本和保存标本的方法，标本室的一般工作方法。

b. 熟练掌握解剖花，描述植物的技能(要求描述植物 5～10 种，并能绘出简图)，及运用检索表鉴定植物的方法(要求鉴定植物 10～30 种)。

c. 利用已学过的植物分类学理论，认识植物 120～150 种，从而学会识别重点科、属、种的鉴别特征。

d. 学会编写实习地区常见植物检索表(要求编出 10～30 种植物的分种检索表)。

e. 学会运用辩证唯物主义观点分析植物与环境的辩证关系。

②实习的方式和安排：野外实习在教师指导下有计划地进行。首先由指导教师宣布野外实习计划和具体日程。实习应按计划进行，按时完成作业。

实习大致可分为五个阶段进行：

第一阶段：描述、绘图、采集、调查、记录、压制标本。主要是基本功的训练阶段。

第二阶段：结合描述，把采集到的植物，利用工具书鉴定出植物的学名。

第三阶段：大量认识植物，并注意压制一定数量的标本。运用 10～30 种植物的特征比较，作出植物的分种检索表。实习工作应分野外工作和室内工作两部分，这两部分工作应交替进行。

第四阶段：进行小专题调查。由学生独立进行调查研究，并要求作出专题小结（分小组进行）。

第五阶段：实习的总结阶段。包括调查资料的整理和小结，制作腊叶标本、考试（鉴定 2～3 种植物，辨认 20～30 种植物和它们所属的科）、实习的全面小结（包括思想和业务的小结）。如有条件，也可举办一个小型的展览会和报告会，以便互相交流。

第 1 章　实验与实习的基础理论和基本方法

1.1　描述植物和绘图的基本方法

1.1.1　如何描述植物

目前，被子植物的分类及其鉴定仍以花的形态特征为主要依据，因而，必须对多种多样的植物的花认真地进行内部和外部观察，然后运用已学过的形态术语加以描述。描述植物的具体步骤如下：

(1)对所描述的植物进行认真细致的观察。如描述草本植物，应从根开始，看它是属于直根系还是须根系，有无地下茎等；其次是茎、叶。对花的基本构造更要细心地解剖观察。在观察花时，首先将花柄向上举，观察萼片结合与否，花萼裂片的数目、形状及附属物等，再观察花瓣结合与否，花冠类型、颜色、裂片数目及排列方式；剖开或除去花冠，置于解剖镜下，观察雄蕊，注意雄蕊的数目、排列方式、结合与否及其长短，并注意花药着生和开裂的方式等。最后观察其雌蕊，先观察子房的位置，心皮的数目、心皮结合与否，然后横剖子房，观察胎座的类型，心皮结合形成的室数，以及胚珠的数目等。

(2)运用科学的形态术语，按根、茎、叶、花序、花的结构、果实、种子以及花果期、产地、生境、分布、用途等顺序进行具体的文字描述。在描述的过程中要注意标点符号的应用。通常以"，""；""、""。"将描述植物的各部分内容分开，以表示前后的关系。为了便于掌握，现举例说明描述的顺序和方法。

甜菜 *Beta vulgaris* L.

二年生草本，根圆锥状或纺锤状，多汁。茎直立，多少有分支，具条棱及色条。基生叶长圆形，长 20～30 cm，宽 10～15 cm，上面皱缩不平，略有光泽，下面有粗壮凸出的叶脉，全缘或略呈波状，先端钝，基部楔形、截形或略呈心形；叶柄粗壮，下面凸，上面平或具槽；茎生叶互生，较小，卵形或披针状长圆形，先端渐尖，基部渐狭，具短柄。花 2～3 朵团集，果时花被基部彼此结合，花被裂片条形或狭长圆形，果时变为革质并向内拱曲。胞果下部陷在硬化的花被片内，下部稍肉质；种子双凸镜形，直径 2～3 mm，红褐色，具光泽；胚环形，苍白色，外胚乳白色。花期 5～6 月，果期 7～8 月。

本种广为栽培，变异很大，品种甚多。

叶可作蔬菜，肥大的肉质根为我国北部地区主要的制糖原料。

1.1.2　绘图的要求和方法

生物绘图在生物学的形态、解剖及分类学的研究工作中都很重要。许多重要的形态特征，能通过绘图的方法，简单准确地表现出来，有些是文字描述所不能代替的。绘图技术对一个教学工作者来讲，也是极为重要的。

（1）绘图的要求：绘植物图主要目的是表现植物的形态特征，作为分类学研究的依据。绘植物图不同于一般的美术创作，它必须具有高度的科学性，具体要求如下：

①线条和点要清晰。要把植物器官的外形或解剖构造正确而真实地描绘出来，并尽可能表现自然的生活状态，故在描绘时要注意线条和点的清晰，不要模糊，也不要求作阴影等。

②比例要正确。绘图时要按植物各器官或各部分构造的原有比例绘出，绘放大解剖图时，最好注明放大倍数（倍数以长度比例为准）。

③特征要突出。植物学绘图中允许重点描绘植物的重要形态特征，而其余部分可仅绘出轮廓，以表示其完整性。

（2）绘图的方法：绘图的方法很多，为了描绘正确，要运用多种测量、描绘的仪器用具。但对一个普通的植物学教师或研究人员，只需掌握最简单的绘图技能，即用铅笔直接绘图。绘图方法各有不同，现提出几点供参考：

①先作好构图。按解剖材料的要求，计划好要作些什么图，如要绘几个外形图，绘几个解剖图等，它们各占多大画面及其位置。都应一一设计好，以免由于画面设计不合适而造成排列的混乱，影响图的质量。

②先绘全形图，后绘部分的解剖图。随着解剖观察，随即描绘作图，严格地按一定次序解剖绘图。因材料放置的时间越短，特征就越明显，且不易遗漏。如绘豌豆的蝶形花冠图，应随解剖的顺序绘出：绘花的外形后，取出各花瓣依次摆在玻璃板上，一一绘出；然后绘雄蕊与雌蕊；子房及其花柱、柱头等图。

③绘轮廓时可采用各种辅助方法，如先用软铅笔（HB）点点画出轮廓，再用硬铅笔（3H～6H）画线，描绘成图，线条要均匀．最好一次绘出，不绘重线，以免模糊。如绘辐射对称的花时，可用圆的透视法描绘。

1.2　花程式和花图式的表示

1.2.1　花程式

花程式（flower formula）是用简单的符号来表示花的各部分特征，常用的符号含义如下：

♀或☿：两性花；♂：雄花；♀：雌花；（♂♀）：雌雄同株；♂/♀：雌雄异株；✳：辐射对称；↑：两侧对称；

P（Perianth）：花被；K（Calyx，德文为 Kalyx）：花萼；C（Corolla）：花冠；A（Androecium）：雄蕊；G（Gynoecium）：雌蕊；在 K，C，A，G 等符号右侧以数字表示数目；以（　）表示结合，下面以∪表示基部结合。以 A_{5-C} 表示 5 个雄蕊对着花瓣，$\underline{G}$ 表示子房上位；$\overline{G}$ 表示子房下位；$\overline{\underline{G}}$ 表示子房半下位；G 右边的（　）内第一个数字表示这朵花心皮的数目，第二个数字表示子房的室数，第三个数字表示每室的胚珠数目。

花程式举例：

马铃薯 *Solanum tuberosum* L. 花程式应写成：♀ ✳ $K_5 C_{(5)} A_5 \underline{G}_{(2:2:\infty)}$。具体含义为：两

性花，辐射对称；萼片5；花瓣5，结合；雄蕊5；子房上位，心皮2，合生，2室，每室多数胚珠。

苹果 *Malus pumila* Mill. 花程式应写成：$\lozenge ⚥ ✳ K_5 C_5 A_\infty \overline{G}_{(5:5:2)}$。具体含义为：两性花，辐射对称；萼片5；花瓣5；雄蕊多数，子房下位，5个结合心皮，形成5室，每室2个胚珠。

毛茛 *Ranunculus japonicus* Thunb. 花程式应写成：$\lozenge⚥ ✳ K_5 C_5 A_\infty \underline{G}_{\infty:1:1}$。具体含义为两性花，辐射对称；萼片5；花瓣5；雄蕊多数；子房上位，多个离生心皮，每个心皮形成1个室，每室1个胚珠。

豌豆 *Pisum sativum* L. 花程式应写成：$\lozenge⚥ ↑ K_{(5)} C_5 A_{(9)+1} \underline{G}_{1:1:\infty}$。具体含义为：两性花，两侧对称；萼片5，结合；花瓣5；雄蕊9个连合，1个分离，形成二体雄蕊；子房上位，1个心皮，形成1个室，内具多数胚珠。

1.2.2 花图式的表示方法

花图式(flower diagram)能表示一朵花各重要部分的横断面，借此说明花萼、花冠、雄蕊和雌蕊之间的相互关系和排列方式。花图式不但能表明各种花的基本特征，而且也可借以比较各种植物花的形态异同。

花图式实际上就是花的各部分在垂直花轴的平面上的投影。

一般在绘制花图式时，花轴是以"○"表示，花轴绘在花图式的上方；花轴的对方和两侧绘中央有一突起的新月形空心弧线，以表示苞片和两侧的小苞片。如为顶生花，则"○"及苞片和小苞片都不必绘出来。花的各部分应绘在花轴和苞片之间，花萼以具突起的和具短线的新月形弧线表示，花冠以黑色的实心弧线表示。如果花萼、花冠都是离生的，各弧线彼此分离，如为合生的，则以线条连接各弧线。绘制花图式时特别应注意萼片、花瓣各轮的排列方式（如镊合状排列、覆瓦状排列等），还应注意萼片和花瓣之间的相互关系（如对生、互生）。如萼片或花瓣具有距时，则以弧线延长来表示。雄蕊是以花药横切面表示，绘制时应表示出排列的方式和轮数，连合或分离，花药为内向或外向开裂，以及雄蕊和花瓣之间的相互关系

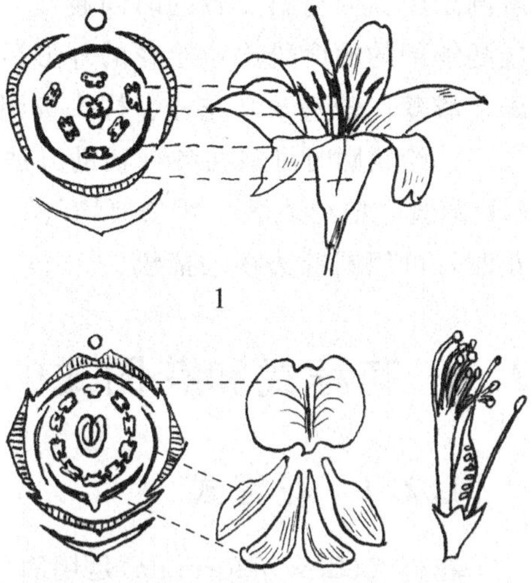

图 1-1 花图式和花图解

1. 百合科的花　2. 豆科的花

（互生或对生），如雄蕊退化，则以"×"表示。雌蕊以子房的横切面表示，应表明心皮的数目、心皮是合生还是离生，子房的室数、胚座的类型，以及胚珠着生的情况等（图 1-1）。

由于花图式不能表明花的某些结构和特征（如子房的位置等），故还需借花程式的帮助才能完全表达清楚。因此，花图式和花程式是不能彼此代替的。

1.3　植物检索表的编制和应用

用什么方法能帮助我们认识常见的树木、花卉、杂草、作物等植物种类呢？要解决这个问题必须学会和掌握鉴别植物种类的钥匙——检索表。

1.3.1　如何编制检索表

植物检索表是鉴定植物、认识植物种类的工具。用来查科的叫分科检索表；查属的叫分属检索表；查种的叫分种检索表。而检索表的编制，必须掌握植物的特征，并找出各科、各属或各种之间共同特征和主要区别，才能进行编制。所以检索表的编制，通常不是按照什么亲缘关系，而是按照人为的方法进行编制的，只要能把各科、各属或各个种准确地区别开就行。目前广泛采用的有两种检索表，即定距检索表和平行检索表，这两种检索表均以两两相对或相反的特征进行编制，所以均称为二歧检索表。为了便于掌握编制检索表的方法，下面将两种检索表的编排方式，以十字花科（Cruciferae）的芸苔属（*Brassica* L.）中的常见的种类作一分种检索表，以供参考。

1. 定距检索表

1. 植物体具块茎或块根
 2. 植物体具块茎且露出地面，叶厚，蓝绿色·················· 1. 擘蓝 *B. oleracea* L. var. *youngylodes* L.
 2. 植物体具块根
  3. 块根无辛辣味，叶缘波状或浅裂 ····················· 2. 蔓青 *B. rapa* L.
  3. 块根具辛辣味，叶缘具不规则的尖齿·····················
   ·················· 3. 芥菜疙瘩 *B. juncea*(L.)Czern. var. *napiformis*(Pailleux et Bois)Kitam.
1. 植物体不具块茎或块根
 4. 叶厚、蓝绿色，种子长 2～3 mm，圆形，无棱角
  5. 叶互相包卷成圆球形 ····················· 4. 圆白菜 *B. oleracea* L. var. *capitata* L.
  5. 花序大而短，肉质化成球形·················· 5. 菜花 *B. oleracea* L. var. *botrytis* L.
 4. 叶薄，绿色，种子短于 2 mm，常具棱角
  6. 基生叶的柄，具有叶片下延的翅·················· 6. 白菜 *B. rapa* L. var. *glabra* Regel
  6. 基生叶的柄，不具叶片翅 ·················· 7. 青菜 *B. rapa* L. *chinensis*(L.)Kitag.

2. 平行检索表

1. 植物体具块茎或块根 ··· 2
1. 植物体不具块茎或块根 ··· 3
 2. 植物体具块茎，露出地面，叶厚，蓝绿色 ·················· 擘蓝 *B. oleracea* L. var. *youngylodes* L.
 2. 植物体具块根 ··· 4
  3. 叶厚，蓝绿色，种子长 2～3 mm，圆形，无棱角 ····················· 5
  3. 叶薄，绿色，种子短于 2 mm，常具棱角 ····················· 6
   4. 块根不具辛辣味，叶缘波状或浅裂 ····················· 蔓青 *B. rapa* L.
   4. 块根具辛辣味，叶缘具不规则的尖齿·····················
   ·················· 芥菜疙瘩 *B. juncea*(L.)Czern. var. *napiformis*(Pailleux et Bois)Kitam.

5. 叶互相包卷成圆球形 ·························· 圆白菜 *B. oleracea* L. var. *capitata* L.

5. 花序大而短，肉质化呈球形 ·················· 菜花 *B. oleracea* L. var. *botrytis* L.

 6. 基生叶的柄，具叶片下延的翅 ·················· 白菜 *B. rapa* L. var. *glabra* Regel

 6. 基生叶的柄，不具叶片下延的翅·················· 青菜 *B. rapa* L. *chinensis*(L.)Kitag.

从上面的例子可看出，两种检索表采用的特征是相同的，其不同处就在编排的方式上。这两种检索表在应用上各有其优缺点，目前采用最多的还是定距检索表。实践证明，要想编制一个好用的检索表，必须注意以下几点：

(1)首先要决定做分科、分属、还是分种的检索表，并认真地观察和记录植物的特征，在掌握各种植物特征的基础上，列出相似特征和区别特征的比较表，同时要找出各种植物之间的突出区别，才有可能进行编制。

(2)在选用区别特征时，最好选用相对或相反的特征，如单叶或复叶、木本或草本，或采用易于区别的特征。千万不能采用似是而非，或不肯定的特征，如叶较大和叶较小。

(3)采用的特征要明显，最好选利用手持放大镜就能看到的特征，防止采用难看到的特征。

(4)二歧检索表的编排号码，只能用两个相同的号码，不能用三个甚至四个相同的号码并排。

(5)有时，同一种植物由于生长的环境不同，既有乔木，也有灌木，遇到这种情况时，在乔木和灌木的各项中都可编进去，这样就保证可以查到。

(6)为了证明你编制的检索表是否实用，还应到实践中去验证。如果在实践中可用，而且选用的特征也都准确无误，那么，此项工作就算完成了。

1.3.2 怎样利用检索表鉴定植物

中国植物志的编撰完成和地方植物志的陆续出版，使我们在鉴别植物种类时获得了很大的方便。由于检索表所包括的范围各有不同，所以，有全国检索表，也有观赏植物或冬态植物检索表等，在使用时，应根据不同的需要，利用不同的检索表，绝不能在鉴定木本植物时用草本植物检索表去查。最好是根据要鉴定植物的产地确定检索表。如果要鉴定的植物是从北京地区采来的，那么，利用北京植物检索表或北京植物志，就可以帮助你解决问题。

鉴定植物的关键，是应懂得用科学的形态术语来描述植物的特征。特别对花的各部分构造，要作认真细致的解剖观察，如子房的位置、心皮和胚珠的数目等，都要搞清楚，一旦描述错了，就会错上加错，即使鉴定出来，肯定也是错误的。关于如何描述植物，前面已讲过了，现举例说明如下：白菜为二年生草本。单叶互生；基生叶的柄，具由叶片下延的翅。总状花序，花黄色；萼片 4；花瓣 4；呈十字形花冠；雄蕊 6；成四强雄蕊(4 长 2 短)；雌蕊由 2 个合生心皮组成，子房上位；长角果具喙，成熟时裂成两瓣，中间具假隔膜，内含有多数种子。根据这些特征就可以利用检索表从头按次序逐项往下查，首先要鉴定出该种植物所属的科，再用该科的分属检索表，查出它所在的属；最后利用该属的分种检索表，查出它所属的种。根据上述特征，我们利用北京植物检索表鉴定的结果，证明该种植物是属于十字花科 Cruciferae，芸苔属 *Brassica* L. ，白菜 *Brassica rapa* L. var. *glabra* Regel。

1.3.3　鉴定植物时应注意的问题

为了保证鉴定的正确，一定要防止先入为主、主观臆测和倒查的倾向，要遵照以下几点去做。

(1)标本要完整。除营养体外，要有花、有果。特别对花的各部分特征一定要看清楚。

(2)鉴定时，要根据观察到的特征，从头按次序逐项往下查。在看相对的两项特征时，要看到底哪一项符合你要鉴定的植物特征，要顺着符合的一项查下去，直到查出为止。因此，在鉴定的过程中，不允许跳过一项而去查另一项，因为这样特别容易发生错误。

(3)检索表的结构都是以两个相对的特征编写的，而两项号码是相同的，排列的位置也是相对称的。故每查一项，必须对另一项也要看看，然后再根据植物的特征确定符合哪一项，假若只看一项就加以肯定，极易发生错误。只要查错一项，就会导致整个鉴定工作的失败。

(4)为了证明鉴定的结果是否正确，还应找有关专著或有关的资料进行核对，看是否完全符合该科、该属、该种的特征，植物标本上的形态特征是否和书上的图、文一致。如果全部符合，证明鉴定的结论是正确的，否则还需再加以研究，直至完全正确为止。此外也可以请教有关的专家或核对彩色图谱，核对自己所鉴定的结果是否与专家鉴定的结果或彩色图谱上的图片一致。

1.4　植物的拉丁学名

1.4.1　拉丁学名的读法和发音规则

拉丁字母一共有 25 个，字母 w 原不是拉丁字母。但因生物科学中常在姓氏或地名中出现，而且 w 字母又是现代西欧各国语言字母之一，因此 w 也被列入拉丁字母表中。

拉丁文在现代科学中应用相当广泛，如生物学名词、医学术语等都是用拉丁词来命名的。特别是在植物学中发表新类群的科、属、种时，按国际植物命名法的规定，必须用拉丁文描述(自 2012 年 1 月 1 日起用英文撰写也是合格的)，植物的学名，也必须拉丁化或用拉丁文。

拉丁文字母发音和名称

印刷体		国际音标		印刷体		国际音标	
大写	小写	名称	发音	大写	小写	名称	发音
A	a	(aː)	(aː)	N	n	(en)	(n)
B	b	(be)	(b)	O	o	(o)	(o)
C	c	(tse)	(k)(ts)	P	p	(pe)	(p)
D	d	(de)	(d)	Q	q	(ku)	(k)
E	e	(e)	(e)	R	r	(er)	(r)

续表

印刷体		国际音标		印刷体		国际音标	
大写	小写	名称	发音	大写	小写	名称	发音
F	f	(ef)	(f)	S	s	(es)	(s)
G	g	(ge)	(g)(dʒ)	T	t	(te)	(t)
H	h	(ha:)	(h)	U	u	(u)	(u)
I	i	(i)	(i)	V	v	(ve)	(v)
J	j	(iɔtʌ)	(i)	W	w	(dubleksve)	(v)
K	k	(ka:)	(k)	X	x	(iks)	(ks)
L	l	(el)	(l)	Y	y	(ipsilon)	(i)
M	m	(em)	(m)	Z	z	(zetʌ)	(z)

至于植物拉丁学名的读法,现在各国仍不很一致,一般用英语的国家仍常用英语的读法去读拉丁学名。这里仅对拉丁文的语音规则作简单说明。

拉丁字母的发音分为元音、辅音、双元音和双辅音

(1)元音字母 6 个:a,e,i,o,u,y

(2)辅音字母 19 个:b,c,d,f,g,h,j,k,l,m,n,p,q,r,s,t,v,x,z

(3)双元音 4 个:ae,oe,au,eu

(4)双辅音 4 个:ch,ph,rh,th

1. 拉丁文某些字母的发音规则

(1)c 可发两个音:

①在元音字母 a,o,u 和双元音 au 之前发 k 音。如:capsula 蒴果,caudex 轴,discus 花盘,cormus 球茎。

②在辅音前和在字尾发 k 音。如:fructus 果实,lac 乳汁。

③在元音 e,i,y 和双元音 ae,oe,eu 前发 ts 音。如:cyma 聚伞花序,*Citrus* 柑橘属,caespitosus 丛生的,racemus 总状花序,coelestis 天蓝色,*Cedrus* 雪松属,*Ricinus* 蓖麻属。

(2)g 在元音 a,o,u,au 和一切辅音前,以及在词尾时发 g 音。如:*Gossypium* 棉属,*Glycine* 大豆属。

g 在元音 e,i,y,ae,oe,eu 前发 dʒ 音。如:*Ginkgo* 银杏属;*Gynura* 三七草属。

(3)q 发 k 音,其后与 u 连用,读 kw/ku;并且,在这两个字母组合之后,永远跟着一个元音,构成一个音节。如:aqua 水,*Quercus* 栎属,quasi 似乎,*Aquilaria* 沉香属,*Liquidambar* 枫香属,aquaticus 水生的。

(4)t 一般就读 t 音,但 ti 后连一元音时发 ts,则应读 tsi,tia,tie,tii,tio,tiu 即按此发音,如:inflorescentia 花序,absorptio 吸收。

如 ti 前的字母为辅音 s 或 x 时,即使后面有元音,t 照常发 t 音,如 *Pistia* 大漂属。

2. 双元音的发音

双元音是由两个元音结合而成,而读作一个音节,划分音节时不能分开,双元音共有 4 个:

ae＝e,oe＝e,但 au,eu 却要连读,而 a,e 要读得重一点,u 读得轻一点。

(1)ae 发音和元音 e 相同。如:aequalis 相等,saepe 屡次,aestivus 夏天,*Paeonia* 芍药属,*Linnaea* 林奈花属。

(2)oe 发音和元音 e 和双元音 ae 相同。如:foeniculum 茴香,coelestis 天蓝色。

(3)au 发音,a 和 u 要连读。如:cauda 尾,caulis 茎,*Aucuba* 桃叶珊瑚属。

(4)eu 发音,e 和 u 也要连读。如:pseudocarpium 假果,*Euonymus* 卫矛属,*Leucaena* 银合欢属,*Peucedanum* 前胡属。

特别应注意的是 ae 和 oe 的读法,如果在 e 上有一个分音节符号"··",则应分开读,当作两个元音对待。如:aër 空气,aloë 芦荟。

3. 双辅音的发音

双辅音是由两个辅音结合而成,而读作一个音节,在划分音节时不能分开,双辅音共有 4 个,即 ch,ph,rh,th。

(1)ch 发 k 音,有时可读 h(德国)。如:rhachis 中轴,chinensis 中国的,chroococcus 色球藻,*Arachis* 落花生属。

(2)ph 发 f 音。如:diaphragma 隔膜,elephas 象,*Raphanus* 萝卜属,*Phoebe* 楠木属,*Cladophora* 刚毛藻属,*Physalis* 酸浆属。

(3)rh 发 r 音。如:rhizoma 根茎,*Rheum* 大黄属,*Rhus* 盐肤木属。

(4)th 发 t 音。如:thea 茶,mentha 薄荷,*Thymus* 百里香属。

4. 音节

音节是发音的单位,元音是构成音节的主要成分,每一个音节必须有一个元音,元音可以单独构成音节,也可以和一个或几个辅音构成一个音节,因此一个词中有几个元音,就有几个音节。下面讲一讲划分音节的规则:

(1)元、辅元:两个元音之间只有一个辅音时,这个辅音应和后面的元音划在一起。如:

Rosa 蔷薇属,vagina 叶鞘

Ro—sa　　　va—gi—na

(2)元辅、辅元:两个元音间有两个辅音时,须分开,一前一后。如:

discus 花盘,fructus 果实

dis—cus　　fruc—tus

(3)元辅辅、辅元:两个元音之间,有三个以上的辅音时,则是最后一个辅音和后面的元音划在一起。如:

functio　机能,absorptio　吸收

func—ti—o　　ab—sorp—ti—o

(4)双元音、双辅音不能分开。如:

Aurantium 橙,anthophorum 花冠柄

Au—ran—ti—um　　　an—tho—pho—rum

(5)b,p,d,t,g,c,ch,th 的后面有卷舌音 l、r 时,为了方便起见,在划分音节时不能分开,须

划在一起,即 tr,pr,br,gr,cr,dr,p1,bl,gl,cl 等辅音组合以及 st 等。如:alabastrum 花芽,ex-cretio 分泌,*Pediastrum* 盘腥藻属,*Ephedra* 麻黄属。

a—la—bas—trum ex—cre—ti—o Pe—di—as—trum E—phe—dra

5. 重音规则

拉丁词的重音总不在最后的一个音节上,但重音也绝不超过倒数第三个音节,也就是说,重音不是在倒数第二个音节上,就是在倒数第三个音节上,那么如何确定呢?是以倒数第二个音节的长、短音作为衡量的标准,如果倒数第二个音节是长音,重音就在这个音节上,如果倒数第二个音节为短音,则重音要移到倒数第三个音节上。"‐"表示为长音"⌣"表示短音。如:placēnta 胎座(重音就在倒数第二个音节上)。*Ephĕdra* 麻黄(重音就移到倒数第三个音节上)。

6. 确定长音和短音的根据

长音规则

(1)双元音均为长音。如:*Althāea* 蜀葵属,*Phyllobōea* 叶苣苔属。

(2)一个元音后连着两个以上的辅音(双辅者除外),则该元音为长音。如:alabāstrum 花芽,filamēntum 花丝。

(3)x 或 z 前的元音读长音。如:*Glycyrrhīza* 甘草属,*Hydroryza* 水禾属,*Telōxys* 针尖藜属。

(4)具有下列词尾的单词,倒数第二个音节为长音:ata,atum,atus,alis,ale,aris,are,ivus,iva,ivum,urus,ura,urum,osus,osa,osum,inus,ina,inum。如:matūrus(-ura,-urum)成熟,normālis,normāle 正常的。regulāris,regulāre 规则的,aleternātus(-ata,-atum)互生,satīvus(-iva,-ivum)栽培的;globōsus(-osa,-osum)球形的,vagīna 叶鞘。

(5)单元音字母在 nf,ns,gn,nx,net 前读长音。如:*Lēns* 豆属。

短音规则

(1)元音前的元音为短音。如:*Àllĭum* 葱属,*Castànĕa* 栗属,Ovàrĭum 子房,Fòlĭum 叶,*Rhòdĕa* 万年青属,*Tilĭa* 椴树属。

(2)在 h 前的元音为短音。如:*Mànĭhot* 木薯属。

(3)双辅音前的元音为短音。如:*Àrăchis* 落花生属。

(4)辅音 b,p,d,t,c,g 后面与卷舌音 l 或 r 组合时为短音;以及双辅音 ch,ph,th,rh 和 qu 等组合时,前面的元音为短音。如:*Èphĕdra* 麻黄属,rèlĭquus 其余的,cèlĕbris 著名的。

(5)元音在最后的 m 或 t 前常为短音。如:*Sèdŭm* 景天属。

(6)具有下列词尾的单词,倒数第二个音节为短音:ĕrus,ĕra,ĕrum;icus,ica,icum;idus,ida,idum;ilis,ile,imus,ima,imum;iter;olus,ola,olum;ulus,ula,ulum。如:Pachỳptĕrus(-ĕra,-ĕrum)厚翼的,ellìptĭcus(-ĭca,-ĭcum)椭圆形,frìgĭdus(-ĭda,-ĭdum)冷的,duràbĭlis(-ĭle)硬的,màxĭmus(-ĭma,-ĭmum)最大的,lèvĭter 轻轻地;*Phasèōlus*(-olum,-ola)菜豆属;càpsŭla(-ŭlum,-ŭlus)蒴果。

(7)划分音节练习。在倒数第二个音节上标出长短音:

pseudocarpium 假果   vagina 叶鞘   filamentum 花丝

staminalis 雄蕊	rhomboideus 菱形	umbella 伞形花序
carina 龙骨瓣	obscurus 不明显	rhachilla 小轴
spicula 小穗	diaphragma 隔膜	gracilis 细
schizocarpium 分果	ramulus 小枝	ellipticus 椭圆形
lateralis 侧面的	bracteola 小苞片	ovarium 子房
rotundatus 圆	solitarius 单生	venula 小脉
inflorescentia 花序	sessilis 无柄	velutinus 被毡毛

1.4.2　植物的拉丁学名

我国幅员广大,土地辽阔,植物资源极为丰富,高等植物约 3 万种。各个地区对同一种植物可以有几个名字,即所谓同物异名;有时不同的植物却叫相同的名称,即所谓同名异物。如马铃薯 *Solanum tuberosum* L.,南京叫洋山芋,北京叫土豆,内蒙古叫山药蛋。相反的,人们往往又把不同的植物叫成一个名字,如白头翁 *PuIsatilla chinensis*(Bunge)Regel,经调查发现,以同名出现的白头翁,实际上是分别属于 4 科,12 属,16 种,因此在学术交流上带来极大的不便。为了促使全世界的植物名称的统一和稳定,瑞典植物分类学家林奈(Linnaeus,1707—1778)奠定了双名法。从 1866 年开始,世界各国植物学家多次召开会议,制定了国际植物命名法规(International Code of Botanical Nomenclature,ICBN),作为世界各国植物学者对植物命名的准则。

1. 植物拉丁学名的基本组成

一个完整的学名应包括属名、种加词和定名人,如:银杏

$$Ginkgo\quad biloba\quad L.$$
$$属\ 名\quad 种加词\quad 定名人(为林奈的缩写)$$

(1)属名第一个字母一定要大写。属名是拉丁文的名词或系形容词做名词用,要求用第一格,而且有阴、阳、中三种性,如:*Gossypium*(中性)棉属,*Amaranthus*(阳性)苋属,*Zea*(阴性)玉米属。

(2)种加词一律小写。在较老的书中,常可见到种加词是人名的第一个字母用大写,如白皮松 *Pinus Bungeana* 这是纪念俄国人 Bunge 的,现在也应写成 *Pinus bungeana* Zucc。种加词可以是名词或形容词,以形容词做种加词,要与属名的性、数、格一致。如:

Oryza	*sativa* L.　水稻	*Amaranthus*	*albus* L. 白苋
(阴性)	(阴性)	(阳性)	(阳性)
Solanum	*nigrum* L.　龙葵	*Populus*	*alba* L. 银白杨
(中性)	(中性)	(阴性)	(阴性)

银白杨的种加词 *alba* 为阴性,而属名的字尾是阳性,那为什么不一致呢? 这是因为以 us 结尾树木的属名都是阴性名词。

如果用名词做种加词,一般用单数第一格,作为属名的定语,这时种加词的性和属名并不一定一致。如:*Daucus carota* L.(*Daucus* 为阳性名词,*carota* 为单数第一格的阴性名词)。

也有少数名词用第二格做属名的定语。如：*Saccharium officinarum* L. 甘蔗。

(3)命名人名及其缩写规定：命名人第一个字母要大写，一般均应缩写。如 Linnaeus 可缩写成 L. ；Roberc Brown 可缩写成 R. Br. ，命名人的标准缩写参考《Authors of Plant Names》，也可以通过 IPNI(http://www.ipni.org/)获得。根据 1979 年中国植物志编委会的新规定，我国的命名人一律用汉语拼音名，但过去已沿用的命名人，不再改动。

2. 植物拉丁学名中的几个问题

(1)为什么白头翁 *Pulsatilla chinensis*(Bunge)Regel 的学名中，除了 Regel 的定名人外，还在括号内写上 Bunge。这是因为在 1832 年，Bunge 把这种植物放在银莲花属 *Anemone* L. 即为 *Anemone chinensis* Bunge。到 1861 年，经 Regel 的研究，根据该植物的特征，他认为把它放在银莲花属是不恰当的，于是进行了重新组合，放到了白头翁属 *Pulsatilla* 中。在重新组合时，按国际命名法规的规定，转属时种加词不能变，同时要把原来的定名人放在括号内，以便后人进一步考证。其中名称 *Anemone chinensis* Bunge 称为基源异名。

(2)什么是异名：植物的科、属、种都只能保留一个正确的名称。由于种种原因，往往一种植物有好几个不同的学名，出现这种情况时，就要根据命名法规的规定，保留一个最早而又符合法规规定的学名为正确名称，其他学名均为异名。如：毛白杨

Populus tomentosa Carr   1867 年发表

Populus pekinensis Henry   1903 年发表

Populus glabrata Dode   1905 年发表

以上三个学名都是正式发表的，但经后人研究，认为这三个学名实际上是同一种植物。根据优先律来确定，正名应是 *Populus tomentosa* Carr，其他两个学名均作为毛白杨的异名处理。

(3)为什么有时有的植物拉丁学名在定名人前面，写有 auct. non. ？例如 *Dipsacus fullorum* auct. non. L. ，acut. 是 auctor(作者)的缩写，non. 表示"不是"。这是因为过去我国的学者把我国栽培的能起绒的拉毛果 *Dipsacus sativus*(L.)Honck 都错误地鉴定为 *Dipsacus fullorum* L. ，因此在 L. 前面，加上 auct. non. 。

(4)如果在一个植物的拉丁学名的后面，有两个定名人时，为什么有时用"et"，有时用"ex"，二者有什么区别？"et"是"和"的意思，是平行等同的关系，即为两个作者共同研究而定名的，如花烟草 *Nicotiana alata* Link. et. Ouo；"ex"是"从"或"根据"的意思，虽然也有两个人定名，但和用"et"是不同的，意思是前一个人虽已定名，但未正式发表；而后一个人经过研究，同意前人定的名字，于是他作了正式的发表，这时两个作者之间就应用"ex"。实际上后一个作者重要，故在写定名人时，也可仅写后一个，而不写前一个，当然两个作者都写更好。如：打碗花 *Calystegia hederacea* Wall. ex. Roxb. 。

(5)在文献资料中，我们常见到在植物拉丁学名的后面或中间，有下列缩写字，这是什么意思？ var. ；f. ；ssp. (或 subsp。)；sp. nov. ；var. nov. ；f. nov. ；ssp. nov. 等。var. 是 varietas 的缩写，是"变种"的意思，如白丁香 *Syringa oblata* Lindl. var. *alba* Rehd. ，也就是说白丁香是紫丁香的变种。

f. 是 forma 的缩写，是"变型"的意思，如：重瓣樱桃 *Prunus serrulata*

Lindl. f. *roseoplena* Hort. 。

ssp. (subsp.)是 subspecies 的缩写，是"亚种"的意思，如：鹿蹄草 *Pyrola rotundifolia* L. ssp. *chinensis* H. Anders. 。

sp. nov. 是 species nova 的缩写，是"新种"的意思。

var. nov. 是 varietas nova 的缩写，是"新变种"的意思。

f. nov. 是 forma nova 的缩写；gen. nov. 是 genus nova 的缩写；ssp. nov. 是 subspecies nova 的缩写；都是指各级发表的新分类群。

(6)有时在文献中可以看到属名的后面常有"sp. "和"spp. "等缩写，表示什么意思？sp. 表示"某种"，而"spp. "表示"某几个种"(2 种或 2 种以上)。如"*Carex* sp. "表示苔草属的某个种；"*Carex* spp. "表示苔草属的某几个种。

1.5　植物标本的采集、制作和保存

植物标本(腊叶标本)是进行教学和科研工作的重要材料，"没有腊叶标本，也就没有植物分类学"。由此可见，掌握植物标本的采集、制作和保存的一整套工作方法，对一个植物学工作者和教师来讲，是极为重要的。

1.5.1　采集标本所需要的器具

(1)标本夹：用板条钉成长约 43 cm，宽约 30 cm 的两块夹板。

(2)吸水纸：易于吸水的草纸或旧报纸。

(3)采集袋(采集箱)：过去是用铁皮制成的采集箱。但由于使用不便，且易压坏，现在多采用 70 cm×50 cm 的塑料袋，或尼龙编织袋。采用塑料背包则更为理想。

(4)丁字小镐：用来挖掘草本植物的根，以保证能采到带根的完整标本。

(5)枝剪和高枝剪：用以剪枝条。高枝剪是用于剪高大树上的枝条。

(6)手锯：采集木材标本时需用锯。刀锯和弯把锯携带起来较为方便。

(7)号签、野外记录签和定名签。号签是用较硬的纸，剪成 4 cm×2 cm，一端穿孔，以便穿线用。作用是在采集标本时，编好采集号后系在标本上，具体式样如下：

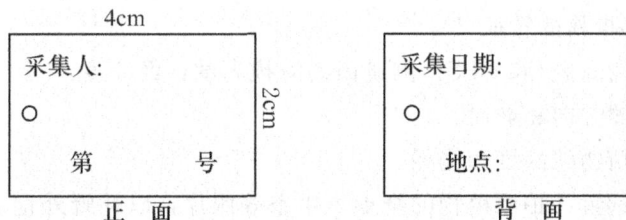

野外记录签的大小约为 10 cm×14 cm，是用以在野外采集时记录植物的产地、生境和特征的，具体式样如下：

（××省）植物

采集人及号数			年　　月　　日
产地：			
环境：（如森林、草地、山坡等）			
海拔：　　　　　　性状：　　　　　　体高：			
胸高直径：　　　　　　　　树皮：			
叶：（正反面的颜色或有毛否）			
花：（花序、颜色等）			
果实：（颜色、性状）			
土名：　　　　　　科名：			
学名：			
附记：（特殊性状等）			

定名签的大小约为 10 cm×4 cm，是经过正式鉴定后，用来定名的标签，具体式样如下：

10 cm

```
                      ××标本室
中　名_____
学　名_____
科　名_____产　地_____
采集人_____号　数_____
鉴定人_____日　期_____
```

4 cm

（8）放大镜：观察植物的特征。

（9）空盒气压计（测高表）和 GPS：测量山的海拔高度，经纬度。

（10）方位盘：观测方向和坡向。

（11）钢卷尺：量植物的高度和胸径。

（12）照相机和望远镜：拍照植物的全形、生态等照片，以补野外记录的不足；观察远处的植物或高大树木顶端的特征。

（13）小纸袋：保存标本上落下来的花、果和叶或采集分子材料。

（14）其他：如塑料的广口瓶、酒精、福尔马林（甲醛）、硅胶、地图等。

1.5.2　植物标本的采集方法

(1)采集的时间和地点：各种植物生长发育的时期有长有短，因此必须在不同的季节和不同的时间进行采集，才可能得到各类不同时期的标本。如有些早春开花植物，在北方冰雪开始融化的时候就开花了，如百合科的顶冰花。而菊科、伞形科的有些植物到深秋才开花结果，因此必须根据要采的植物，决定外出采集的时间，否则过了季节，有些种类就无法采到了。

采集的地点也很重要。因为在不同的环境里，生长着不同的植物，在向阳山坡见到的植物，阴坡上一般是见不到的。生长在林下的植物是不会在空旷的原野上见到的；水里则生长着独特适应水生环境的植物。在低山和平原，由于环境比较简单，因而植物的种类也比较简单。但随着海拔高度的增加，地形变化的复杂，植物的种类也就比平原要丰富得多。因此，我们在采集植物标本时，必须根据采集的目的和要求，确定采集的时间和地点，这样才可能采到需要的和不同类群的植物标本。

(2)采集标本时应注意的几点：

①必须采集完整的标本。除采集植物的营养器官外，还必须具有花或果，因为花、果是鉴别植物的重要依据，如伞形科、十字花科等，如没有花、果，是无法鉴定的。

②对一些具有地下茎(如鳞茎、块茎、根状茎等)的科属，如百合科、石蒜科、天南星科等，在没有采到地下茎的情况下是难以鉴定的，因此应特别注意采集这些植物的地下部分。但如果是国家级保护植物或珍稀濒危植物要避免采集地下部分。

③雌、雄异株的植物，应分别采集雌株和雄株，以便研究时鉴定。

④采集草本植物，应采带根的全草。如发现基生叶和茎生叶不同时，要注意采基生叶。高大的草本植物，采下后可折成"V"或"N"形，然后再压入标本夹内；也可选其形态上有代表性的部分剪成上、中、下三段，分别压在标本夹内，但要注意编相同的采集号，以备鉴定时查对。

⑤乔木、灌木或特别高大的草本植物，只能采取其植物体的一部分。但必须注意采集的标本应尽量能代表该植物的一般情况。如可能，最好拍一张该植物的全形照片，以补标本的不足。

⑥水生草本植物，提出水面后，很容易缠成一团，不易分开，如金鱼藻、水毛茛、狸藻等。遇此情况，可用硬纸板从水中将其托出，连同纸板一起压入标本夹内。这样，就可保持形态特征的完整性。

⑦有些植物，一年生新枝上的叶形和老枝上的叶形不同，或者新生的叶有毛茸或叶背具白粉，而老叶则无毛，如毛白杨的幼叶和老叶。因此，幼叶和老叶都要采。对一些先长叶后开花的植物，采花枝后，待出叶时应在同株上采其带叶和结果的标本，如山桃。由于很多木本植物的树皮颜色和剥裂情况是鉴别植物种类的依据，因此，应剥取一块树皮附在标本上，如桦木属的一些种类。

⑧对寄生植物的采集，应注意连同寄主一起采下。并要分别注明寄生或附生植物及寄主植物，如桑寄生、列当等标本的采集。

⑨采集标本的份数：一般要采 2～3 份，给以同一编号，每个标本上都要系上号签。标本除自己保存外，对一些疑难的种类，可将其中同号的一份送研究机关，请代为鉴定。他们

可根据号签送给你一个鉴定名单,告诉你这些植物的学名。若遇稀少的、奇异的、有重要经济价值的植物,可根据需要多采几份。但要注意保证原产地有一定的种群数量。

(3)必须认真做好野外记录:关于植物的产地、生长环境、性状、花的颜色和采集日期等,对于标本的鉴定和研究有很大的帮助。一张标本价值的大小,常以野外记录详细与否为标准。因此,在野外采集标本时,应尽可能地随采、随记录和编号,以免过后忘记或错号等。野外记录的编号和号签上的编号要一致。回来应根据野外记录签上的记录,如实地抄在固定的记录本上,作为长期的保存和备用。在野外编的号应一贯连续,不要因为改变地点或年月,就另起号头。

此外,在野外工作中,对有关人员的调查访问工作,也是很重要的,如对当地植物的土名、利用情况和有毒植物情况的调查访问。对这些实际资料应认真记录和整理。

(4)植物标本的压制和整理方法:在标本采来后,当天晚上就应以干纸更换一次,借此要对标本进行整理。第一次整理最为重要,由于在标本夹内压了一段时间,植物基本被压软了,这时你想如何整理都行,如果等标本快干时再去整理就容易折断。整理时要注意不使多数叶片重叠,叶子要正面和反面的都有,以便观察叶的正、反面上的特征;落下来的花、果和叶要用纸袋装起来,和标本放在一起。标本中间隔的纸多一些,就压得平整,而且干得也快,头3天每天应换2次干纸,后2天每天换1次即可,直至标本完全干为止。

在换纸或压标本时,植物的根部或粗大的部分要经常调换位置,不可集中在一端,致使高低不均,同时要注意尽量把标本向四周放,绝不能都集中在中央,否则也会形成边空而中央突起很高,致使标本压不好。在压标本或换纸时,各标本要力争按编号顺序排列,换完一夹,应在夹上注明是由几号到几号的标本以及采集的日期和地点。这样做既有利于将来查找,又可以及时发现在换纸过程中丢失的标本。

换纸时还应注意,一定要换干燥而无皱褶的纸。纸不干吸水力就差,有皱褶会影响标本的平整。对体积较小的标本可以数份压在一起(同一号的),但不能把不同种类(不同号)放在一张纸上,以免混乱。对一些肉质植物,如景天科的一些植物,在压制时,需要先放入沸水中煮3~5min,然后再照一般的方法压制,这样处理可以防止落叶。换纸时最好把含水多的植物分开压,并增加换纸的次数。

1.5.3 植物标本(腊叶标本)的制作和保存

植物标本在上台纸前,还应进行消毒。方法是把标本放进消毒室和消毒箱内,将敌敌畏(现常不用)或四氯化碳、二硫化碳混合液置于玻璃器皿内,利用气熏杀标本上的虫子或虫卵,约3天后即可取出上台纸。目前,比较流行的方法是用低温冰柜(-36℃)冰冻消毒1~2周。

上台纸:用白色台纸(白板纸或卡片纸8开,一般为41 cm×30 cm),平整地放在桌面上,然后把消毒好的标本放在台纸上,摆好位置,右下角和左上角都要留出贴定名签和野外记录签的位置。这时,便可用小刀沿标本的各部分的适当位置上切出数个小纵口,再用具有韧性的白纸条,由纵口穿入,从背面拉紧,并用胶水在背面贴牢。这种上台纸的方法,既美观又牢固,比在正面贴的方法要好得多。上台纸时最好不用糨糊,因为糨糊容易生虫,损坏标本。目前常用白乳胶粘贴的方法上台。对体积过小的标本,如浮萍,不便用纸条固定时,可将标本放在一个折叠的纸袋内，再把纸袋贴在台纸的中央，这样在观察时可随时打开纸袋。

腊叶标本的保存和入柜：凡经上台纸和装入纸袋的高等植物标本，经正式定名后，都应放进标本柜中保存。

老式的标本柜一般多木制。通常采用二节四门的标本柜，柜分上下二节，这样搬运起来方便。每节的大小约为高 80 cm，宽 75 cm，深 50 cm，每节分成两大格，每格再以活板隔成几格，上节的底部左右各装活动板一块，用时可以拉出，供临时放置标本用。每格内可放樟脑防虫剂，以防虫蛀。现在普遍采用铁制的标本柜，既可防火，又美观，还可根据场地制成不同式样。

腊叶标本在标本柜内的排列方式主要有以下几种：

(1)按系统排列：各科的排列顺序可按现在一般较为完善的系统，如恩格勒系统、哈钦松系统等，在属、种的排列上，对一些专门研究某科的人，按系统的排列是方便的。这样整理和查找起来比较方便。目前一般较大的标本室各科的排列都是按照系统排列的。此外还可以按各科排列好的顺序，编以固定的号，如蔷薇科 70 号，豆科 72 号，菊科 194 号，禾本科 206 号等，这些科号可以代替科名使用，则前后的顺序较以系统排列容易掌握。如分一批标本时，先在每种标本上写明号数，再依号码的顺序排列起来，放入标本柜中，此号码使用时间长了，很容易就能完全记住，用这种方法去整理标本，可以省去很多时间。

(2)按地区排列：把同一地区采来的标本放在一起，这样对研究地区植物比较方便。或按同省市的排在一起，如河北省植物、广东省植物等。

(3)按拉丁字母的顺序排列：即科、属、种的顺序全按拉丁文的字母顺序来排列，这种排列方式，对于熟悉科、属、种的拉丁学名的人，查找标本极为方便。但若不熟悉拉丁学名，是很困难的。故也有在标本不太多的情况下，采用中文笔画的顺序排列，这对不熟悉拉丁学名的人，使用是很方便的。

以上各种排列的方法，应根据不同情况、不同需要以及标本的多少，采取不同的排列方式。

1.5.4　浸制标本的基本方法

植物的花、果实或地下部分(如鳞茎、球茎等)，为了教学、陈列和科研之用，必须把它们浸泡在药液中才能长期保存。浸泡药液可分一般溶液和保色溶液两种。

(1)一般溶液：有些植物的花和果是用于实验的材料，可浸泡在 4% 的福尔马林液中，也可浸泡在 70% 的酒精溶液中。前者配法简单，价格便宜，但容易脱色，后者脱色虽比前者慢一点，但价格较贵。

F. A. A. 固定液：此为一种简单的固定液。配方是：福尔马林 20 mL、50% 酒精 90 mL 和冰醋酸 5 mL 混合。此溶液浸泡的材料可用于石蜡切片。

(2)保色溶液：保色溶液的配方很多，但到目前为止，只有绿色较易保存，其余的颜色都不很稳定。这里简单地介绍几种保色溶液的配方，仅供参考。

①绿色果实的保存配方：

配方 1	配方 2
硫酸铜饱和水溶液　75 mL	亚硫酸　1 mL

福尔马林　50 mL	甘　油　3 mL
水　250 mL	水　100 mL

将材料在配方1中浸泡10～20天，取出洗净后，再浸入4％的福尔马林液中长期保存。配方2则是先将果实浸在饱和硫酸铜溶液中1～3天，取出洗净后再浸入0.5％亚硫酸中1～3天，最后置于配方2中长期保存。

②黄色果实的保存配方：

6％亚硫酸　268 mL　　80％～90％酒精　568 mL　　水　450 mL

直接把要浸泡的材料浸泡于此混合液中，便可长期保存。

③黄绿色果实的保存配方：

先用20％酒精浸泡果实4～5天，当出现斑点后，再加亚硫酸15％，浸泡一天，取出洗净，再浸入20％酒精中硬化，漂白，直到斑点消失后，再加入2％～3％亚硫酸和2％甘油，即可长期保存。

④红色果实保存的配方：

配方1	配方2	配方3	配方4
福尔马林　4 mL	福尔马林　25 mL	亚硫酸　3 mL	硼酸　30g
硼酸　3g	甘油　25 mL	冰醋酸　1 mL	酒精　132 mL
水　400 mL	水　1 000 mL	甘油　3 mL	福尔马林　20 mL
		水　100 mL	水　1 360 mL
		氯化钠　50g	

先将洗净的果实浸泡在配方1的混合液中24h，如不发生浑浊现象，即可放在配方2、配方3、配方4的混合溶液中长期保存。不论采用哪一种配方，在浸没果实时，药液不可过满，以能浸泡材料为原则。浸泡后应用凡士林、桃胶或聚氯乙烯黏合剂等封口以防药液蒸发变干。

1.6　野生植物资源的分类、识别和简易测定

植物界对于人类生活起着极其重要的作用。我国地大物博，在广大山区中，蕴藏着极为丰富的野生植物资源。因此，广泛利用野生植物资源，不但可以补充某些轻工业原料的不足，增加出口货源，而且可以增加农民的收入，节约国家的投资，特别对改变山区面貌，提高山区人民的生活，有着更加重要的意义。

1.6.1　野生植物资源的分类和用途

我国可利用的野生植物资源的种类很多，大致可分以下几类：

(1)野生油脂植物：根据油脂的性质可分非挥发性油脂植物和挥发性油脂植物。

非挥发性油脂植物：一般是用其果实、种子或核仁来榨油，如苍耳、油松、臭椿、榛子等。它们含油量较高，一般可达40％，有的可达60％以上，如南方红豆杉可达67％，从这类植物中提取的油脂可用于生产油漆、肥皂以及机器润滑油等，其油渣也是很好的肥料。

挥发性油脂植物(芳香油植物)：如山苍子、香茅等，出油率较低，从这类植物中提取的油脂具有强烈的芳香味，可用于香料工业和食品工业。

(2)野生纤维植物：植物的纤维大部分是从植物的韧皮部中提取出来的。按植物纤维存在于植物中的部位不同，可分成种子纤维(如棉花)，韧皮纤维(如大麻、黄麻等)，树皮纤维(也是韧皮纤维，如桑等)，叶纤维和茎秆纤维(如剑麻、禾草类植物的茎等)，果实纤维(如椰子等)，木材纤维(如各种木本植物)。野生纤维的用途相当广，不但可用来造纸，而且还可制成人造羊毛等，也可制成各种建筑材料，如纤维板、通风管、地板等，价格低廉，质量好，可以代替木材和钢材。

(3)野生淀粉植物：淀粉普遍存在于植物的种子、果实和根、茎中。如蕨的地下茎含淀粉 40.86%。被子植物中的山毛榉科、百合科、薯蓣科、禾本科、豆科、蓼科等科中，含淀粉的植物不仅种类多，而且含淀粉的量也高。如栎属的果实(橡子)含淀粉平均在 50% 以上。此外如葛根粉、木薯粉等，具有独特的黏性，可用作涂料和糨糊等。

(4)野生栲胶植物：栲胶是很复杂的有机物，有效成分是植物鞣质(单宁)。鞣质含在植物的根、茎、叶和果实中。在根和茎中，主要含在皮层里，木材里有的也含有鞣质；但在花里很少见到。我国主要的木本鞣质植物有山毛榉科的各种植物，如栓皮栎的壳斗，含鞣质 27.41%，纯度达 65.37%。草本植物中已发现的鞣质植物也不少，如蓼科酸模的根中含鞣质 19%～27.5%。栲胶主要用于鞣皮，使皮革坚韧、透气而不透水，不易腐烂，其次用于鞣染渔网，还可以用作软水剂。此外，在石油工业、化学工业和医药上也常需要栲胶。

(5)野生橡胶植物：根据天然橡胶的性质，可以把橡胶分为两种，即弹性胶和硬橡胶。弹性胶通常含在植物的乳汁里，如三叶胶(巴西橡胶树)是植物韧皮部里乳汁管的产物。硬橡胶(也叫杜仲胶)含在薄壁组织中特殊的橡胶细胞里。橡胶在工业、农业、交通运输、国防工业以及人民生活和医药方面都有极为重要的意义。不仅用于制作汽车轮胎、胶鞋、雨衣等日用橡胶制品，而且在其他各方面也有极多的用途。

(6)植物碱和药用植物：植物碱是大部分药用植物的有效成分，它常根据植物种类或医疗效能或化学结构进行分类。常见的如麻黄碱类、黄连碱类、咖啡碱类等。这些植物碱都是重要的药物，同时也是各种药用植物和植物农药的有效成分。

(7)树脂植物：树脂是许多植物正常生长时所分泌的一类产物，如松科的很多植物，特别是松属的植物都具树脂道，分泌含挥发油的树脂。把挥发油蒸馏出来就是松节油。剩下质脆而透明的固体就是树脂，叫作松香。松节油和松香在工业上、医药上都是重要原料。

1.6.2　野生植物资源的识别和简易测定的方法

(1)野生油脂植物的识别及测定：最简单识别油脂植物的方法，是以叶对光透视，如发现叶面或边缘有许多透明小点，即证明叶中具有油细胞，从而可确定是油脂植物，如花椒。另外把叶或植物体撕破，如嗅到愉快的芳香味或不愉快的气味，便可确定是油脂植物，如樟科、唇形科、芸香科、菊科等科中，有许多植物具有这种气味。

采到果实和种子时，可取核仁或种子，把它夹在白纸或白色的吸水纸之间，用力压碎，如含油，油迹就会渗透纸层。待纸晒干或烘干，纸上的水分虽然失去，但渗入纸层的油迹却呈现出来了。

也可切开核仁，擦上碘酒，若马上就变成蓝黑色，则证明不含油，若不变色，则证明含油。将捣碎的核仁投入水中，由于油的密度比水小，若见水面有油点浮现时，也可证明含油。

(2)野生纤维植物的识别和测定：在野外工作的条件下，主要依靠器官的感觉方法和显微观察方法来识别和测定。器官感觉的方法是采集植物的茎、叶或剥取树皮，用手试其拉力、扭力和揉搓情况，以及观察剥取下来的纤维的长短粗细与数量的多少，来确定这种纤维是否可用。显微观察比较复杂，将剥取的部分切成横断切片，在显微镜下观察纤维束的形状、大小、排列方式，并用测微尺测定其纤维的宽度、长度、壁的厚度和单位面积的数量。调查纤维植物时还应选用不同的生境、年龄、部位，分别进行对比实验观察，这样可以得到比较全面的资料，便于确定利用的规格。

(3)野生淀粉植物的识别和测定：如发现植物有较大的地下茎或果实，可用刀把这些器官切开，用手指摸一下，若干后，手指上有白色粉末，则证明该植物含有淀粉。最可靠而又简便的方法，是把要试的植物器官切成薄片，放在载玻片上，加碘化钾溶液，如变成蓝色或蓝黑色，就可证明含有淀粉，若用放大镜观察，还可见到有蓝黑色的颗粒(淀粉粒)。

(4)野生栲胶植物的识别和测定：栲胶里所含的鞣质(单宁)是很复杂的有机化合物，因而不可能通过简单的测定就决定鞣质原料有无利用价值。最简易的测定方法，是用铁制的小刀(不能用不锈钢的小刀)，切开植物体时，在切面上和刀口上出现黑色反应时，证明该种植物是含有鞣质的。此外，通过味觉尝试和肉眼观察，也可以帮助判断有无鞣质的存在。由于鞣质是一种收敛性非结晶物质，能溶于水，用舌尝试时有很大的涩味，像没有熟的柿子的涩味一样。但要注意有毒植物绝不能用尝试的办法。为了比较准确地判断，在野外作一些化学试剂的测定也是必要的。最简便的化学试剂是三价铁盐(三氯化铁)的溶液，将其滴在植物的切片上，切片如很快变黑，即证明有鞣质存在。

(5)野生橡胶植物的识别和测定：根据橡胶的性质可以决定简易测定橡胶的方法。测定弹性胶时可以收集一些植物的乳汁，放在手心里，用手指研磨，利用手的温度使水分蒸发干，把残余物质放在拇指和食指间轻拉一下，如出现弹丝，即证明有弹性胶存在；如无弹丝而发黏，说明无弹性胶或含胶很少。测定硬橡胶时，撕断植物的枝、叶或树皮，如有细丝出现，一般可说明有硬橡胶存在。为了精确了解橡胶的含量和橡胶的质量，还需要在研究室里进行分析。

(6)药用植物(植物碱)的识别和测定：植物碱是很复杂的有机物，提取和精制植物碱也是一个较复杂的过程。测定植物中有无植物碱的方法很多，一般是利用植物碱对沉淀试剂的反应，比较常用的沉淀剂有氯化汞和碘化铋等。例如：氯化汞 1.35 g 和碘化钾 49 g，共溶于 1 000 mL 水中，此液和植物碱反应，发生淡黄色沉淀。或用碘化铋 16 g、碘化钾 30 g 和盐酸 3 g，共溶于 1 000 mL 的水，此液和植物碱反应，发生红棕色沉淀。也可以用沉淀试剂制成试纸，用时更为方便。

(7)树脂植物的识别和测定：最简单的方法就是折断或砍伤植物体后，伤口流出无色或黄棕色的透明液体，当露在空气中，所含的挥发性物质挥发后，就会逐渐变黏而最后干燥，此物就是树脂。

1.7　文献资料的收集、整理

1.7.1　文献资料的收集和整理

收集资料，特别是掌握科研和教学方面的最新资料，对提高教学和科研工作的水平是极为重要的。因此，收集资料的工作要做到经常化，从专著、杂志、调查报告和报刊上看到的资料，都应及时复印或抄录在卡片上。记录资料的卡片，大致可分两种：第一种卡片只是要求把文献的来源、文章的名称、作者的名字和发表的时间记录在卡片上就行了。如当你看到一本新书或某杂志上的一篇文章时，就应记录下该书的作者、书名、出版社名称、出版年月，如是文章应记下文章的作者、名称，杂志的名称、卷、期和页数。卡片的具体式样和记录方法如下：

10cm

| 文　名：现代有花植物分类系统初评 |
| 著　者：路安民 |
| 来　源：植物分类学报 1981．19(3)：279~298 |

7cm

第二种卡片相对于第一种卡片，就在于增加了摘要一项。可把某本书和某篇文章的精华和主要论点摘录下来，这样，在应用该资料时就更加方便了。尤其对于一些手头上不易保存和不易借到的资料，摘要工作就更加必要。做摘要的卡片比第一种卡片可略大一些，具体式样如下（正面记不下时，卡片的反面也可记）：

12cm

| 文名：…………………………………………………… |
| 著者：…………………………………………………… |
| 来源：…………………………………………………… |
| 摘要：…………………………………………………… |
|　　　…………………………………………………… |

6cm

第二步要对记录卡片进行分类和整理工作，把卡片按类分开，以便查找，可按著者姓氏，也可按文章或书籍的性质来分。按著者则以笔画的顺序排列，查起来较为方便。如按文章的性质分，则分法就不能完全一致，而是按照个人工作及内容的范围和需要来做，例如，教学工作的资料可分：分类资料、资源植物资料、生态地植物、药用植物、花卉植物等方面，把卡片分门别类地安放以后，就可以根据你当时的需要，随时查找，随手取出应用了。

1.7.2 参考书和文献的应用

我们在学习的过程中，单靠一本讲义或几本指定的参考书，往往是不够的，应参考更多的书籍。但要参考很多的书，在时间上往往不允许。因此，在应用参考书基础上，也应掌握一些基本的方法。

在我们学习某一门课程或研究某一课题时，首先应了解这门课程或研究的题目所涉及的有关文献资料，并开出一张详细的文献资料的名单；然后，要对这些书或文章的性质和主要特点进行了解。当然，在这方面要完全了解，那就必须把全书和文章都详细地看完。但在一般的情况下是不必要的。只要能把每一本书最前面的摘要介绍和本书的绪论及目录看一下，便可知道某一本书的大体内容和特点。例如，某一本书在有关生态方面讲得比较详细，某一本书在形态解剖方面比较详细等。这样，为解决某一方面的问题，便可去找某一本书或资料。

如当你进行一项分类学的研究工作时，首先必须研究前人对该地区进行研究的文献资料和调查报告，归纳起来，所要收集的资料大致有以下几个主要方面。

(1)调查报告：有关该地区在植物区系、自然环境、植被概况、资源利用等方面的报告，应全部或摘要阅读。

(2)旅行杂记：有关该地区的旅行杂记，里面涉及有关植物种类的记录和描述。

(3)包括该区的或邻近地区的植物志、植物手册、植物名录。

(4)专科、专属：全国植物志中涉及该区或该区内有分布的种类，也应记录出来，以便将来核对所采标本是否完全，是否把前人的材料和标本都采到了。

(5)对未采到，而在其他文献中在该区有记载的植物，应尽量按文献中所记载的时间和产地进行补充，力求找到。如找不到时，可了解该植物标本的存放标本室，然后进行调阅，以便考证其真伪。

(6)报刊上和网络上的报道，以及有关的文件、公告等方面的材料。

其次，必须学会查索引的方法，特别在查分类书时更需要这样去做。由于一本分类学的书，里面包括很多科、属和种，如找某科或某种时，一页一页去找是非常困难的，甚至找不到，但利用索引去查，就非常方便，一般分类书中都有中文和拉丁学名两种索引，如果我们要查向日葵(*Helianthus annuus* L.)，便可根据它的拉丁学名，到拉丁学名索引中找到这种植物在该书的哪一页。如果不知道该种植物的拉丁学名，只好到中文的索引中，按中文名的第一个字的笔画去查，便可找到。但用这种方法有时会发生错误，甚至查不到，因为你知道的中文名有时可能和书上所用的中文名不同。这样，虽然书中有你要查的植物，但由于中文名不同，便无法查到了，有时还因字体的简繁不同，而找不到。由此可见记住植物拉丁学名的重要性，我们一定要学会利用拉丁学名去查索引的方法。

随着计算机的普遍使用，文献资料的收集和整理变得更加便捷，所有的录入和整理都可以在计算机中进行，而且文献的收集都可以通过网络实现。

1.7.3 科学论文的编写

在这里只能提一些原则供参考。

首先，要把我们调查研究的材料整理和分析，这是主要的部分．同时也要引证对这方面研究的情况和成果，并对其研究内容加以分析和评价，一篇好的科学论文要有严密的科学内容，同时必须具有明确的指导思想．要经得起实践的检验．

一篇完整的论文或报告，概括起来应有以下几个主要部分：

(1)前言：要写明本题的研究目的和意义，进行的步骤，调查的时间。

(2)应写出实验和研究的方法，实验的过程，所用的材料，以便别人可根据你所提出的方法和步骤进行重复实验，验证其是否正确。在分类学的研究工作中，如植物志、植物手册等，则要写出科、属、种的描述，并编出检索表，写出产地、生境、分布和经济用途，并尽量能多插一些图，这样使用起来会更加方便。

(3)关于文献的引用：在植物志的编写中，应把每种植物的有关文献，附在每种植物的拉丁学名后面，以便别人考证和审核(可参考中国植物志的具体写法)。而对一般植物手册、区系调查，则不必每种文献都引证，只在书后或文章后附有主要参考文献就行了。

(4)摘要和关键词：在完成一篇论文时，应在文后附以简短的摘要，扼要地说明本文的主要内容，这样对不能阅读全文的人来讲，看一看摘要，也就能概括地了解全文的主要内容了。摘要除用中文外，往往还应用其他文字写出(如英文、俄文及其他文字)。如是植物志或植物手册等，则不必写摘要，但在书后一定要附以中文和拉丁学名的索引，以便于查阅。此外，还应列上 3～6 个关键词。

1.7.4　种子植物分类学教学和研究的重要参考文献

1. 工具性文献目录、索引书

(1)Index Kewensis (邱园植物索引)2 Vols. (1893—1895)。该书由 B. D. Jackson 和 Hooker 主编，英国剑桥大学出版社出版，1895 年以后，每 5 年出版一本补编(个别也有 10 年的)，现已出版 1～20 补编。收录自林奈开始发表的种子植物的所有属名与种名，作者及发表的原始文献及产地。1989 年将本索引的全部内容录入计算机。

(2)A Bibliography of Eastern Asiatic Botany (东亚植物文献目录)。E. D. Merrill and E. H. Walker，1938。1960 年出版一卷补编。全书主要收集植物分类学文献；但也旁及生态学、植物地理、经济植物、农业、园艺、林业、药物等。正编按著者姓氏英文字母顺序排列，后附三种索引，一为总索引，按主题字母顺序排列；二为按地区排列；三为按门类科属排列。本书收集有关我国植物分类学的文献，是研究我国种子植物日常工作中的重要工具书。补编文献收集到 1960 年。

(3)中国植物学文献目录，中国植物学会编。1～3 卷，1983 年，第 4 卷，1995 年，是继东亚植物文献目录补编 1 的续编。主要结合编写中国植物志，收集有关研究中国植物的文献目录。

(4)A Dictionary of the Flowering Plants and Ferns (有花植物与蕨类植物辞典)。Willis 1897 年原著。Airy-Shaw 1973 年修订第 8 版。本书收载世界蕨类和有花植物的科、属及种类数、分布，是重要的工具书。

(5)The Plant-Book，A portable dictionary of the higher plants (植物书)。D. J. Mabberleg 著，英国剑桥大学出版社出版。1987 年第 1 版，1997 年第 2 版，收载世界蕨类和种子植物科、属的种类数、分布，并有大量经济植物的介绍，书末附有 Cronquist 系统目录，引用文献的目录，期刊的作者的缩写与全称对照。

2. 有关植物分类学的教科书和参考书

(1)伦德勒 A. B.，1953 年，有花植物分类学，第一册，第二册，钟补求译，1958 年。

(2)郑勉，1955～1959 年，中国种子植物分类学，上册、中册，1～2 分册。

(3)汪劲武编著,1985 年(第 1 版),2009(第 2 版),种子植物分类学,北京:高等教育出版社。

(4)斯特斯 C. A.,1980 年,植物分类学和生物系统学,韦仲新等译,1986 年。

(5)贺士元,尹祖棠、周云龙编,1988 年,植物学(下册),北京:北京师范大学出版社。

(6)杰弗里 C.,1982 年,植物分类学入门(第二版),胡征宇等译,1983 年。

(7)Davis P. H. et Heywood V. H. 1963 年, Principles of Angiosperm Taxonomy (被子植物分类学原理)。

(8)Heywood V. H.,1968 年, Modern Methods in Plant Taxonomy (植物分类学的现代方法)。

(9)Heywood V. H.,1978 年,1993 年(修订版), Flowering Plants of the World (世界有花植物)。

(10)Heywood V. H.,Bruminit R. K.,Culham A.,Seberg O.,2007 年(修订版),Flowering Plant Families of the World (世界有花植物科)。

(11)Radford A. F.,1974 年, Vascular Plant Systematics (维管植物系统学)。是一本对原理、方法、系统全面介绍的教科书。

(12)Lawrence H. M.,1951 年, Taxonomy of Vascular Plants (维管植物分类学)。是一本原理、方法、系统全面介绍的教科书,在科的描述上极为全面,科的排列按恩格勒系统。

(13)吴征镒等著,2003 年,中国被子植物科属综论,北京:科学出版社。

(14)张宏达等著,2004 年,种子植物系统学,北京:科学出版社。

(15)Gurcharan Singh,2004 年, Plant Systematics—An Integrated Approach (植物系统分类学——综合理论及方法,刘全儒,郭延平,于明译,2008 年,北京:化学工业出版社)。

(16)Judd W. S.,Campbell C. S.,Kellogg E. A.,Stevens P. F.,Donoghue M. J.,2008 年, Plant Systematics(第 3 版)(植物系统学,李德铢等译,2012 年,北京:高等教育出版社)。

3. 世界性专志、专著及科属描述

(1)Die Naturlichen Pflanzenfamilien(自然植物分科志)。德国恩格勒(A. Engler)与柏兰特(K. Prantl)合著(1887—1915),科的专著。德文。第一版共 23 册,1924 年起又出第二版。

(2)Das Pflanzenreich(植物界)。恩格勒主编。第一册于 1900 年出版,已出版 100 余册。为各科世界性专志。描写至种级,由各专家执笔。是专科、专属研究极为重要的参考书。德文、拉丁文。

(3)Prodromus Systematis naturalis regni Vegetabilis(植物自然系统前驱)。法国德康多主编(简写 DC. Prodr.),17 卷,1824—1873 年。为世界性早期各科专志。

(4)Genera Plantarum (植物属志)。1862—1883 年英国边沁(Bentham)与虎克(Hooker)合著,3 卷,拉丁文。现今仍为科、属描述的重要参考书。

(5)The Genera of Flowering Plants(有花植物属志)。2 卷,1967 年,英国哈钦松(Hutchinson J.)著。

(6)The Families of Flowering Plants(有花植物科志)。1926 年,1934 年,2 卷。有中译本。英国哈钦松著。1973 年修订第 3 版。

(7)Species Plantarum(植物种志)。1753 年,C. Linnaeus 著。

(8)Genera Plantarum (植物属志)。1754 年,C. Linnaeus 著。

(9)Cronquist A. 1981 年, An Integrated System of Classification of Flowering Plants(有花植物的综合系统)。作者按本人 1981 年系统。对全世界的科进行了描述,具有分亚纲、目、科的检索表,并带有精美的图,科的描述新颖,除一般形态外,还附有解剖、染色体、化学成分,孢粉等方面材料。是当前对科描述最完备的一本书。

(10)Takhtajan A.,1997,Diversity and Classification of Flowering Plants(有花植物的多样性和分类). New York:Columbia University Press.

4. 植物志、图鉴、图说

(1)中国植物志,中国科学院中国植物志编委会主编。1959 年开始出版第 2 卷,2004 年出版最后一卷

第 1 卷，全书共 80 卷，126 分册。由国内各专家执笔。是研究东亚及中国植物的巨著，各卷排列按恩格勒系统第 11 版(1936)。

(2)中国高等植物图鉴。1972～1983 年，王文采主编，共 5 册及 2 补编，按恩格勒系统排列。包括苔藓、蕨类及种子植物近 1 万种。每种有描述、图和分布，并附有包括种类的检索表。是一套全国普及性鉴定我国植物的工具书。

(3)中国高等植物，1999～2003，傅立国等主编，由各专家执笔。共出版 14 卷。包括苔藓、蕨类和种子植物约 2 万种，被子植物按克郎奎斯特系统排列。每种有描述和图、分布图，并附有部分种类的彩色照片。

(4)中国杂草志。1998，李扬汉主编。是研究中国杂草植物的重要参考书。

(5)中国树木志。中国林科院郑万钧主编。全书共 4 卷，1983～2004 年，由国内各专家执笔。

(6)中国地方植物志：安徽植物志，1～5 卷，1986～1992 年；北京植物志，第 2 版修订版，1～2 卷，1992 年；福建植物志，1～6 卷，1982～1995 年；甘肃植物志，2 卷～，2005 年～；广东植物志，1～10 卷，1987～2011 年；广西植物志，1～3 卷～，1991～2011 年～；贵州植物志，1～10 卷，1982～2004 年；海南植物志，1～4 卷，1964～1977 年；河北植物志，1～3 卷，1987～1991 年；黑龙江植物志 1，4～11 卷，1985～2003 年～；河南植物志，1～4 卷，1981～1998 年；湖北植物志，1～4 卷，2001～2002 年；湖南植物志，1～3 卷，2000～2010 年～；内蒙古植物志，第 2 版，1～5 卷，1989～1998 年；江苏植物志，1～2 卷，1977～1982 年；江西植物志，1～2 卷～，1993～2004 年～；辽宁植物志，1～2 卷，1988～1991 年；宁夏植物志，第 2 版，1～2 卷，2007 年；青海植物志，1～4 卷，1996～1999 年；山东植物志，1～2 卷，1990～1997 年；上海植物志，1～2 卷，1999 年；山西植物志，1～5 卷，1992～2004 年；四川植物志，1～17 (21)卷～，1981～2012 年～；台湾植物志，第 2 版，1～6 卷，1993～2003 年；天津植物志，全 1 卷，2004 年；新疆植物志，1～6 卷，1992～2011 年；西藏植物志，1～5 卷，1983～1987 年；云南植物志，1～21 卷，1977～2006 年；浙江植物志，0～7 卷，1989～1993 年；中国沙漠植物志，1～3 卷，1985～1992 年；东北木本植物图志，1 卷，1955 年；东北草本植物志，1～12 卷，1958～2005 年；黄土高原植物志，1～2 卷～，5 卷～，1989～2000 年～；秦岭植物志，1～3 卷，1974～1985 年。

(7)中国植物志英文版(Flora of China)，1～25 卷，1994～2013；2～25 卷图版，1998～2013 年；相当于中国植物志的修订版，可网上在线阅读。

5. 几个国家的主要刊物

中国

(1)静生生物调查所汇报，Bull. Fan Mem. Inst . Biol (Bulletin of Fan Memorial Institute of Biology)，英文，1929～1939 年，1～10 卷。

(2)国立北平研究院植物学研究所汇刊(简称北研丛刊)，Contr. Inst. Bot. Nat. Acad. Peiping (Contributions from Institute of Botany, National Academy of Peiping)，英文，1931～1949 年，1～6 卷。

(3)中国植物学杂志，Journ. Bot. Soc. China (Journal of Chinese Botanical Society)，1934～1952 年，1～6 卷。

(4)植物分类学报(Acta Phytotax. Sin.)。中国植物学会主办，1951 年创刊，至 1983 年为季刊，1984 年起改为双月刊，2008 年起改为英文期刊 Journ. Syst. Evol.。http://www. jse. ac. cn。

(5)植物研究(Bull. Bot. Res.)。东北林业大学主办，1959 年创刊，季刊，2006 年改为双月刊。http://bbr. nefu. edu. cn。

(6)云南植物研究(Acta Bot. Yunna.)。昆明植物研究所主办，1979 年创刊，季刊。2011 年更名为植物分类与资源学报(Plant Divers. Res.)，http://journal. kib. ac. cn。

(7)西北植物学报(Acta Bot. Bor-Occi. Sin.)。西北农林科技大学主办，1980 年创刊，季刊，1999 年改为双月刊,2003 年改为月刊。http://www.xbzwxb.com。

(8)武汉植物学研究(Journ. Wuhan Bot. Res.)。武汉植物园和湖北植物学会主办,1983 年创刊,季刊,2000 年改为双月刊。2011 年更名为植物科学学报(Plant Sci. Journ.),http://www.whzwxyj.cn。

(9)广西植物(Guihaia)。广西植物研究所主办,1981 年创刊,季刊,2002 年改为双月刊,2016 年改为月刊。http://www.guihaia-journal.com。

(10)热带亚热带植物学报(Journ. Trop. Subtrop. Bot.)。华南植物园和广东植物学会主办,1991 年创刊,1994 年改为季刊,2004 年改为双月刊。http://jtsb.scib.ac.cn。

(11)台湾植物分类地理丛刊(Taiwania)。台湾大学主办,1947 年创刊,1989 年改为季刊。http://tai2.ntu.edu.tw/taiwania。

英国

(1)Kew. Bull. (Kew Bulletin),创刊于 1887 年,原刊名为 Kew Bull. Misc. Inf. (Kew Bulletin of Miscellaneous Information),季刊。

(2)Curtis's Bot. Mag. (Curtis's Botanical Magazine),创刊于 1787 年。该刊以植物彩色插图为特色。

(3)Bot. Journ. Linn. Soc. (Botanical Journal of The Linnean Society),创刊于 1857 年,1856~1969 年刊名为 Journ. Linn. Soc. Bot. (Journal of the Linnean Society Botany),季刊。

(4)Journ. Bot. (The Journal of Botany, British and Foreign (1863~1942))。

(5)Edinb. Journ. Bot. (Edinburgh Journal of Botany),创刊于 1900 年,1990 年以前刊名为 Not. Roy. Bot. Gard. Edinb. (Notes from the Royal Botanical Garden Edinburgh)。每年 3 期。

(6)Bull. Brit. Mus. Bot. (Bulletin of the British Museum, Botany),1951 年创刊,2003 年以后被 Syst. Biodivers. (Systematic and Biodiversity)取代。

法国

(1)Bull. Soc. Bot. France (Bulletin de la Societe' Botanique de France)

(2)Bull. Soc. Philom. Paris (Bulletin de la Societe' phibomatique de Paris)

(3)Arch. Mus. Hist. Nat. (Archires du Museum d'Histoire Naturelle, Paris),1865 年曾改名 Nouv. Arch. Mus. Hist. Nat Paris (Nouvelles archives du Museum d'historire naturelle. Paris)。以卷、系形式出版,每年 1 卷,每 10 年 1 系。

(4)Journ. de. Bot. (Journal de Botanique. Directeui：M. L. Morot)

(5)Not. Syst (Notulae systematicae)。创刊于 1909 年,季刊,每 5 年一卷。

德国

(1)Bot. Jahrb. (Botanische Jahrbucher fur Systematik, Pflanzengeschichte und Pflanzengeographie),创刊于 1880 年。

(2)Notizbl. Bot. Gart. Berlin (Notizblatt des Koniglich Botanischen Gartens und Muswms zu Berlin Dahlem)。

(3)Feddes Repert. (Feddes Repertorium),创刊于 1905 年,季刊,1965 年以前名为 Fedde. Repert. Sp. Nov. Regni Veg. (Feddes Repertorium Specierum Noverum Regni Vegetabilis, Berlin)。

(4)Bot. Centralbl. (Botanisches Centralblatt, Jena)。

荷兰

(1)Blumea, A Journal of Plant Taxonomy and Plant Geography。英文刊,每年 3 期 1 卷。

(2)Taxon, Journal of the International Association for Plant Taxonomy,创刊于 1951 年,季刊,英文版。

北欧

(1)Nord. J. Bot. (Nordic Journal of Botany),英文刊,双月刊,每年 1 卷。

(2)Ann. Bot. Fenn. (Annales Botanici Fennici)，英文刊，季刊，2003 年改为双月刊。

俄罗斯

(1)Bull. Acad. Sci. St. Petersb. (Bulletin de L'Accdemic impericle des Sciences de St. Petersbourg)。

(2)Acta Hort. Petrop. (Acta Horti Petropolitani)。

(3)Bull. Soc. Nat. Moscou (Bulletin de la Societe des Naturalistes de Moscou)

美国

(1)Journ. Arn. Arb. (Journal of Arnold Arboretum)，创刊于 1915 年，季刊，每年 1 卷。

(2)Contr. Gray Herb. (Contributions from the Gray Herbarium of Harvard Universty)，1988 年以后被 Harvard Papers in Botany 取代。

(3)Ann. Miss. Bot. Gard. (Annals of the Missouri Botanical Garden)，1914 年创刊，季刊。

(4)Bull. Torrey Bot. Club (Bulletin of the Torrey Botanical Club)，1870 年创刊，季刊，每年 1 卷。

(5)Amer. Journ. Bot. (American Journal of Botany)，创刊于 1914 年，月刊。

(6)Bot. Rev. (The Botanical Review)，创刊于 1935 年，季刊，每年 1 卷。

(7)Bot. Gaz. (Botanical Gazette)，季刊，1992 年更名为 International Journal of Plant Science。

(8)Syst. Bot. (Systematic Botany)，季刊，每年 1 卷。

(9)Rhodora，Journal of New England Botancal Club，季刊，每年 1 卷。

(10)Novon：A Journal for Botanical Nomenclature，创刊于 1991 年，季刊，每年 1 卷。

日本

(1)Bot. Mag. Tokyo (The Botanical Magazine, Tokyo)，日本植物学杂志，1888 年创刊，季刊，每年 1 卷，早年日文版，近年英文版。

(2)Journ. Jap. Bot. (Journal of Japanese Botany)，植物研究杂志，1916 年创刊，双月刊，每年 1 卷，英日混合版。

(3)Journ. Fac. Sci. Univ. Tokyo, Bot. 3. (Journal of the Faculty of Science, Imperial University of Tokyo, Section Ⅲ, Botany)，东京大学理学部纪要，第Ⅲ类，植物学，创刊于 1887 年，英文版。

(4)Acta Phytotax. Geobot. (Acta Phytotaxonomic et Geobotanica)，植物分类·地理，1922 年创刊，双月刊，英日混合版。

新西兰

(1)Phytotaxa，创刊于 2009 年，英文版。

巴基斯坦

(1)Pak. Journ. Bot. (Pakistan Journal of Botany)，创刊于 1969，英文版，半年刊，每年 1 卷。

1.8　种子植物的外部形态术语

学习植物分类学的主要目的之一，就在于对各种植物进行鉴定，命名和分类。要实现此目的，就必须科学地掌握种子植物的外部形态术语。

1.8.1　根

1. 根系

(1)直根系(taproot system)(图 1-2，1)：由胚根生长出来的根叫主根(main root)。当主根生长到一定长度时，就产生许多侧根(lateral root)，侧根长到一定长度时，又产生新的侧根，这样反复分支，便形成了直根系，大部分双子叶植物都具有直根系，如棉花(*Gossypium hisutum* L.)。

(2)须根系(fibrous root system)(图 1-2，2)：主根不久就停止生长或生长缓慢，而由胚轴和茎下部的节上长出许多不定根组成的根系即须根系。大部分单子叶植物都具有这种根系，如水稻(*Oryza sativa* L.)。

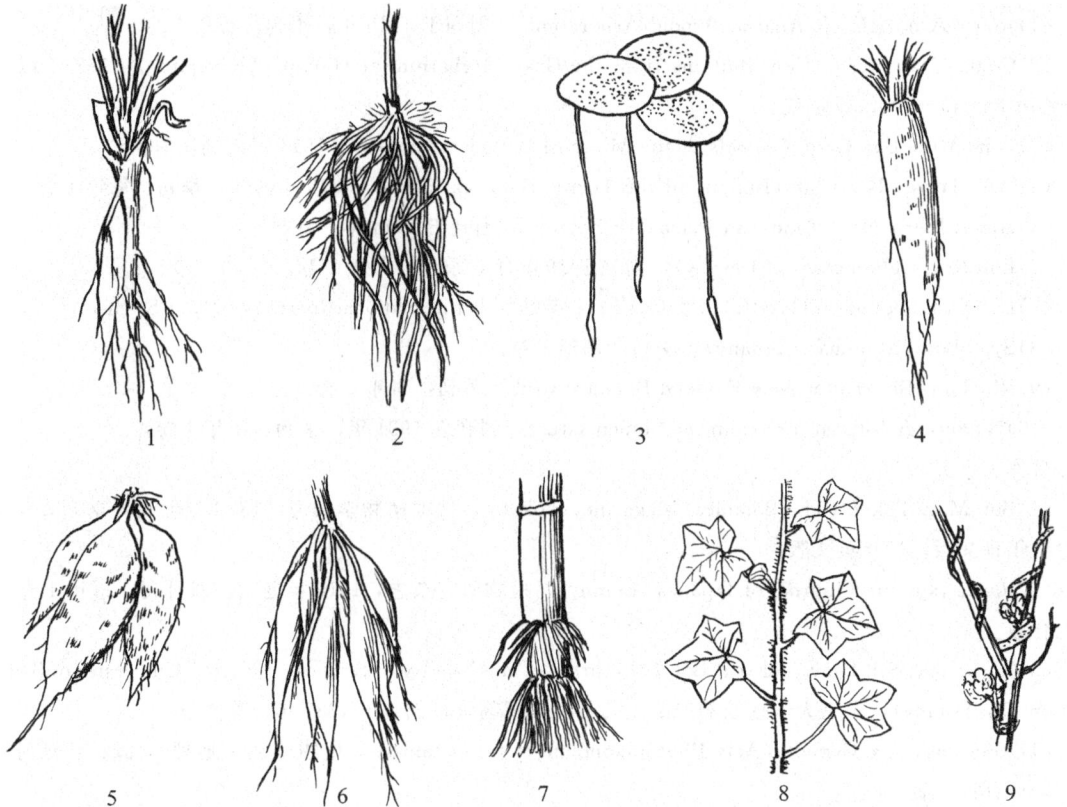

图 1-2　根系和根

1. 直根系　2. 须根系　3. 水生根　4. 圆锥根　5. 块根　6. 纺锤形根　7. 支柱根　8. 攀援根　9. 寄生根

2. 根的类型

有人讲，"根都生长在地下，而茎都生长在地上"，粗想似乎有道理，但仔细分析起来，这种提法就站不住脚了，实际上，根的类型是多种多样的。

(1)陆生根(subterranean root)：生长在土壤中的根叫陆生根，这种根在自然界中到处可见。

(2)水生根(water root)(图 1-2，3)：生长在水中的，但不扎到泥土中的根，如浮萍(*Lemna minor*)。

(3)肉质根(fleshy root)：主根、侧根和不定根都可以发生肉质变态，肉质根贮藏大量养分。根据肉质根的外形，又可分：

①圆锥根(conical root)(图 1-2，4)：由主根发育而成，故一株仅有一个肉质根，如胡萝卜(*Daucus carota* L. var. *sativa* DC.)。

②块根（tuberous root）（图 1-2，5）：由不定根或侧根发育而成，故在一株上可形成多个块根，如甘薯（*Ipomoea batata* (L.) Lam.）。

③纺锤形根（fuciform root）（图 1-2，6）：由主根或侧根发育而成的纺锤状肉质根，故一株不止一个肉质根，如大丽花（*Dahlia pinnata* Cav.）。

（4）气生根（aerial root）：生长在空气中的根叫气生根。根据气生根在植物体上所起的作用，又可分：

①支柱根（prop root）：一些浅根系的植物，可从茎节上生出许多不定根，向下深入土中形成能够支持植物体的辅助根系，故叫支柱根，如玉米（*Zea mays* L.）（图 1-2，7）。

②攀援根（climbing root）：植物体靠气生根攀援的，就叫攀援根，如洋常春藤（*Hedera helix* L.）（图 1-2，8）。

③呼吸根（respiratory root）：一部分生长在沼泽地带的植物，由于根部长期埋在淤泥中，生在泥中的根呼吸困难，而发生的一种特别的侧根。此侧根向上生长，露出水面或地面，能起到呼吸的作用，如在海滩生长的红树（*Rhizophora apiculata* Blume）就具有这种根。

（5）寄生根（haustorium root）：有些营寄生生活的被子植物，以其茎缠绕在寄主的茎上，同时产生许多吸器（haustorium）伸入寄主的茎内，它们的维管组织和寄主的维管组织是相通的，因此它们能吸取寄主体内的水分和养料，如菟丝子（*Cucusta chinensis* Lam.）（图 1-2，9）。这种吸器，目前一般都认为是不定根的变态。

（6）腐生根（saprophytic root）：根生长在腐殖质中，从中得到水和养分，如天麻（*Gastrodia elata* Blume）。

（7）附生根（epiphytic root）：根附生在其他的植物体上，如石斛（*Dendrobium nobile* Lindl.）。

（8）菌根（mycorrhiza）：有些植物的根常与土壤中的真菌结合在一起，形成一种真菌与根的共生体，这种根称为菌根。现已发现在根上能形成菌根的高等植物有 2 000 多种，其中很多是造林树种，如银杏、杏、侧柏、毛白杨、栓皮栎、椴树等。

1.8.2　茎

首先应掌握茎和根的本质区别。例如，白薯和马铃薯同样都生长在土中，为什么白薯是块根，而马铃薯是块茎呢？主要在于马铃薯具有茎的特征，而白薯就不具备这种特征。茎的特征归纳起来有三点：①具定芽，②具节和节间，③具退化的鳞片叶。正因为马铃薯具有这些特征，尽管它也在地下生长，仍是属于茎（变态的茎），而绝不属于根。

1. 从茎的外形上可见到的有

（1）节（node）（图 1-3，5）和节间（internode）（图 1-3，3）：茎上着生叶的位置叫节，两节之间叫节间。有的植物节和节间明显，如石竹（*Dianthus chinensis* L.）；有的节和节间不明显，如大豆（*Glycine max* (L.) Merr.）。

（2）长枝（long shoot）和短枝（short shoot）：由于茎的节间长短不同，一般来讲，枝条的节间显著的都可叫长枝，如毛白杨（*Populus tomentosa* Carr.）。但有些植物的节间极度缩短，便形成了短枝，如银杏（*Ginkgo biloba* L.）的短枝（图 1-3，12）。

（3）叶痕（leaf scar）（图 1-3，4）和束痕（bundle scar）（图 1-3，8）：叶脱落后，叶柄在茎

上留下的痕迹，叫叶痕，叶痕的形状，往往是冬季识别植物的重要依据，如旱柳（*Salix matsudana* Koidz.）的叶痕为弯曲线形。束痕是指叶痕内由茎通到叶内的维管束的痕迹，束痕的排列形式和数目，也是识别植物种类的依据。如连翘（*Forsythia suspensa* (Thunb.)Vahl.）具2个束痕；而黄檗（*Phellodendron amurense* Rupr.）具3个束痕。

（4）芽鳞痕（bud-scale scar）（图1-3，6）和托叶痕（stipule scar）：芽鳞脱落后在茎上留下的痕迹叫芽鳞痕。

托叶脱落后在茎上留下的痕迹，叫托叶痕，如玉兰（*Magnolia denudata* Desr.）的环状托叶痕。

（5）皮孔（lenticel）（图1-3，7）和髓（pith）：在茎的表面见到的一些圆形、椭圆形、长线形的斑点，这就是皮孔。它的作用是和外界交换气体。皮孔的形状、颜色和数目的多少，往往是冬季识别植物种类时的依据。

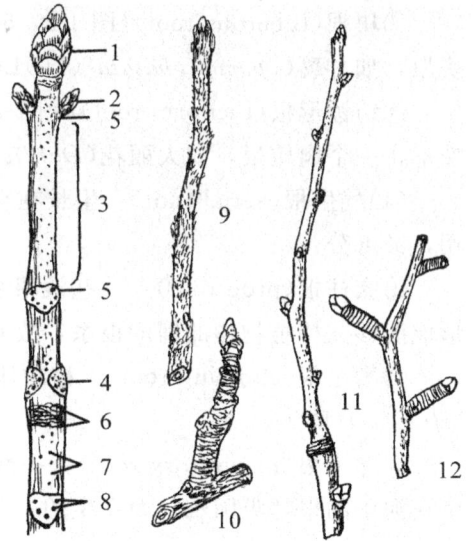

图 1-3　枝和芽

1. 顶芽　2. 腋芽　3. 节间　4. 叶痕
5. 节　6. 芽鳞痕　7. 皮孔　8. 束痕　9. 苹果长枝　10. 苹果短枝　11. 银杏长枝　12. 银杏短枝

髓位于茎的中心，是由基本分生组织发展来的。髓的形状和颜色是识别木本植物的重要依据。如苹果（*Malus pumila* Mill.）的髓为圆形，而毛白杨的髓则为五角形。葡萄属（*Vitis* L.）植物的髓为褐色；而蛇葡萄属（*Ampelopsis* Michx.）植物的髓为白色。茎中空的（髓在生长过程中被毁坏）如金银花（*Lonicera japonica* Thunb.）；茎具片状髓的如胡桃（*Juglans regia* L.）。

2. 根据茎的质地可分

（1）草质茎（herb stem）：茎中木质部的成分少，通常较柔软，易折断，外表常呈绿色。具草质茎的植物叫草本植物（herb plant），如小麦（*Triticum aestivum* L.）。

（2）木质茎（wood stem）：茎干坚硬，大部由木质部组成。具木质茎的植物叫木本植物（wood plant），如臭椿（*Ailanthus altissima* (Mill.)Swingle）。木本植物又分为：

①乔木（tree）：植株高大，具明显主干，且分枝的位置较高，如加拿大杨（*Populus canadensis* Moench.）。

②灌木（shrub）：没有明显的主干，而且分枝靠近地面，如黄刺玫（*Rosa xanthina* Lindl.）。

③木质藤本（wood climber）：不能直立的木本植物。常平卧地面，利用自身的缠绕或借助卷须等特殊器官而攀援他物之上，如葡萄（*Vitis vinifera* L.）。

④亚灌木（subshrub）：介于草本和灌木之间的一种类型。茎的下部为木质茎，多年生；而茎的上部为草质，如草麻黄（*Ephedra sinica* Stapf）。

3. 根据茎的横切面形状可分

（1）圆形：茎的横切面为圆形，在自然界中大多数植物的茎为圆形。

（2）三棱形：茎的横切面为三棱形，如莎草科的植物大多数具有三棱形的茎。

（3）四棱形：茎的横切面为四棱形，如唇形科的植物大多数具有四棱形的茎。

（4）多棱形：茎的横切面为多棱形，如芹菜（*Apium graveolens* L.）。

4. 根据植物寿命的长短可分

（1）一年生植物（annual plant）：由种子发芽、开花结果到死亡，在一年内完成，如水稻。

（2）二年生植物（biennial plant）：由种子发芽、开花结果到死亡，在两年内完成，如白菜（*Brassica rapa* L. var. *glabra* Regel）。

（3）多年生植物（perennial plant）：能连续生活两年以上的植物都可叫多年生植物。木本植物均属于多年生植物。

5. 根据茎的习性可分

（1）直立茎（erect stem）：茎的生长与地面垂直。在自然界中，大多数植物的茎是属于直立茎。

（2）攀援茎（climbing stem）（图 1-4，1）：借助卷须或其他的特殊器官（如吸盘等）攀援他物而向上生长的茎，如葡萄。

（3）缠绕茎（twining stem）（图 1-4，2）：借助植物体本身缠绕他物而向上生长的茎，如圆叶牵牛（*Pharbitis purpurea* （L.）Voigt）。

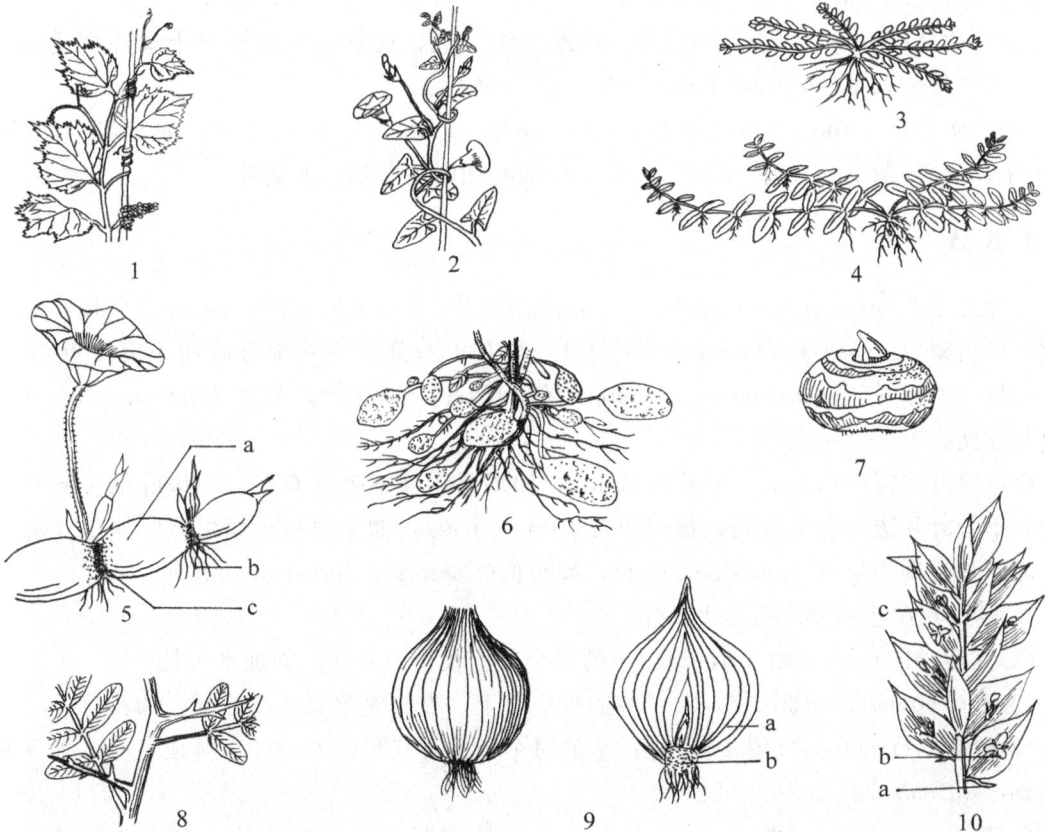

图 1-4　茎的不同类型

1. 攀援茎　2. 缠绕茎　3. 平卧茎　4. 匍匐茎　5. 根状茎（a. 节间　b. 不定根　c. 节）　6. 块茎　7. 球茎　8. 枝刺
9. 鳞茎（a. 鳞叶　b. 鳞茎）　10. 叶状枝　（a. 鳞叶　b. 花　c. 叶状枝）

(4)匍匐茎(creeping stem)(图1-4，4)：茎平卧在地上，节部生根，如草莓(*Fragaria ananassa* Duch.)。

(5)平卧茎(prostrate stem)(图1-4，3)：茎平卧在地上，节部不生根，如地锦草(*Euphorbia humifusa* Willd.)。

6. 根据变态茎的外形可分

(1)根状茎(rhizome)(图1-4，5)：外形像根的地下茎，具有明显的节和节间，节上具有退化的鳞片叶，退化叶腋内具腋芽，顶端具顶芽，如莲(*Nelumbo nucifera* Gaertn.)。

(2)块茎(tuber)(图1-4，6)：是一种短而膨大的肉质地下茎，节间很短，茎上具许多芽眼，幼时也具有退化的鳞片叶，如马铃薯。

(3)鳞茎(bulb)(图1-4，9)：是一种扁平的地下茎，上面生有许多肉质肥厚的鳞片叶，鳞片叶腋内具芽，如洋葱(*Allium cepa* L.)。

(4)球茎(corm)(图1-4，7)：外形似块茎，是由根茎的顶端膨大而形成的。其不同点是顶芽和腋芽多密集在顶端，节部也具退化的鳞片叶，如荸荠(*Eleocharis tuberosa* (Roxb.) Roem et Schult)。

(5)叶状枝(茎)(foliaceous stem)：由茎变成叶状，而且具叶绿素，能代替营养叶的作用，如假叶树(*Ruscus aculeatum* (Roxb.)Roem et Schult)(图1-4，10)。

(6)肉质茎(fleshy stem)：茎肉质，储水组织发达，这是一种对沙漠干燥环境适应的变态茎，如梨果仙人掌(*Opuntia ficus-indica* (L.)Mill.)。

(7)枝刺(stem thorn)和枝卷须(stem tendril)：由枝特化成的刺，如皂荚(*Gleditsia sinensis* Lam.)(图1-4，8)；由枝(茎)特化成的卷须叫茎卷须，如葡萄。

1.8.3　叶

一片完全叶(perfect leaf)(图1-5，1)，应由叶片(lamina)、叶柄(petiole)和托叶三部分组成，如白梨(*Pyrus bretschneideri* Rehd.)。缺其中一部分或两部分的叫不完全叶(imperfect leaf)，如樟树(*Cinnamomum camphora* (L.)Presl.)缺托叶；莴苣(*Lactuca sativa* L.)缺托叶和叶柄。

确定单叶或复叶的关键，要看芽(bud)。如果看到叶柄基部有芽，而该叶柄上只有一片叶的，不管叶片边缘有无分裂，都叫单叶(simple leaf)，如毛白杨；如果该叶柄上生有2片以上的叶片，即为复叶(compound leaf)，如洋槐(*Robinia pseudoacacia* L.)。

1. 根据叶在茎上排列的方式可分

(1)互生(alternate)(图1-5，2)：茎的每个节上仅生一片叶，如加拿大杨。

(2)对生(opposite)(图1-5，3)：茎的每个节上，有相对生长的二片叶，如石竹。

(3)轮生(verticillate)(图1-5，4)：茎的每个节上有三片以上的叶，排成一轮，如夹竹桃(*Nerium indicum*)。

(4)簇生(fascicled)(图1-5，5)：由于茎节的缩短而多数叶成丛，聚生在短枝上，如银杏。

(5)基生(base)：叶自基部发出，常成莲座状，如蒲公英(*Taraxacum mongolicum* Hand-Mazz.)。

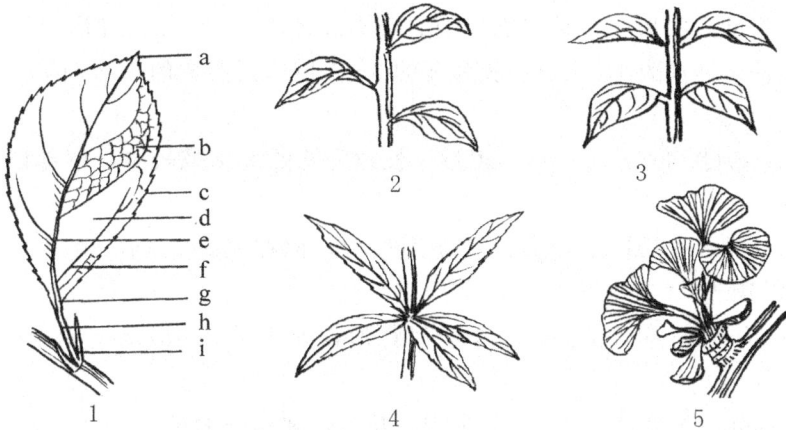

图 1-5 叶的组成和叶序

1. 完全叶的各部分(a. 顶端　b. 小脉　c. 叶缘　d. 叶片　e. 中脉　f. 侧脉　g. 叶基　h. 叶柄　i. 托叶)　2. 互生
3. 对生　4. 轮生　5. 簇生

2. 根据叶脉在叶片内排列方式

叶脉实际上就是叶片内的维管束,叶脉在叶片中的排列方式叫脉序。常见的有:

(1)平行叶脉(parallel vein)(图 1-6,1):叶脉彼此近于平行,如玉米。

(2)网状叶脉(netted vein)(图 1-6,2):叶脉成数回分支,而小脉互相连接成网状,如龙吐珠(*Clerodendron thomsonae* Balf.)。

(3)羽状叶脉(pinnate vein)(图 1-6,3):中脉明显,侧脉自中脉的两侧发出,呈羽毛状分布,如鹅耳枥(*Carpinus turczaninowii* Hance)。

(4)弧形叶脉(arcuate vein)(图 1-6,4):叶脉自叶片基部伸向顶端排列成弧形,如玉簪(*Hosta plantaginea* (Lam.)Aschers)。

(5)三出叶脉(ternate vein)(图 1-6,5、6):从叶片的基部伸出三条明显的叶脉。如枣(*Zizyphus jujuba* Mill. var. *inermis* (Bunge)Rehd.)。

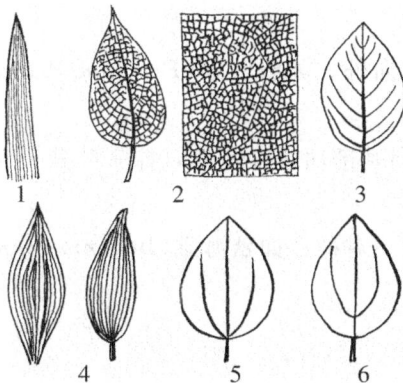

图 1-6 叶脉

1. 平行叶脉　2. 网状叶脉　3. 羽状叶脉
4. 弧形叶脉　5. 掌状三出脉　6. 离基三出脉

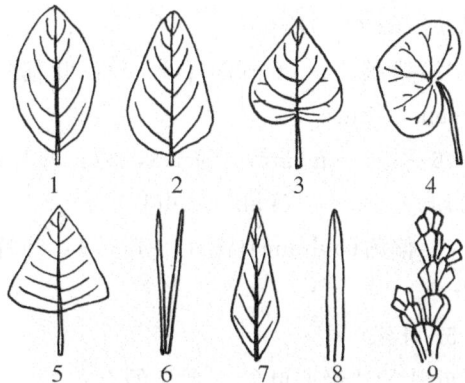

图 1-7 叶形

1. 椭圆形　2. 卵形　3. 心脏形　4. 肾形　5. 三角形
6. 针形　7. 披针形　8. 线形　9. 鳞片状

3. 叶形

叶形通常是指叶片的形状,是识别植物的重要依据之一。常见的叶形如下:

(1)椭圆形(elliptic)(图 1-7,1):长为宽的 3～4 倍,而两侧的边缘不平行而成弧形,如洋槐的小叶片。

(2)卵形(ovate)(图 1-7,2):形如鸡蛋,长约为宽的 2 倍或较少,中部以下最宽,向上渐狭,如白梨。

(3)心脏形(cordate)(图 1-7,3):和卵形相似,但在基部最宽,全形似心脏,如紫荆(*Cercis chinensis* Bunge)。

(4)肾形(reniform)(图 1-7,4):外形似肾形,如天竺葵(*Pelargonium hortorum* Bailey)。

(5)三角形(deltoid)(图 1-7,5):外形似三角形,如加拿大杨。

(6)针形(needle,acicular)(图 1-7,6):细长而顶端尖如针,如油松(*Pinus tabulaeformis* Carr.)。

(7)披针形(lanceolate)(图 1-7,7):长为宽的 4～6 倍,中部或中部以下最宽,两端渐狭,如旱柳。

(8)线形(linear)(图 1-7,8):长而狭,两侧的边近平行,如韭菜(*Allium tuberosum* Rott.)。

(9)鳞片状(scale-like)(图 1-7,9):形如鳞片,如侧柏(*Platycladus orientalis*(L.)Franco)。

4. 叶基

叶片的基部叫叶基。叶基的形状有:

(1)半圆形(circular)(图 1-8,1):叶基呈半圆形,如苹果(*Malus pumila* Mill.)。

(2)心形(cordate)(图 1-8,2):叶基部内凹呈心脏形,如萝藦(*Metaplexis japonica*(Thunb.)Makino)。

(3)箭形(sagittate)(图 1-8,3):叶基深陷,两侧的裂片向下呈箭状,如慈姑。

(4)耳形(auriculate)(图 1-8,4):叶基两侧各有一耳形的小裂片,如青菜(*Brassica rapa* L. *chinensis*(L.)Kitag.)。

(5)戟形(hastate)(图 1-8,5):叶基两侧的小裂片向外,如戟叶蓼(*Polygonum thunbergii* Sieb. et Zucc.)。

(6)楔形(cuneate)(图 1-8,6):叶片自中部以下向基部两边渐变狭,如一叶萩(*Securinega suffruticosa*(Pall.)Rehd.)。

(7)偏斜(oblique)(图 1.8-7,7):叶片的基部两侧不对称,如秋海棠(*Begonia evansiana* Andr.)。

5. 叶缘

叶片的边缘叫叶缘,常见的有:

(1)全缘(entire)(图 1-8,8):叶缘不具齿和缺刻,如紫丁香(*Syringa oblata* Lindl.)。

(2)锯齿状(serrate)(图 1-8,9):叶缘具锯齿,锯齿先端向前,如秋子梨(*Pyrus ussuriensis* Maxim.)。

（3）重锯齿（double serrate）（图 1-8，10）：锯齿的边缘又具锯齿，如华北珍珠梅（*Sorbaria kirilowi*（Regel）Maxim.）。

（4）牙齿状（dentate）（图 1-8，11）：锯齿呈牙齿状，如桑。

（5）波状（sinuate）（图 1-8，12）：边缘起伏如波状，如槲树（*Quercus dentata* Thunb.）。

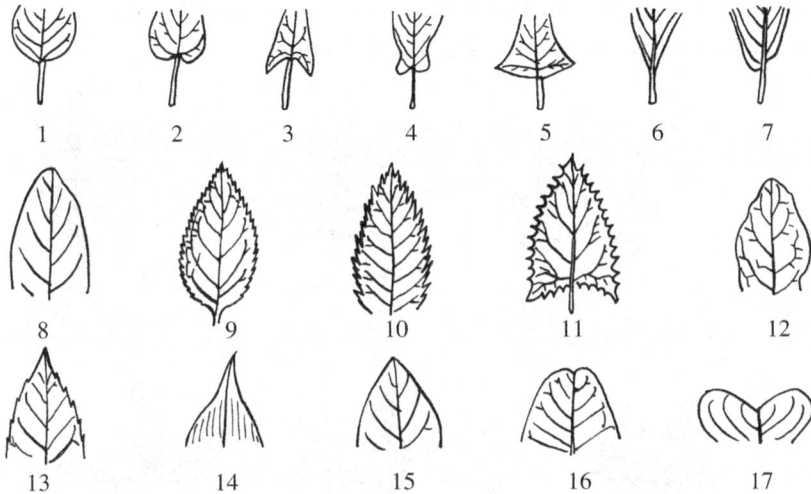

图 1-8　叶基、叶缘、叶尖

叶基（1～7）1. 半圆形　2. 心形　3. 箭形　4. 耳形　5. 戟形　6. 楔形　7. 偏斜　　叶缘（8～12）　8. 全缘　9. 锯齿状　10. 重锯齿　11. 牙齿状　12. 波状　　叶尖（13～17）　13. 渐尖　14. 急尖　15. 钝尖　16. 凹形　17. 倒心形

6. 叶尖

叶片的顶端叫叶尖，常见的有：

（1）渐尖（acuminate）（图 1-8，13）：叶片顶端逐渐变尖，如秋子梨。

（2）急尖（acute）（图 1-8，14）：叶片顶端突然变尖，如榕树（*Ficus microcarpa* L. f.）。

（3）钝尖（obtuse）（图 1-8，15）：叶片先端钝圆，如黄栌（*Cotinus coggygia* Scop. var. *cinerea* Engl.）。

（4）凹形（emarginate）（图 1-8，16）：叶片先端凹陷，如凹头苋（*Amaranthus lividus* L.）。

（5）倒心形（obcordiforum）（图 1-8，17）：叶片先端宽而凹缺，如酢浆草（*Oxalis corniculata* L.）。

7. 根据叶缘裂的程度分

（1）浅裂（lobed）（图 1-9，1）：叶的裂片较浅，约占叶片的 1/3，如梧桐（*Firmiana simplex* W. F. Wight）。

（2）深裂（parted）（图 1-9，2）：叶的裂片较深，超过叶片的 1/2，如蓖麻（*Ricinus communis* L.）。

（3）全裂（dissested）（图 1-9，3）：叶的裂片较深，裂片彼此完全分开，如茑萝（*Quamoclit pennata*（Lam.）Bojer.）。全裂是单叶过渡到复叶的开始，因而二者难以截然分开。

8. 复叶（compound leaf）的类型

（1）羽状复叶（pinnately compound leaf）：根据羽状复叶的小叶数目和顶端小叶的数目可

分为几种类型。

①奇数羽状复叶(odd-pinnately compound leaf)(图 1-9，4)：羽状复叶的顶端小叶为一片，如槐树(*Sophora japonica* L.)。

②偶数羽状复叶(even-pinnately compound leaf)(图 1-9，5)：羽状复叶的顶端小叶为两片，如落花生(*Arachis hypogaea* L.)。

如果偶数羽状复叶的总叶轴，再分支，而每一个分支也是偶数羽状复叶，可叫二回偶数羽状复叶(even-bipinnately compound leaf)，如合欢(图 1-9，6)。

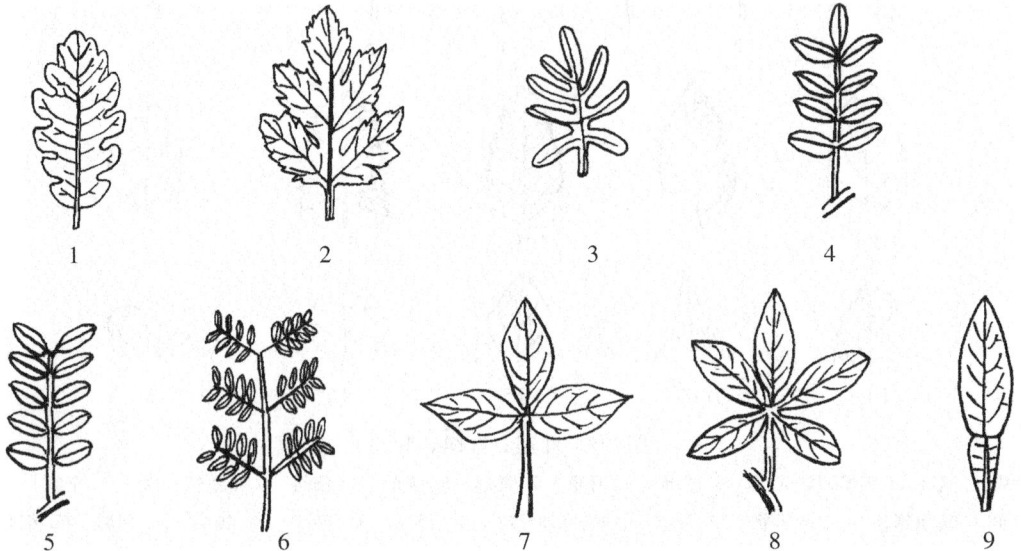

图 1-9　叶裂及复叶

1. 浅裂　2. 深裂　3. 全裂　4. 奇数羽状复叶　5. 偶数羽状复叶　6. 二回偶数羽状复叶　7. 三出复叶　8. 掌状复叶　9. 单身复叶

③三出复叶(trifoliolate compound leaf)(图 1-9，7)：由三个具柄小叶组成，如大豆。

(2)掌状复叶(palmately compound leaf)(图 1-9，8)：由许多具柄的小叶，着生在总叶柄的顶端，小叶展开如手掌，如七叶树(*Aesculus chinensis* Bunge)。

(3)单身复叶(unifoliate compound leaf)(图 1-9，9)：由于三出复叶的两侧小叶退化，总叶柄下延成翅(箭叶)。而顶端的小叶特别发达，外形上很像单叶，在总叶柄与顶生小叶连接处具明显的关节，如柚(*Citrus maxima* (Burm.)Merr.)。

9. 托叶(stipule)

托叶的形状变化很大，通常有以下几种类型：

(1)离生托叶，即托叶和叶柄分离，如苹果(图 1-10，1)。

(2)托叶与叶柄基部结合，如月季(*Rosa chinensis* Jacq.)(图 1-10，3)。

(3)托叶成叶状，如豌豆(*Pisum sativum* L.)(图 1-10，2)。

(4)托叶成鞘状(托叶鞘)，如蓼科植物(图 1-10，5)。

(5)托叶成卷须状，如菝葜属(*Smilax*)等植物(图 1-10，4)。

(6)叶柄间托叶，如茜草(*Rubia cordifolia* L.)的叶状托叶(图 1-10，6)。

(7)托叶成刺状，如洋槐(图 1-10，7)。

10. 叶的变态

(1)叶成刺状，如小檗属的植物(图 1-10，8)。

(2)叶成卷须状(图 1-10，2)，如豌豆顶端的小叶特化成卷须。

(3)叶特化成捕虫器官(图 1-10，11)，如猪笼草(*Nepenthes mirabilis* (Lour.)Merr.)。

11. 营养器官上的其他特征

(1)刺：根据刺的来源不同，可分为：

①枝刺：由枝特化而成的刺，如小叶鼠李(*Rhamnus parvifolia* Bunge)。

②皮刺：由植物的表皮突起而形成的刺，由于这种刺没有维管束和内部的维管束相连，故易剥落，如月季(图 1-10，9)。

③叶刺：由叶特化而成的刺，如仙人掌科的一些植物。

④托叶刺：由托叶特化而成的刺，如洋槐(图 1-10，7)、枣。

图 1-10　托叶和叶、枝的特化

1. 离生托叶　2. 托叶成叶状　叶特化成卷须　3. 托叶与叶柄基部结合　4. 托叶　成卷须　5. 托叶成鞘状　6. 叶柄间托叶　7. 托叶刺　8. 叶刺　9. 皮刺　10. 枝刺　11. 叶特化成捕虫器官

(2)乳汁：具乳汁的植物很多，如大戟属(*Euphorbia*)的植物具白色乳汁；而罂粟科的白屈菜(*Chelidonium majus* L.)具有黄色乳汁。

(3)毛：毛在鉴别植物种类时是比较重要的。常见的毛有：

①丁字毛(versatile hair)(图 1-11，1)：单毛横生，中间具一短柄者，如糙叶黄芪(*Astragalus scaberrimus* Bunge)。

②星状毛(stellate hair)(图 1-11，2)：毛分支成星状，如锦葵科的一些植物。

③短柔毛(pubescent)(图 1-11，3)：毛短而柔软，如毛叶丁香(*Syringa pubescens* Turcz.)。

④绵毛(stinging hair)(图 1-11，4)：毛柔软，白色，如狗舌草(*Tephroseris kirilowii* (Turcz. ex DC.)Holub)。

⑤刺毛(bristle)(图 1-11，5)：是一种硬毛，如毛莲菜(*Picris hieracioides* L.)。

⑥腺毛(glandular hair)(图 1-11，6)：毛的顶端膨大，可以分泌挥发物和黏液，如腺梗

稀莶(*Siegesbeckia pubescens* Makino)的总苞片上的腺毛。

⑦鳞片状毛(scaly hair)(图1-11，7)：毛成片状，如胡颓子(*Elaeagnus umbellata* Thunb.)叶上的毛。

1.8.4　芽

茎和叶都是由芽发展来的，因而对芽的了解也是十分必要的。

1. 根据芽着生的位置可分

(1)定芽(normal bud)：发生在一定位置的芽，如顶芽和腋芽都属于定芽。

①顶芽(terminal bud)(图1-3，1)：生于枝的顶端的芽，如桑的顶芽。

②腋芽(axillary bud)(图1-3，2)：生于叶腋的芽，如桑的腋芽。

③副芽(accessory bud)(图1-12，1)：腋芽数个在一起时，旁边的芽叫副芽，如桃具有2个副芽。

④叶柄下芽(intrapetiolar bud)(图1-12，2)：叶柄基部膨大而包住整个芽，当叶脱落后，芽才能露出，如悬铃木(*Platanus acerifolia* Willd.)。

(2)不定芽(adventitious bud)：芽的发生没有一定的位置，在根、茎、叶的各个部位都能发生的芽，叫不定芽，如甘薯(*Ipomoea batatas* (L.)Lam.)。

2. 按芽的性质可分

(1)花芽(flower bud)：此芽开展后，形成花或花序，如桃树的副芽。

(2)叶芽(leaf bud)：此芽开展后，形成新的枝条和叶，如杨树的顶芽。

(3)混合芽(mixed bud)：此芽开展后，既形成新的枝条，又有花序的发生，如紫丁香(*Syringa oblata*)。

(4)珠芽(bulbel)：叶腋内生的肉质芽(fleshy bud)，如蒜的花序上和卷丹叶腋内生的肉质芽。

3. 按芽的保护状况可分

(1)鳞芽(scaly bud)：芽的外面被有芽鳞的芽，如杨属植物的芽。

(2)裸芽(naked bud)：芽的外面没有芽鳞的保护，如枫杨(*Pterocarya stenoptera* DC.)。

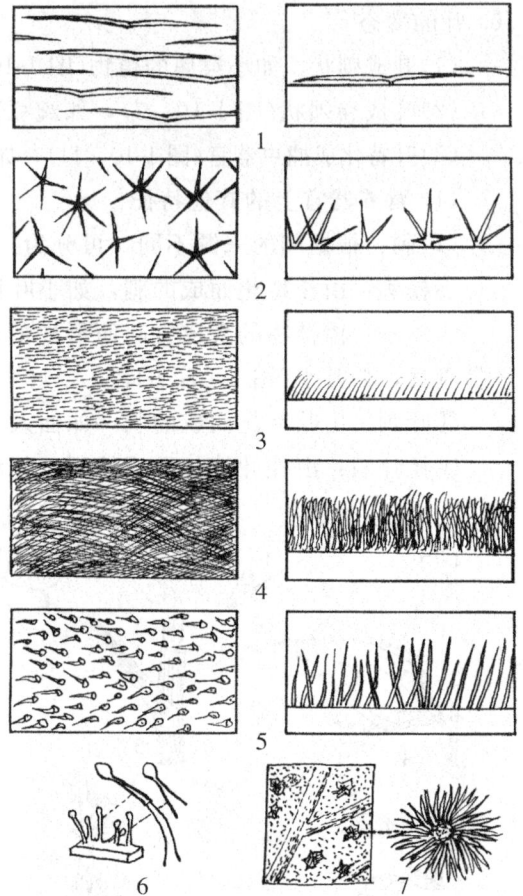

图 1-11　毛被

1. 丁字毛　2. 星状毛　3. 短柔毛　4. 绵毛
5. 刺毛　6. 腺毛　7. 鳞片状毛

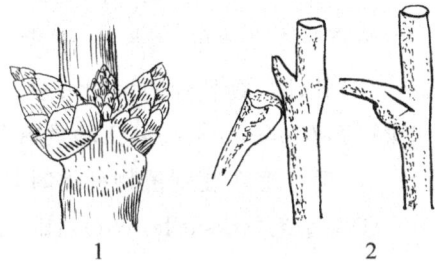

图 1-12　副芽和叶柄下芽

1. 副芽　2. 叶柄下芽

1.8.5　花

一朵典型花，由花萼(calyx)、花冠(corolla)、雄蕊(stamen)、雌蕊(pistil)以及花托(receptacle)组成(图 1-13，1)。

1. 整齐花(actinomorphic flower)和不整齐花(zygomorphic flower)

通过花的中心点可切出两个以上对称面的，叫整齐花，如桃花。

通过花的中心点只能切出一个对称面的，叫不整齐花(两侧对称)，如洋槐。

2. 根据花被的情况可分

(1)双被花(dichlamydeous)(图 1-13，2)：花萼和花冠全有的叫双被花，如桃花。

(2)单被花(monochlamydeous)(图 1-13，3)：只具花萼或花冠的叫单被花，如桑。

(3)无被花(裸花)(achlamydeous)(图 1-13，4)：不具花萼和花冠的叫无被花，如旱柳。

3. 雌雄同株(monoecious)、雌雄异株(dioecious)、两性花(bisexual flower)、单性花(unisexual flower)、中性花(asexual flower)和杂性花(polygamous flower)

(1)雌雄同株：雌花和雄花同生于一株植物体，如蓖麻。

(2)雌雄异株：雌花和雄花分别生于不同的植物体上，如银杏。

(3)两性花：在一朵花中，同时具有能发育的雄蕊和雌蕊，如桃花。

(4)单性花：一朵花中只有能发育的雄蕊或能发育的雌蕊，如黄瓜(*Cucumis sativus* L.)。

(5)中性花：雌、雄蕊都发育不全者，如向日葵的舌状花。

(6)杂性花：单性花和两性花同生于一株植物上，如平基槭(*Acer truncatum* Bunge)。

4. 萼片的变态

(1)萼距(spurred calyx)：由萼片特化成距状，如旱金莲(*Tropaeolum majus* L.)。

(2)冠毛(pappus)：菊科中很多植物的萼片特化为毛状，叫冠毛。有各种不同的形状。冠毛为单毛的，如蒲公英；为羽毛状的如刺儿菜；为鳞片状的如向日葵；为钩刺状的如鬼针草(*Bidens bipinnata* L.)。

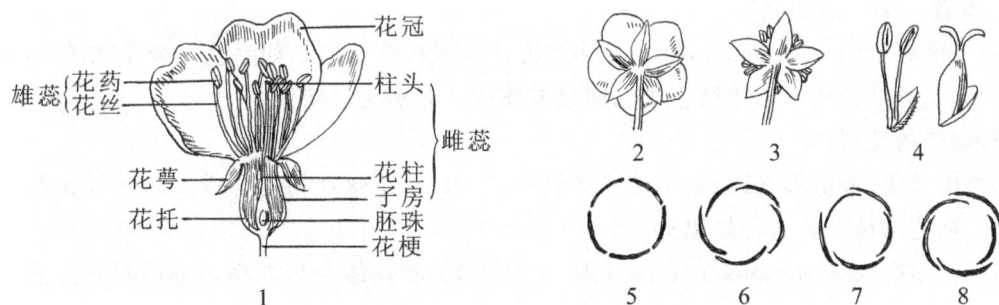

图 1-13　花的组成与花被卷叠式

1. 典型花的纵剖　2. 双被花　3. 单被花　4. 无被花(裸花)　5. 镊合状　6. 螺旋状　7，8. 覆瓦状

5. 花瓣在芽内的排列方式有

(1)镊合状(valvate)(图 1-13，5)：花瓣的边缘彼此相接，而不重叠，如葡萄。

(2)螺旋状(spiral)(图 1-13，6)：花瓣各片彼此从一边重叠，也就是一边压另一边而成螺旋状，如圆叶牵牛。

(3)覆瓦状(imbricate)(图 1-13,7、8):和螺旋状排列相似,其不同点是有一片或二片花瓣完全在外,另有一片或二片完全在内,其他各片的排列方式和螺旋状相同,如白菜。

6. 花冠的类型

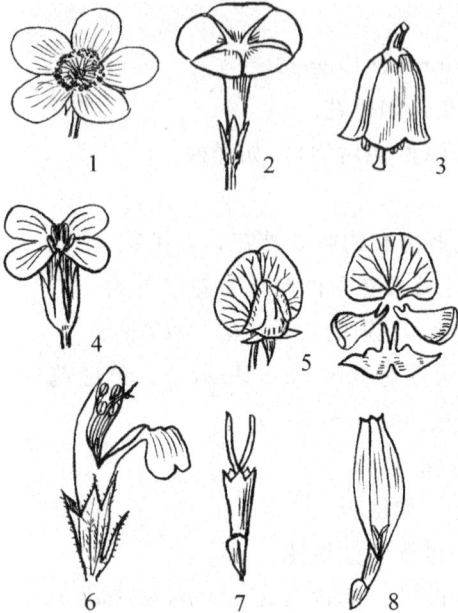

图 1-14 花冠

1. 蔷薇形花冠 2. 漏斗形花冠 3. 钟形花冠 4. 十字形花冠 5. 蝶形花冠 6. 唇形花冠 7. 管状花冠 8. 舌状花冠

(1)蔷薇形花冠(rosaceous corolla)(图 1-14,1):由 5 个分离的花瓣排列成辐射状,如桃花。

(2)漏斗状花冠(funnel-shaped corolla)(图 1-14,2):花冠筒自基部逐渐向上展开成漏斗状,如牵牛花(*Ipomoea nil* (L.)Roth)。

(3)钟形花冠(campanulate corolla)(图 1-14,3):花冠筒较短而广,向上展开成钟状,如党参(*Codonopsis pilosula* Nannf.)。

(4)十字形花冠(cruciform corolla)(图 1-14,4):由 4 个分离的花瓣排成十字形,如白菜。

(5)蝶形花冠(papilionaceous corolla)(图 1-14,5):花瓣排成蝶形,中间一瓣最大的叫旗瓣(standard),两侧的二片叫翼瓣(alae, wing),最内的二片,顶端为合生叫龙骨瓣(carine, keel),如扁豆(*Dolichos lablab* L.)。

(6)唇形花冠(labiate corolla)(图 1-14,6):花冠筒较长,花冠裂片分成上下二唇,通常上唇为 2 裂,下唇为 3 裂,如益母草(*Leonurus japonicus* Houtt.)。

(7)管状花冠(tubular corolla)(图 1-14,7):花冠筒较长,呈管状,如向日葵。

(8)舌状花冠(ligulate corolla)(图 1-14,8):花冠筒短,向上的花冠展平成舌状。如蒲公英的舌状花。

7. 雄蕊(stamen)的类型

(1)离生雄蕊(distinct stamen):花中雄蕊的花丝彼此分离,如毛茛。合生雄蕊(coherent stamen):花丝结合成一体或结合成二体或多体的,如棉花、豌豆。

(2)雄蕊的类型:

①单体雄蕊(monadelphous stamen)(图 1-15,1):花丝互相连合成一体,形成雄蕊管包住花柱,而花药彼此分离,如棉花。

②二体雄蕊(diadelphous stamen)(图 1-15,2):花丝结合成二体,如豌豆的雄蕊,9 枚合生,1 枚分离即为 $A_{(9)+1}$ 的二体雄蕊。

③多体雄蕊(polydelphous stamen)(图 1-15,3):花丝在基部结合成多体,如红旱莲(*Hypericum ascyron* L.)。

④聚药雄蕊(syngenesious stamen)(图 1-15,4):花药聚合在一起,而花丝彼此分离,如向日葵的雄蕊。

⑤二强雄蕊(didynamous stamen)(图 1-15,5):雄蕊 4 枚,2 长 2 短,如益母草。

⑥四强雄蕊(tetradynamous stamen)(图 1-15,6):雄蕊 6 枚,其中 4 长 2 短,如白菜。

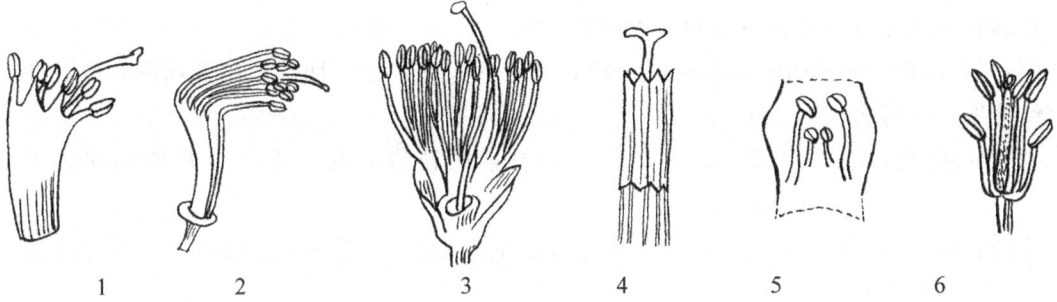

图 1-15　雄蕊

1. 单体雄蕊　2. 二体雄蕊　3. 多体雄蕊　4. 聚药雄蕊　5. 二强雄蕊　6. 四强雄蕊

8. 花药的着生方式

(1)底着药(innate anther)(图 1-16，1)：花药以底部着生在花丝的顶端，如细叶小檗(*Berberis poiretii* Schneid.)。

(2)背着药(dorsifixed anther)(图 1-16，2)：花药以背部着生于花丝的上部，如玉兰。

(3)丁字形着药(versatile anther)(图 1-16，3)：花药以背部中央着生于花丝的顶端，如有斑百合(*Lilium concolor* Salisb. var. *pulchellum* (Fisch.)Regel)。

9. 花药开裂的方式

(1)纵裂(longitudinal dehiscence)(图 1-16，4)：花药自上而下裂开一缝，如白菜。

(2)孔裂(porous dehiscence)(图 1-16，5)：花药成熟时，自顶端裂开二个小孔，花粉由小孔散出，如茄(*Solanum melongena* L.)。

(3)横裂(transverse dehiscence)：花药成熟时，从药室的中央横裂一条缝，如棉花。

(4)瓣裂(valvate dehiscence)(图 1-16，6)：花药上形成数个向外裂开的小瓣，当花药成熟时，小瓣裂开，花粉散出，如樟树(*Cinnamomum camphora* (L.)Presl)。

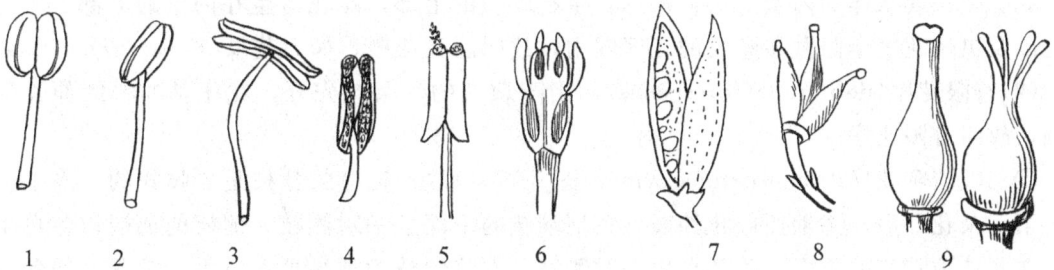

图 1-16　花药和雌蕊

1. 底着药　2. 背着药　3. 丁字形着药　4. 纵裂　5. 孔裂　6. 瓣裂　7. 单雌蕊　8. 离生雌蕊　9. 合生雌蕊

10. 雌蕊的类型

(1)单雌蕊(simple pistil)(图 1-16，7)：由一个心皮组成的雌蕊，如豌豆。

(2)离生雌蕊(apocarpous pistil)(图 1-16，8)：由二个以上的离生心皮组成的雌蕊，如毛茛。

(3)合生雌蕊(syncarpous pistil)(图 1-16，9)：由二个以上的合生心皮组成的雌蕊，又称复雌蕊(compound pisitil)，如棉花。

11. 花序(inflorescence)的类型

许多花在花序轴上排列的次序，叫花序。

(1)无限花序(indefinite inflorescence)：开花的次序，由下而上或由外向内，故花序轴可以继续伸展。又可分为：

①总状花序(raceme)(图 1-17，1)：多数具柄的花排列在一个不分枝的花序轴上，如白菜。

②穗状花序(spike)(图 1-17，2)：多数无柄的花(常为两性花)排列在一个不分枝的花序轴上，如车前(*Plantago asiatica* L.)。

③肉穗花序(spadix)(图 1-17，3)：近似穗状花序，其不同点是花序轴肉质膨大，如玉米的雌花序。如果在肉穗花序外具有一个大苞片(佛焰苞)，这种带有佛焰苞的肉穗花序叫佛焰花序，如天南星科的一些植物就具有这种花序。

④柔荑花序(catkin)(图 1-17，4)：多数无柄的单性花排列在一个不分枝的柔软下垂的花序轴上，落时整个花序一起脱落，如毛白杨。

⑤圆锥花序(panicle)(图 1-17，5)：是一种复花序，是由于花序轴分枝而形成的花序，如丁香。

⑥伞房花序(corymb)(图 1-17，6)：在一个总的花序轴上，排列着许多花柄极不相等的花，越靠下的花柄越长，致使整个花序的顶部近一平面，如花楸树(*Sorbus pohuashanensis* (Hance)Hedl.)。

⑦伞形花序(umbel)(图 1-17，7)：由许多花柄近相等的花集生于花序轴的顶端，如人参。胡萝卜的花序由许多个伞形花序组成，故叫复伞形花序(compound umbel)(图 1-17，8)。

⑧头状花序(head)(图 1-17，9)：由多数无柄的花着生在缩短的花序轴顶端，或着生在扁平的总花托上，开花顺序一般是由外向内，如向日葵。

⑨隐头花序(hypanthodium)(图 1-17，10)：花序轴顶端膨大，中央的部分凹陷形成囊状，花着生在囊状体的内壁。通常雄花着生在内壁的上部，雌花着生在内壁的下部。雄花和雌花以及虫瘿花完全隐藏在膨大的花序轴内，故叫隐头花序，如无花果(*Ficus carica* L.)。

(2)有限花序(definite inflorescence)：由于顶端的一朵花先开，花序轴的继续伸长受到限制，故叫有限花序。

①二歧聚伞花序(dichotomous cyme)(图 1-17，11)：花序的分枝是二歧式的。当主轴顶端的第一朵花开后，主轴便停止伸展，在顶端花的下面生一对侧枝，侧枝的顶端再各自生一花；在侧枝顶端花的下面，再各自生一对侧枝，而该侧枝的顶端再各自生一朵花，如冬青卫矛(*Euonymus japonicus* Thunb.)。

②单歧聚伞花序(monochasium cyme)(图 1-17，12)：花序分枝是有限的。当顶端第一朵花开后，主轴便停止伸展，而侧枝只在一边伸展。如侧枝的伸展是交替进行的，花序在一平面成扇状便形成了扇状聚伞花序(图 1-17，13)，如唐菖蒲(*Gladiolus gandavensis* Houtt.)。如侧枝在轴的两侧伸展，但由于花序末端卷曲，看似侧枝只在一边伸展，便形成了蝎尾状聚伞花序(卷伞花序)(图 1-17，14)。如附地菜(*Trigonotis peduncularis* (Trev.)Benth.)。

③轮伞花序(verticillaster umbel)：由许多无柄的花聚伞排列在茎节的叶腋间，外形似轮状排列，如益母草。

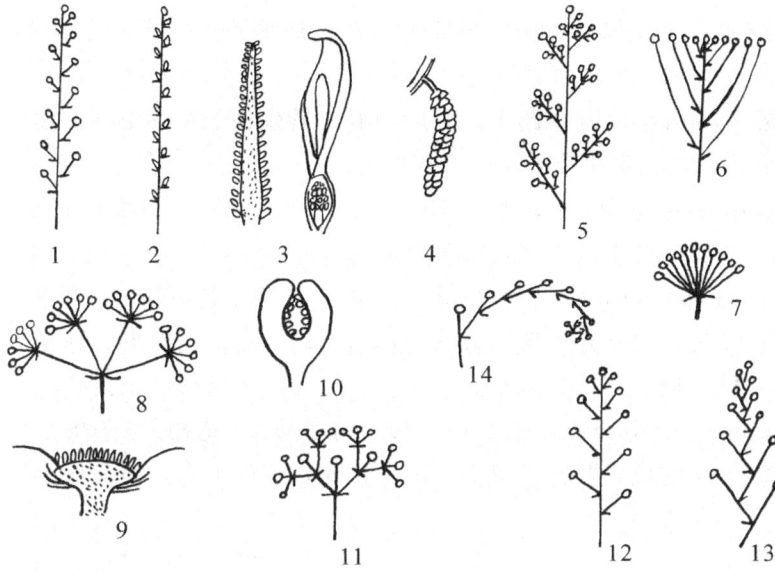

图 1-17　花序

1. 总状花序　2. 穗状花序　3. 肉穗花序　4. 柔荑花序　5. 圆锥花序　6. 伞房花序　7. 伞形花序　8. 复伞形花序
9. 头状花序　10. 隐头花序　11. 二歧聚伞花序　12. 单歧聚伞花序　13. 扇状聚伞花序　14. 蝎尾状聚伞花序

④伞状聚伞花序（cymose umbel）：外形似伞形花序，由多个收缩的螺状聚伞花序组成，如葱（*Allium fistulosum* L.）。

12. 胎座（placenta）的类型

胚珠在子房内着生的位置叫胎座。

（1）全面胎座（superficial placenta）：也可叫片状胎座。在子房的内壁上全有胚珠着生，如睡莲（*Nymphaea tetragona* Georgi）。

（2）边缘胎座（marginal placenta）（图 1-18，1）：由单心皮构成的单室子房，胚珠着生在心皮的腹缝线上，如豆科植物的胎座。

（3）中轴胎座（axile placenta）（图 1-18，2）：由数个合生心皮组成二室以上的复子房，胚珠着生在中轴上，如棉花的胎座。

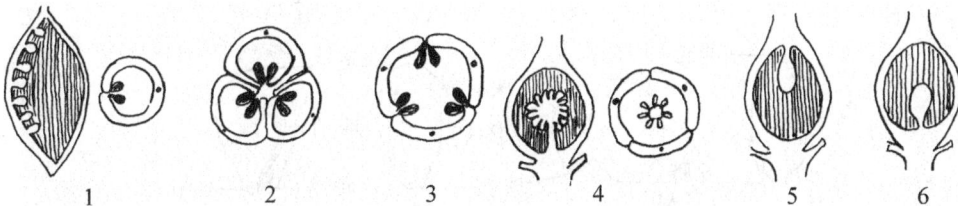

图 1-18　胎座的类型

1. 边缘胎座　2. 中轴胎座　3. 侧膜胎座　4. 特立中央胎座　5. 顶生胎座　6. 基生胎座

（4）侧膜胎座（parietal placenta）（图 1-18，3）：由数个合生心皮形成一室的复子房，胚珠沿着相邻的二个心皮的腹缝线上着生，如黄瓜。

（5）特立中央胎座（free central placenta）（图 1-18，4）：由数个合生心皮形成一室的复子房，胚珠着生在中央的轴上，如石竹(*Dianthus chinensis* L.)。

(6)顶生胎座(suspended placenta)(图 1-18，5)：胚珠着生在子房的顶部，如桑科的多数植物。

(7)基生胎座(basal placenta)(图 1-18，6)：胚珠着生在子房的基部，如向日葵。

13. 下位花、周位花、上位花

(1)下位花(hypogynous flower)(图 1-19，1)：花萼、花冠、雄蕊着生的位置，低于子房的叫下位花，而子房就成了上位子房，如玉兰。

(2)周位花(perigynous flower)(图 1-19，2、3)：花萼、花冠和雄蕊着生在杯状或壶形萼筒(托杯)上，围绕子房，但不与子房结合，故仍为上位子房；而花萼、花冠、雄蕊的位置已比下位花升高了，故叫周位花，如月季。

(3)上位花(epigynous flower)(图 1-19，4)：由于萼筒(花托)与子房壁完全结合，因而花萼、花冠和雄蕊着生的位置要比子房高，即上位花，下位子房，如黄瓜。

14. 胚珠(ovule)的类型

(1)直生胚珠(orthotropous ovule)(图 1-19，5)：珠被各部分均匀地生长，而珠柄在下，珠孔在上。珠柄、珠孔、合点可连成一直线，如侧柏(*Platycladus orientalis* (L.)Endl.)。

(2)弯生胚珠(campylotropous ovule)(图 1-19，6)：在胚珠的形成过程中，珠被向外的部分生长很快，而珠柄短，所以胚珠本身出现弯曲现象。珠心弯曲，珠孔偏向下方，珠孔与合点不连成直线，如白菜。

(3)横生胚珠(amphitropous ovule)(图 1-19，7)：在胚珠的形成过程中，珠被向外的部分生长较快，使胚珠横生，珠孔横向。珠孔和合点仍能保持一直线，但胚珠和珠柄互成直角，如大豆。

(4)倒生胚珠(anatropous ovule)(图 1-19，8)：珠被和珠柄生长都很快，珠柄细长，胚珠倒悬，珠心向下接近胎座，珠心和珠柄几乎平行，而珠柄与靠近的珠被贴生，如各种瓜类植物。

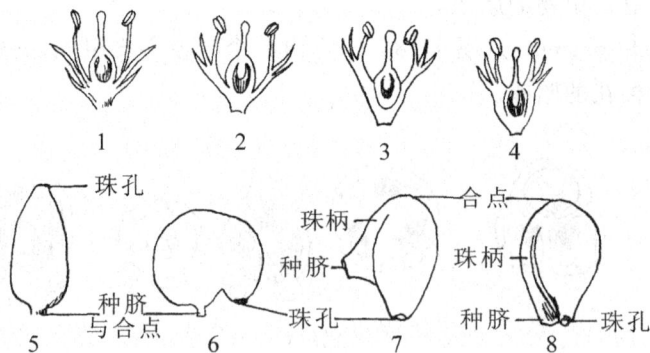

图 1-19 子房的位置和胚珠的类型

1. 下位花(上位子房) 2. 周位花(上位子房) 3. 周位花(半下位子房) 4. 上位花(下位子房) 5. 直生胚珠 6. 弯生胚珠 7. 横生胚珠 8. 倒生胚珠

1.8.6　果实和种子

1. 聚合果（aggregate fruit）和聚花果（polythalamic fruit）

（1）聚合果（图 1-20，1、2）：由一朵花的多数分离心皮形成的果，这些小果都聚生在花托上，如毛茛的聚合瘦果。

（2）聚花果（图 1-20，3、4、5）：由一个花序发育而成，花序上的每朵花形成一个果，这些小果聚生在花序轴上，如桑的聚花果（桑葚）。

2. 开裂的干果

（1）蓇葖果（follicle）（图 1-21，1）：通常是由离生心皮形成，成熟时只有一个缝开裂的果，如草乌（*Aconitum kusnezoffii* Reichb.）的聚合蓇葖果。

（2）荚果（legume）（图 1-21，2）：由单心皮形成，成熟时沿二个缝开裂的果，如洋槐的果。

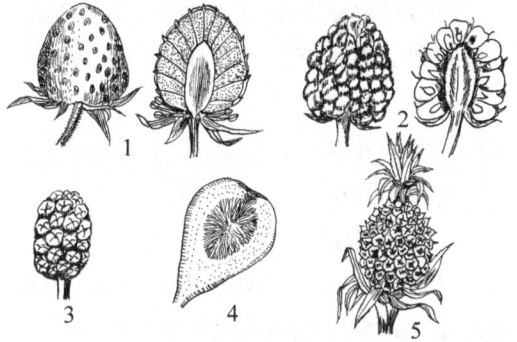

图 1-20　聚合果和聚花果

1. 草莓的聚合果　2. 悬钩子属的聚合果　3. 桑的聚花果　4. 无花果的聚花果　5. 菠萝的聚花果

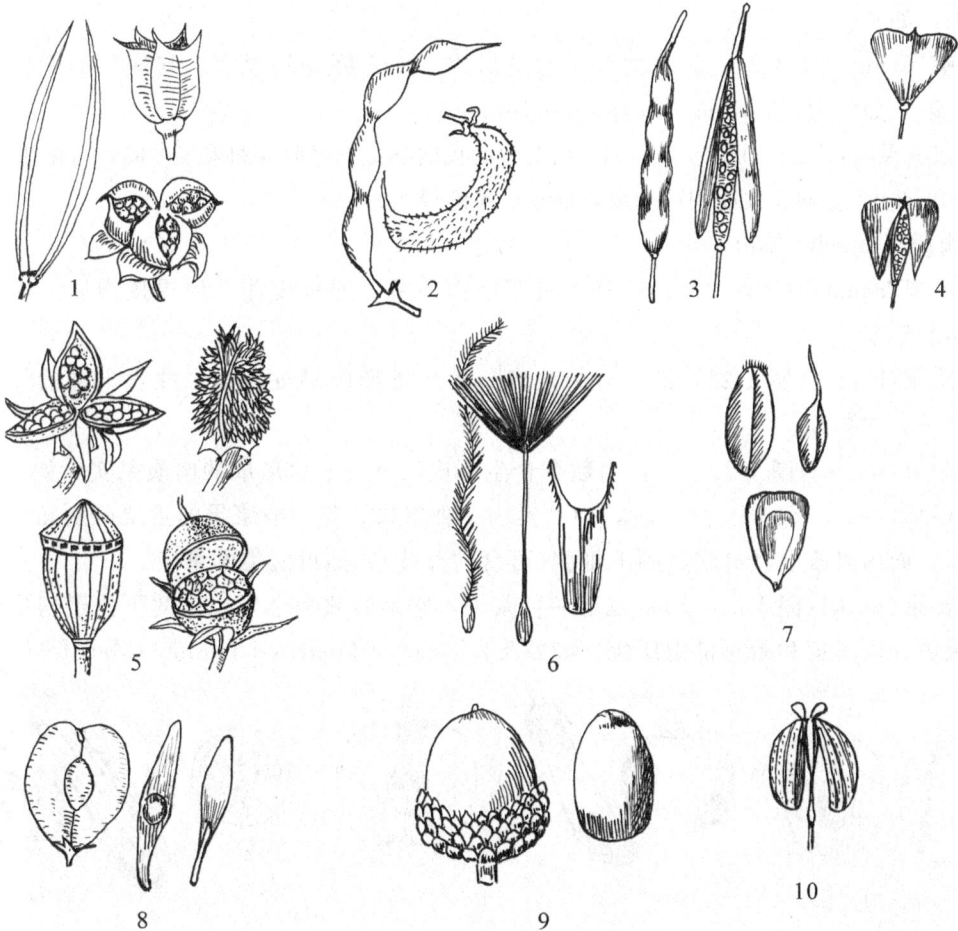

图 1-21　干果

1. 蓇葖果　2. 荚果　3. 长角果　4. 短角果　5. 蒴果　6. 瘦果　7. 颖果　8. 翅果　9. 坚果　10. 双悬果

(3)长角果(silique)(图 1-21，3)和短角果(silicle)(图 1-21，4)：由二个合生心皮形成，中间具假隔膜，成熟时二个缝都开裂。长超过宽的 2 倍以上的叫长角果，如白菜；长和宽近相等的叫短角果，如荠菜(*Capsella bursa-pastoris* (L.)Medic.)。

(4)蒴果(capsule)(图 1-21，5)：由二个以上的合生心皮形成的果实，成熟后开裂。根据蒴果开裂的方式分：室背开裂，果成熟后沿心皮的背缝实线开裂，如棉花；室间开裂，即沿室与室之间的缝处开裂，如马兜铃(*Aristolochia contorta* Bunge)；孔裂，果实成熟时，种子由裂开的小孔散出，如罂粟(*Papaver somniferum* L.)；盖裂，果实成熟时成盖状裂开，如马齿苋(*Portulaca oleracea*)。

3. 不开裂的干果

(1)瘦果(achene)(图 1-21，6)：由离生心皮或合生心皮形成 1 室 1 胚珠的果，种皮和果皮能分开，如毛茛的聚合瘦果。

(2)颖果(caryopsis)(图 1-21，7)：由合生心皮形成 1 室 1 胚珠的果实。和瘦果的主要区别就在于果皮和种皮完全愈合，不能分开，如禾本科的果实。

(3)翅果(samara)(图 1-21，8)：果的一侧、两端或周边具翅。具双翅的叫双翅果，如五角枫(*Acer mono*)；具单翅的叫单翅果，如白蜡树(*Fraxinus chinensis* Roxb.)。周边具翅的叫周翅果，如榆。

(4)坚果(nut)(图 1-21，9)：由合生心皮形成 1 室 1 胚珠的果实。与瘦果的主要区别在于果皮坚硬，如板栗(*Castanea mollissima* Blume)。

(5)双悬果(mericarp)(图 1-21，10)：由合生心皮的下位子房形成的果实，成熟时由中线分开，悬挂于心皮柄上。这种果实也可叫分果，如伞形科的果实。

4. 肉质果(fleshy fruit)

(1)核果(drupe)(图 1-22，1)：具 1 种子的肉质果，外果皮薄，中果皮肉质，内果皮骨质，如桃的果实。

(2)浆果(berry)(图 1-22，2)：外果皮薄，中果皮和内果皮肉质，并含丰富的汁液，内有数个种子，如葡萄。

(3)梨果(pome)(图 1-22，3)：由数个合生心皮的下位子房形成的肉质果实，如苹果。

(4)柑果(hesperidium)(图 1-22，4)：实为一种浆果，与一般浆果的主要区别在于外果皮厚、革质，而内果皮上具有多汁的毛细胞(可食的部分)，如柑橘类的果实。

(5)瓠果(pepo)(图 1-22，5)：也是一种浆果，它是由数个合生心皮的下位子房形成的果实。中果皮、内果皮和胎座都肉质化，如西瓜(*Citrullus lanatus* (Thunb.)Mansfeld)。

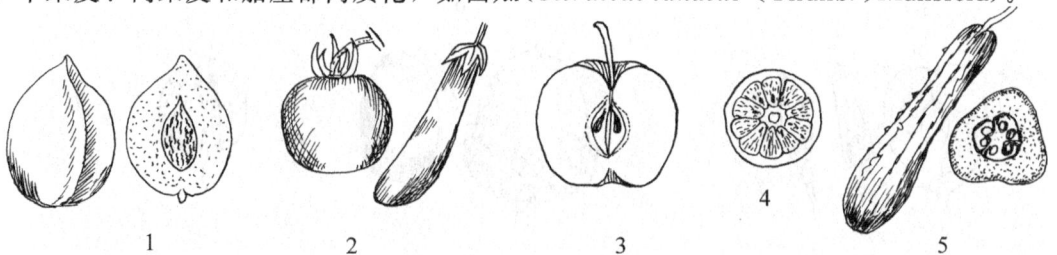

图 1-22　肉质果

1. 核果　2. 浆果　3. 梨果　4. 柑果　5. 瓠果

5. 种子

种子由胚珠受精后形成，通常由种皮、胚和胚乳三部分组成，但也有无胚乳的种子。

(1)种皮(testa or seed-coat)：由珠被形成的，具有保护的作用。

(2)胚乳(endosperm)：是贮存养料的构造。具胚乳的种子叫有胚乳的种子，如蓖麻。有些植物的胚乳被子叶吸收而消失的种子，叫无胚乳的种子，如落花生。

在此值得注意的是，裸子植物的胚乳是由大孢子直接分裂发育而来的，实际上就是雌配子体的一部分。它虽也叫胚乳，但和被子植物的胚乳有着本质的区别。另外，在藜科的植物中所看到的是外胚乳，它和胚乳(内胚乳)的区别就在于它是由珠心残存的一部分组织发育而来的，如甜菜(*Beta vulgaris* L.)。

(3)胚(embryo)：胚包括胚芽、胚轴、胚根和子叶四部分。

由胚发育成新的植物体。子叶的数目在不同的植物类群中是不相同的，如油松就具有多片子叶；而大多数双子叶植物的胚仅具二片子叶，大多数单子叶植物的胚只具一片子叶。

第2章　种子植物分类学实验

　　种子植物是目前地球上最繁盛的植物类群。种子植物最主要的特征是产生种子。这就在胚的保护、营养物质的供给以及度过不利环境等方面，有了更进一步的发展。与种子出现有密切关系的是花粉管的产生，它将精子送到卵旁。这样，在受精这个十分重要的环节上，就不再受到外界环境——水的限制。它们的孢子体发达，高度分化，并占绝对优势；相反，配子体则极其简化，不能离开孢子体而独立生活。这就更有利于陆生生活，更有利于其种族繁衍。

　　现在知道的种子植物约有 25 万种。我国约有 3 万种。根据种子外有无果皮包被，又可分为裸子植物和被子植物。

Ⅰ. 裸子植物(Gymnospermae)

　　裸子植物是介于蕨类植物和被子植物之间的一群维管植物。它是保留颈卵器、具有维管束、能产生种子的一类高等植物。现代裸子植物的种类分属于 4 纲（或亚纲），8 目，12 科，83 属，近 800 种。我国是裸子植物种类最多、资源最丰富的国家，有 236 种，其中有不少是第三纪的孑遗植物，或称"活化石"植物。我国的裸子植物多为林业经营上的重要用材树种，也是纤维、树脂、单宁等原料树种，少数种类的枝叶、花粉、种子、根、皮等可供药用。

2.1　实验 1 油松的生活史

2.1.1　实验目的

通过对油松生活史的观察，掌握裸子植物的主要特征及对陆生环境的适应。

2.1.2　内容和步骤

1. 油松(*Pinus tabulaeformis* Carr)生活史：

(1)观察孢子体的形态：可在校园观察生活的油松。乔木，幼树树冠塔形，老时分层明显，注意观察油松的长枝和短枝，在当年新长出的长枝上可看到什么样的叶子？为几针一束？油松的树皮有何特征？（具鳞片状裂纹，呈片状剥落）。

(2)观察雄球花和雌球花：雌雄同株，花单性，雄球花多个簇生于当年长枝的基部。雌球花 1～2 个生于当年长枝（新枝）的顶部稍偏的地方，紫红色。

(3)观察花粉粒：取一个雄球花用放大镜观察，小孢子叶（雄蕊）螺旋状排列在花轴上；用镊子取一片小孢子叶在显微镜下，观察其背面着生的两个小孢子囊（花粉囊）。

用针将小孢子囊刺破，使花粉粒撒出，然后取少许花粉粒放在载玻片上，加上一滴醋酸洋红，盖上盖玻片，就可在显微镜下观察花粉粒的结构了。但要注意的是制片时不要滴水太多，否则花粉粒的气囊朝上，无法观察。在高倍镜下观察成熟花粉粒的形态和四个细胞，即花粉粒的壁、气囊和退化的第一、第二原叶细胞、生殖细胞和管细胞。

观察时注意：第一，两个原叶细胞只剩两道痕迹，所以要反复上下调节细准焦螺旋才能看清。醋酸洋红染色的时间越长，生殖细胞和管细胞的核就愈清楚，最好在 5min 以上。管细胞的核很大，不要将其误认为是细胞。除了第一、第二原叶细胞及生殖细胞以外，其余的全部空间均被管细胞所占据。有时只能看到两个或三个细胞，这也可能是其发育尚未成熟，所以应采比较成熟的花粉粒进行观察。

(4)观察珠鳞、苞鳞和胚珠：取一个雌球花，用针挑拨，观察珠鳞、苞鳞，注意苞鳞和珠鳞是否分离。胚珠着生在珠鳞的哪一面？珠孔朝哪个方向？有几个胚珠？

绘图　①油松一片小孢子叶的背面观(示花粉囊)。

　　　　②油松一片珠鳞的侧面观(示珠鳞腹面的胚珠、苞鳞和珠鳞分离)。

(5)观察胚珠和雌配子体的结构：取胚珠纵切制片，在显微镜下观察珠鳞、珠被、珠孔、珠心、雌配子体、颈卵器。油松的颈卵器有 6 个细胞，通常只能看见 1 个卵细胞，4 个颈细胞，退化的腹沟细胞常不易看到。另外，颈卵器外的一层较大而排列整齐的细胞是雌配子体所形成的套层，并非颈卵器的壁。

绘图　油松胚珠纵切图(示珠被、珠心、胚乳、颈卵器)。

(6)观察油松成熟球果和种子：取标本观察种鳞(实际是成熟的珠鳞，因胚珠发育成种子，所以叫种鳞)开裂的情况，此时仍能看到种鳞和苞鳞分离的特征。油松种子具翅，它的翅是由哪一部分发育而成的？

2. 示范：

(1)雄配子体的发育：

①雄球花纵切，示花粉囊中的造孢组织，细胞核大，细胞质浓。

②成熟花粉粒具 4 个细胞(图 2-1)。

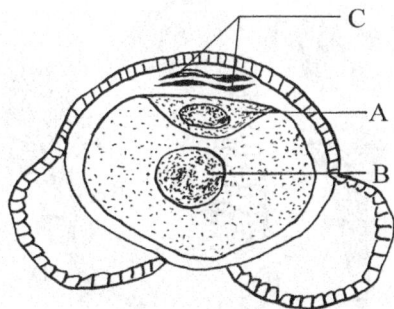

图 2-1　油松的成熟花粉粒

A. 生殖细胞　B. 管细胞　C. 退化的原叶细胞

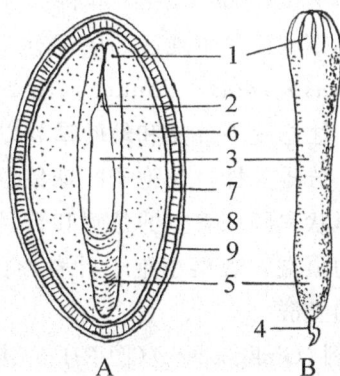

图 2-2　油松种子纵切面和成熟的胚

A. 种子纵切　B. 胚侧面观　1. 子叶　2. 胚芽　3. 胚轴　4. 胚柄　5. 胚根　6. 胚乳　7. 内种皮　8. 中种皮　9. 外种皮

(2)雌配体(胚囊)的发育：

①雌球花纵切，示珠心中的1个大孢子母细胞。

②4个大孢子，3个退化，远离珠孔的一个发育。

③游离核时期的胚囊。

④具颈卵器的雌配子体及花粉管。

(3)胚的发育和种子的形成：

①原胚时期。

②初级胚柄、次级胚柄和胚。

③油松种子纵切面：示种皮、胚乳和胚(胚包括子叶、胚根、胚轴和胚芽)(图2-2)。

2.1.3 复习思考题

(1)图解说明油松生活史，并与苔藓和蕨类植物的生活史进行比较，要求找出它们之间的异同点。

(2)绘图并说明油松种子的结构及其来源。

(3)裸子植物的特征及对陆生环境的适应。

2.2 实验 2 裸子植物的分类

2.2.1 实验目的

通过实验和校园实地的调查，再加上看裸子植物的录像，要求掌握常见裸子植物的分类根据，并应学会识别常见裸子植物的科、属、种。

2.2.2 内容和步骤

1. 室内观察：

(1)苏铁科(Cycadaceae)：本科有1属，约107种。分布于热带和亚热带地区。中国有1属，8种。

苏铁(*Cycas revoluta* Thunb.)(图2-3)：观察植物体的外形，注意茎不分支和幼叶拳卷以及大型羽状复叶的特征。雌雄异株，大孢子叶球集生茎顶。注意大孢子叶的形状和胚珠着生的位置和数目。小孢子叶球亦生于茎的顶端，观察小孢子叶背面由2～5个小孢子囊组成的囊群。

(2)银杏科(Ginkgoaceae)(图2-4)：本科仅残存1属，1种，为我国特产。

银杏(*Ginkgo biloba* L.)。观察银杏的外形，注意叶形和长短枝的区别，叶脉是否为二叉分，叶在枝

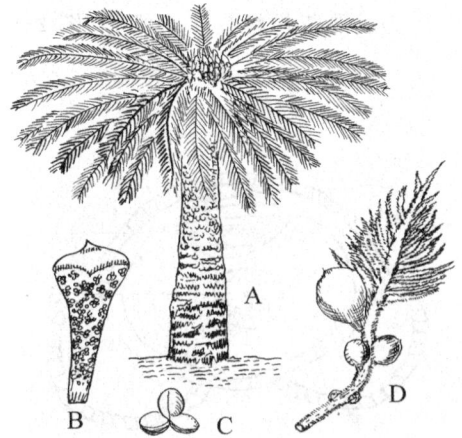

图 2-3 苏铁

A. 植株外形 B. 小孢子叶 C. 聚生的花粉囊 D. 大孢子叶和种子

上排列的方式。观察银杏雌雄花的构造，注意雄花成柔荑花序，雄蕊多数，每个雄蕊生有 2 个花粉囊；雌花具一长柄，上部二叉分，分支顶端各有膨大的珠托（珠领）（collar），珠托上各生一个直生的胚珠（ovule），最后解剖观察银杏种子的形态构造，识别肉质的外种皮、骨质的中种皮、纸质的内种皮、胚乳（endosperm）和胚（embryo）。值得注意的是，内种皮又分为上下两半，上半又分为两层，红色的内层是由珠心的表皮和珠被分离的部分形成的。

（3）松科（Pinaceae）：本科有 12 属，约 230 种，多产于北半球。我国有 10 属，113 种（包括引种栽培 24 种），分布于全国。

①松属（*Pinus* L.）：针形叶 2～5 针一束，生在短枝上，基部具膜质的叶鞘。成熟的种鳞顶端多加厚，宿存。常见的种类有：

油松：2 针一束，树皮灰褐色，叶鞘宿存。

白皮松（*P. bungeana* Zucc ex Endl.）：3 针一束，树皮白色，叶鞘脱落。

华山松（*P. armandii* Franch）：5 针一束（和红松相同），树皮青灰色，种子具棱。

②云杉属（*Picea* Dietr）：无长短枝区别，叶通常四棱形，着生在叶座上；球果下垂，种鳞不脱落。常见种类有青杆（*Picea wilsonii* Mast.）和白杆（*Picea meyeri* Rehd. et Wils）。其主要区别在于前者幼枝光滑，芽鳞不反卷，叶端尖或锐尖；而白杆的幼枝被毛，芽鳞反卷，叶端为钝尖。

③落叶松属（*Larix* Mill.）。落叶乔木，叶在长枝上螺旋状排列，在短枝上簇生，种鳞顶端扁平不加厚。最常见的就是华北落叶松（*Larix principis-rupprechtii* Mayr.）。

④冷杉属（*Abies* Mill.）。本属的特征是球果直立不下垂。球果成熟时，种鳞和种子一起脱落，叶扁，螺旋状排列在长枝上（无短枝），叶脱落后形成圆形的叶痕（不突出，不同于云杉的叶座）。北京见到的有臭冷杉（*Abies nephrolepis* (Trautv.) Maxim.）。

此外，在公园中常见的有雪松（*Cedrus deodara* (Roxb.) G. Don.），是一种树姿美丽的观赏植物。

（4）柏科（Cupressaceae）：依据分子系统学的研究，广义柏科包括了传统分类中的杉科（Taxodiaceae）。全世界有 29～32 属，110～130 种，分布南北两半球。我国有 13 属，36 种，分布遍及全国，引入栽培 4 属，7 种。

杉科和松科的主要区别是珠鳞和苞鳞仅顶端分离。在北京可见的在露天栽种的只有水杉（*Metasequoia glgptostroboides* Hu et Cheng），落叶齐木，叶交互对生（成假二列），小枝对生，冬季小枝和叶一起脱落。

另外，在长江以南常见的有杉木（*Cunninghamia lanceolata* (Lamb.) Hook.）和日本柳杉

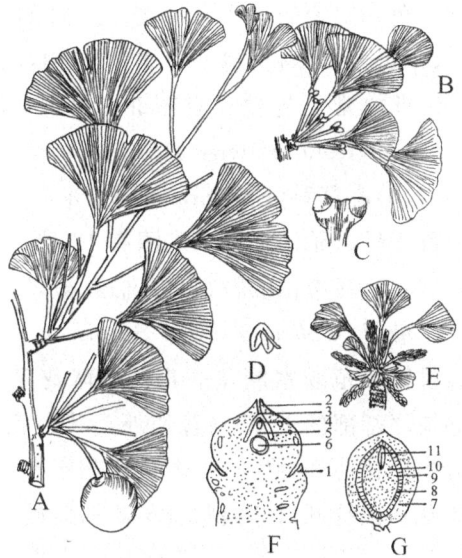

图 2-4　银杏

A. 长、短枝和种子　B. 短枝和雌花
C. 珠托和胚珠　D. 雄蕊　E. 柔荑状雄花和短
枝　F. 胚珠和珠托纵切面　G. 种子纵切面
1. 珠托　2. 珠被　3. 珠孔　4. 花粉室
5. 珠心　6. 雌配子体　7. 外种皮　8. 中种皮
9. 内种皮　10. 胚乳　11. 胚

(*Cryptomeria japonica* D. Don.)。

传统的柏科植物的叶通常为交互对生或轮生，珠鳞和苞鳞全部合生。最常见的植物有侧柏(*Platycladus orientalis*(L.)Franco)，常绿乔木，全为鳞片状叶，小枝排列在一个平面上，雌雄同株。球果当年成熟，开裂珠鳞4对，注意如何排列，种子是否具翅。

圆柏(*Juniperus chinensis* L.)，常绿乔木，通常为二型叶(针形和鳞片叶)。雌雄异株，球果成熟不开裂。解剖一个球果，注意种子的数目和是否具翅。

(5)红豆杉科(Taxaceae)：叶螺旋状着生，常扭转呈两列，不形成球果，种子核果状，常具色彩鲜艳的肉质假种皮。广义的红豆杉科包括了我国传统分类上的三类杉科(Cephalo-taxaceae)。本科全世界6属，28种，我国5属，17种。

北方常见的种类有东北红豆杉(*Taxus cuspidata* Sieb. et. Zucc.)和粗榧(*Cephalotaxus sinensis* (Rehd. et wils.)Li)。

(6)麻黄科(Ephedraceae)：本科有1属，约40种，分布亚洲、美洲、欧洲东南部及非洲北部干旱、荒漠地区。我国有12种，4变种，分布较广。

本科最突出的特征是具假花被，种子成熟时盖被(假花被)发育成假种皮。

麻黄(*Ephedra sinica* Stapf.)：亚灌木，节和节间明显，叶退化成鳞片状，对生；雌雄异株。示范观察麻黄的花：雄球花序对生或轮生，每个雄花序有2～8对交互对生的苞片。除花序基部的1～2对苞片外，其余苞片的腋部皆有1朵雄花，每朵雄花皆具假花被，花丝合生，花药亦合生；一个雌球花序有4对以上交互对生的苞片，顶部生1～2朵雌花，每朵雌花具顶端开口的囊状、革质的盖被(假花被)，包于胚珠外。胚珠具1层膜质珠被，由珠被上部延伸成珠孔管，自盖被开口处伸出；种子成熟时，盖被发育成为革质或为肉质的假种皮。雌球花的苞片通常随着胚珠生长发育而成肉质，呈红色、橘红色或橙黄色，包在外面，成为浆果状。

2. 校园内裸子植物的观察：到校园内对生活的裸子植物进行认真的观察和比较。教师可以运用已讲授的知识，启发学生注意总结识别裸子植物的科、属、种的能力，达到进一步巩固和加深课堂和室内实验的目的。

2.2.3　复习思考题

(1)作出苏铁科、银杏科、松科、柏科、红豆杉科、麻黄科的分科检索表(定距式的二歧检索表)。

(2)列表比较松属、云杉属、冷杉属、落叶松属的主要区别。

(3)苏铁和蕨类有哪些近似的特征，说明了什么问题？

(4)银杏在外形上很像杏，它们之间有什么本质区别？

(5)麻黄雌、雄花在构造上表现了哪些进步特征，和被子植物的花有什么相似性，又有什么区别？

(6)把校园内生活的裸子植物种类作一定距检索表。

(7)裸子植物的特征是什么？有哪些特征比蕨类植物适应陆生环境更为有利？

Ⅱ. 被子植物 (Angiospermae)

被子植物的种类繁多，科、属、种的数目每年都有变化，再加上各个系统学家的分类方法也不相同，因此，很难说出一个准确的数字。据统计，约有 13 678 属，257 400 多种，占植物界的 3/4，我国约有 246 科 (依 APGⅣ 系统)，3 000 多属，28 000 余种。

传统的分类学将被子植物通常根据子叶的数目、叶脉特征和花的基数 (3 数花或 4～5 数花) 等特点，分为双子叶植物纲 (Dicotyledoneae) (木兰纲 Magnoliopsida) 和单子叶植物纲 (Monocotyledoneae) (百合纲 Liliopsida)。

基于分子系统学的研究，被子植物系统发育研究组 (APG) 建立了更能反映被子植物系统演化关系的一个分类系统，简称 APG 系统。其主要的特点为：(1) 打破了单子叶植物和双子叶植物的界限，将单子叶植物置于真双子叶植物 (具 2 枚子叶，花粉粒绝大多数为三沟型或其变异类型) 之前；(2) 分类阶元的最高等级为目，目以上归为类 (群)；(3) 科以上的类群均为单系类群；(3) 起始位置有若干基部类群，末端有一些位置不确定的科属。APG 系统自 1998 年发表以来，已经经过了 2003 年 (APGⅡ)、2009 年 (APGⅢ) 两次大的修订，最近的修订已于 2016 年发表 (APGⅣ)。

按照 APGⅣ，被子植物除基部类群外，被分为木兰类 (Magnoliids)、单子类 (Monocots)、真双子叶类可能的姐妹群 (Probable Sister of Eudicots)、真双子叶类 (Eudicots)、核心真双子叶类 (Core Eudicots)、超蔷薇类 (Superrosids)、蔷薇类 (Rosids)、超菊类 (Superasterids)、菊类 (Asterids) 等大小悬殊的大类，包含 416 科。本实验指导被子植物科的概念采用 APGⅣ。

2.3　实验 3 植物的外部形态术语

2.3.1　实验目的

结合温室和公园内的植物种类进行现场教学，要求学生掌握鉴别植物种类的常用的形态术语概念。

2.3.2　内容和步骤

(1) 自学本书第 1 章的 1.8，从理论上搞清常用的外部形态的术语概念。

(2) 确定进行现场教学的地点。在北京地区，我们常去的地方有北京植物园、中山公园和北海公园 (重点应放在温室内)。

(3) 确定地点后，教师要事先预查，确定讲解的内容和具体路线。

(4) 在给同学讲解时，应把重点放在结合实际讲清有关的形态术语的概念上，不要求同学记更多的植物种类。

(5) 要求学生在教师讲解时，应集中精力听，最后剩下一段时间，让同学们进行复习巩固。实践证明，这样做会收到更好的效果。

(6) 利用晚上辅导时间，再用植物外部形态术语的彩色幻灯片边放、边总结，以便提高和加深对这部分基础知识的理解和掌握。也可以结合有关形态术语的标本学习。

几年来的教学实践，我们感到用上述这种方法来解决这部分内容是非常好的，既生动，又形象，克服了过去那种枯燥无味、难以掌握的状况。

2.3.3 复习思考题

(1)举例说明花序的类型和演化趋向。

(2)举例说明胎座的类型和演化趋向。

(3)确定单叶和复叶的主要根据是什么？

(4)根据每种果实的主要特征，作一定距的二歧检索表。

(5)举例并列表比较块根、块茎、根茎、鳞茎、球茎、缠绕茎、攀援茎、匍匐茎、平卧茎的区别。

(6)举例说明根和茎在外部形态上有什么本质的区别？

2.4 实验 4 基部类群和木兰类(Magnoliids)

2.4.1 实验目的

通过实验，应掌握原始被子植物的特征，并要求掌握睡莲科、五味子科、木兰科、樟科、金粟兰科的识别特征(本亚纲包括 8 目，39 科)。

2.4.2 内容和步骤

1. 睡莲科(Nymphaeaceae)

隶属于被子植物基本科类群睡莲目(Nymphaeales)，本科有 6 属，约 60 种。我国有 3 属，9 种，主要分布于我国北部和东部。水生植物，叶片近圆形，全缘。花大，单生，花瓣和雄蕊均为多数，成螺旋状排列，雌蕊由多数心皮合生，子房半下位。注意观察雄蕊与花瓣的过渡形态。横剖子房，注意观察片状胎座(全面胎座)的特点。本科常见的植物有睡莲(*Nymphaea tetragona* Georgi)，而北京地区常见栽培的为白睡莲(*N. alba* L.)，两者的区别为前者叶心状卵形或卵状椭圆形，花直径 3～5 cm，柱头具 5～8 辐射线；而后者叶近圆形，花直径 10～20 cm，柱头具 4～20 辐射线。

2. 五味子科(Schisandraceae)

隶属于被子植物基种类群木兰藤目(Austrobaileyaceae)，本科包括 3 属，约 90 种，我国有 3 属，约 60 种。

(1)八角属(*Illicium*)。40 种。中国约有 30 种，主要分布于我国西南部至东部。

观察八角茴香(*Illicium verum* Hook. f.)的标本和果实，注意叶形和排列方式，蓇葖果开裂的方式和玉兰蓇葖果的开裂方式有什么不同。本种多产于我国南方，果为调味料，俗称大料。

在此，值得注意的就是和八角茴香同一属的植物莽草(*Illicium lanceolatum* A. C. Smith)，它的聚合蓇葖果有毒，由于在外形上和八角茴香的聚合蓇葖果颇为相似，因而常被误食而中毒。其区别在于八角茴香的聚合蓇葖果大小肥瘦一致，每一个蓇葖果的顶端钝形，不弯曲，其味甘甜；而莽草的聚合蓇葖果大小不等，肥瘦不一，每一个蓇葖果的顶端尖而弯曲，其味苦。

（2）五味子属（*Schisandra*）。25 种，分布于东亚及北美的东部。我国 19 种，分布于西南和东北。

北五味子（*Schisandra chinensis* Baill）（图 2-5）：木质藤本，无托叶。单叶，互生。单性花。浆果红色，常散生于伸长的花托上。果实可入药。

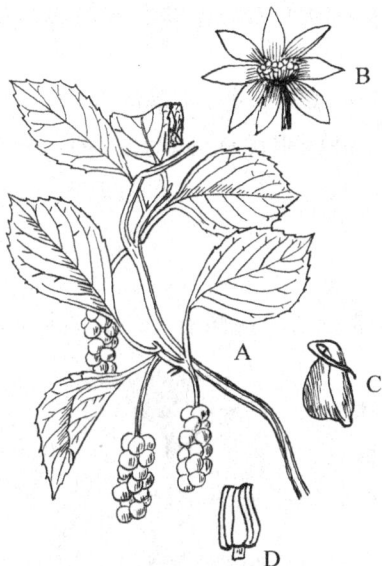

图 2-5 北五味子
A. 果枝 B. 花 C. 雌蕊 D. 雄蕊

图 2-6 玉兰
A. 果枝 B. 花枝 C. 柱状花托
D. 花图式 E. 雄蕊

3. 木兰科（Magnoliaceae）

隶属于木兰类（Magnoliids）木兰目（Magnoliales）。

大多数的现代分类学家都认为木兰目的植物是现在仍然活着的被子植物中最原始的一个类群。其根据是：柱状花托，花单生；雄蕊、雌蕊多数，分离，螺旋状排列，花被数目多，分化不明显；胚小，胚乳丰富等。因此，许多学者认为这些原始性状（以玉兰花为典型代表）与原始的已灭绝的裸子植物拟苏铁（Cycadeoidea）的两性孢子叶球类似，因此，认为木兰目与拟苏铁至少有接近的亲缘关系。

本科有 2～13 属，200 余种，分布于亚洲的热带和亚热带地区。我国有 11 属，130 多种。

本科的特征：木本，单叶互生，具环状托叶痕。花单生，花程式：$\male \ \text{✳} \ P_{3+3+3}\cdots\cdots \ A_\infty$ $G_{\infty:1:1-\infty}$，雌雄蕊均螺旋状排列在柱状花托上，果为聚合蓇葖果或聚合翅果；胚小，具丰富胚乳。

（1）木兰属（*Magnolia* L.）。本属植物的特征：木本，花顶生，无雌蕊柄。

常见植物有玉兰（*Magnolia denudata* Desr.）（图 2-6）。落叶木本，先叶开花，花大而洁白，目前已成为北京各公园有名的观赏植物。在观察腊叶标本时，注意叶形和叶背是否具铁锈色的毛，是否具环状托叶痕；然后取一朵花，由外向里认真地观察和记录，注意花被的数目和排列的方式，有无萼片和花瓣的区别，注意雄蕊、雌蕊的数目和排列方式，花托是什么形状？心皮是离生心皮还是合生心皮，形成什么果？成熟时如何开裂？

绘图　玉兰花的侧面图(注意绘出原始特征)。

洋玉兰(*Magnolia grandiflora* L.)：北京只有温室栽培，常绿木本。通过标本的观察，找出与玉兰的区别特征。

(2)含笑属(*Michelia* L.)：和木兰属的突出区别是花腋生，具雌蕊柄。

在北京公园常见有两种，即白兰花(*Michelia alba* DC.)和含笑(*Michelia figo* (Lour.) Spreng)。前者花为白色，花被片披针形；后者的花为淡黄色，边缘有时红色或紫色，花被片长椭圆形。

(3)鹅掌楸(马褂木)(*Liriodendron chinensis* (Hemsl.)Sarg.)：落叶乔木，叶片马褂状，翅果。是人们喜爱的一种行道树，由于叶形奇特，是庭园中优良的观赏树种。分布在长江以南各省。北京北海公园和陶然亭公园等处有栽培。

4. 樟科(Lauraceae)

隶属于木兰类樟目(Laurales)。

本科约有 50 属，2 500 种，分布在热带和亚热带地区。我国有 19 属，约 390 种，多分布于长江流域及以南各省。

本科是我国南方极为重要的科，是组成常绿阔叶林的主要树种。识别的特征：植物体常具芳香油细胞。单叶、互生、全缘。雄蕊常成四轮，内轮常成退化雄蕊，花药成 2 或 4 瓣裂；雌蕊由 3 个心皮组成，1 室。核果。

樟树(*Cinnamomum camphora* (L.) Presl.) (图 2-7)：乔木，单叶互生，全缘，革质，叶具离基的三主脉，脉腋间隆起为腺体。圆锥花序，从花序上取一朵花放在解剖镜下，注意观察雄蕊的花药为 4 瓣裂的特征。核果。分布在长江以南，是我国提取樟脑、樟油的重要原料。

和樟树同属的植物还有肉桂(*Cinnamomum cassia* Blume)，叶大，近对生，叶基具三主脉。华南各省均有分布。桂皮、桂油可供药用。

本科在南方常见的还有山胡椒(*Lindera glauca* (Sieb. et Zucc.)Blume)，山鸡椒(*Litsea cubeba* (Lour.) Pers.)，楠木(*Phoebe nanmu* (Oliver.)Gamble)等。

5. 金粟兰科(Chloranthaceae)

系统位置尚未确定，APGⅢ置于被子植物的基部类群。本科 5 属，约 70 种，分布于热带和亚热带。我国有 3 属，16 种。

金粟兰属(*Chloranthus* Swartz)。草本或亚灌木，叶对生或轮生状；花小，排成顶生或腋生的穗状花序或圆锥花序，花小，两性、无花被，生于极小的苞腋内。

北方常见的植物为银线草(*Chloranthus Japonicus* Sieb.)。草本，叶通常 4 片生于茎顶，穗状花序单一生于茎顶，雄蕊 3 枚，药隔基部连合，核果。

图 2-7　樟树

A. 果枝　B. 花的部分　C. 核果　D. 外 2 轮的雄蕊　E. 第 3 轮雄蕊　F. 退化雄蕊　G. 花图式

2.4.3　复习思考题

(1)为什么说木兰目是现存被子植物中的原始类群？

(2)比较木兰科和樟科的异同点，从中可看到有哪些主要的演化趋向？

(3)列表比较木兰科、樟科、睡莲科和五味子科的区别。

(4)举例说明蓇葖果、核果、聚合果和聚花果的区别。

(5)举例说明片状胎座(全面胎座)的概念。

(6)木兰属和含笑属的区别是什么？

(7)玉兰的蓇葖果和八角茴香的蓇葖果在开裂方式上有什么不同？

2.5　实验 5 单子叶类(Monocots)(1)

2.5.1　实验目的

掌握单子叶类天南星科、泽泻科、百合科、兰科、鸢尾科、石蒜科的特征识别，并要求识别这些科中的常见属、种。

2.5.2　内容和步骤

1. 天南星科(Araceae)

隶属于单子叶类泽泻目(Alismatales)。

本科的主要特征：多为草本，肉穗花序，花序外或花序下常具 1 片佛焰苞(常具彩色)，因此把具有佛焰苞的肉穗花序称为佛焰花序。本科约 109 属，2 830 种，主要分布于热带和亚热带地区。我国有 34 属，202 种，主要分布在南方。

①半夏(*Pinellia ternata*(Thunb.)Breit.)(图 2-8)：草本，具块茎，球形；三小叶集中在叶柄的顶端，小叶全缘。佛焰花序顶端具附属物，雌雄同株，无花被。浆果绿色。块茎有毒，炮制后入药，具有祛湿化痰作用。

②芋(*Colocasia esculentum*(L.)Schott.)：植物体具基生叶，具长柄，叶为卵状椭圆形。佛焰花序具短的附属物，佛焰苞淡黄色，块茎可食。

2. 泽泻科(Alismataceae)

隶属于单子叶类泽泻目(Alismatales)。

本科的主要特征：水生或沼泽生草本。外轮花被成萼状，雄蕊 6 至多数，雌蕊心皮 6 至多数，离生，常成螺旋状排列。果为聚合瘦果。

本科约有 16 属，100 种，广布于全球。我国有 5 属，约 17 种，南北均有分布。

①泽泻(*Alisma orientale*(Sam.)Juzepez)：(图 2-9)

图 2-8　半夏

A. 植株外形　B. 花序纵剖　C. 果序

多年生的沼泽植物，叶基生，叶片长椭圆形。圆锥花序（复轮生总状花序），花两性，花被6片，雄蕊6，花托扁平，心皮多数，离生，轮生。聚合瘦果。球茎可供药用，具有清热利尿的功效。

图 2-9　泽泻

A. 植株外形　B. 花　C. 雄蕊　D. 雌蕊　E. 果实
F. 心皮

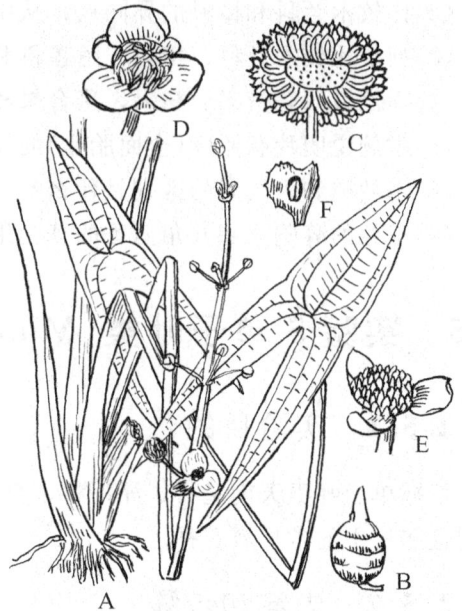

图 2-10　慈姑

A. 植株外形　B. 球茎　C. 聚合瘦果　D. 雄花
E. 雌花　F. 瘦果

②慈姑（*Sagittaria sagittifolia* L.）（图 2-10）：注意叶形的特征和花序的类型，花单性，雌蕊多数，雄蕊的心皮多数离生，螺旋状排列在凸出的花托上。聚合瘦果，球茎可供食用。

3. 百合科（Liliaceae）

隶属于单子叶类百合目（Liliales）。

本科的主要特征：单叶。花被片6，分离排列成两轮，常有斑点或线纹；雄蕊6，且与花被片对生，子房上位，3室，中轴胎座。果为蒴果或浆果。植物体常具根状茎、鳞茎、球茎。本科约16属，635种，广布，但主要分布于北半球温带。我国有11属，约100种，各省均有分布。

①山丹（*Lilium pumilum* DC.）（图 2-11）：多年生草本，植物体具地下鳞茎，单叶互生，线状披针形。取一朵花观察，花被片6，花被片基部具蜜槽，雄蕊6，花药丁字形着生；子房上位，3心皮，3室，每室具多数胚珠，中轴胎座，柱头顶端3裂。蒴果。

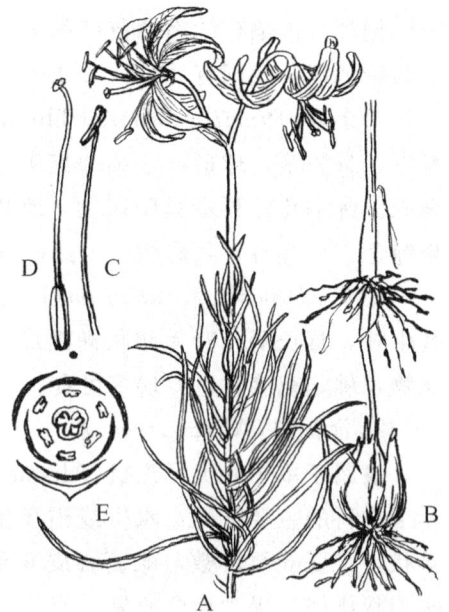

图 2-11　山丹

A. 花枝　B. 鳞茎　C. 雄蕊　D. 雌蕊
E. 花图式

②郁金香（*Tulipa gesneriana* L.），叶 3～5 枚；花单朵顶生，花被片红色或杂有其他颜色；雄蕊 6 枚等长，无花柱，柱头增大成鸡冠状。原产欧洲，我国广为栽培。

4. 兰科（Orchidaceae）

隶属于单子叶类天门冬目（Asparagales）。

本科的识别要点：花成两侧对称，其中一个花瓣形成唇瓣（labellum），雄蕊和雌蕊结合成合蕊柱，花粉粒常形成花粉块，子房下位，侧膜胎座。蒴果。本科 78～700 属，20 000 种，广布于热带、亚热带和温带地区。我国约有 150 属，1 000 多种，主要分布于长江流域和以南各省区。为被子植物的第二大科。

①白芨（*Bletilla striata*（Thunb.）Reichb. f.）（图 2-12）：注意营养体上的特征和花的颜色。取一朵花观察，注意花被片数目和排列方式。各花被是否相同？有无特殊的花被片？如有，叫什么名称？雄蕊和雌蕊结合成合蕊柱（column）。合蕊柱有什么特点？雄蕊有几个？着生在什么地方？花粉黏合成花粉块（pollinia）。雄蕊的下面是柱头，分成上唇和下唇，上唇不授粉，下唇 2 裂，能授粉，子房下位，扭转 180°。横剖子房观察，注意 3 心皮，1 室，多数胚珠，种子微小。侧膜胎座。蒴果。

绘图　白芨的合蕊柱图（注明雄蕊（花粉块）、柱头和扭转的子房）。

②天麻（*Gastrodia elata* Blume）：腐生草本。块茎横生，肥厚肉质，长椭圆形。茎直立，黄褐色，节上具鞘状鳞片。总状花序顶生，花黄褐色，萼片与花被合生成斜歪筒，口偏斜，顶端 5 裂。蒴果倒卵状长圆形。块茎入药，称"天麻"。

此外，本科常见栽培的还有各种兰花。如春兰（*Cymbidium goeringii*（Reichb. f.）Reichb. f.）和建兰（*Cymbidium ensifolium*（L.）Sw.）等。

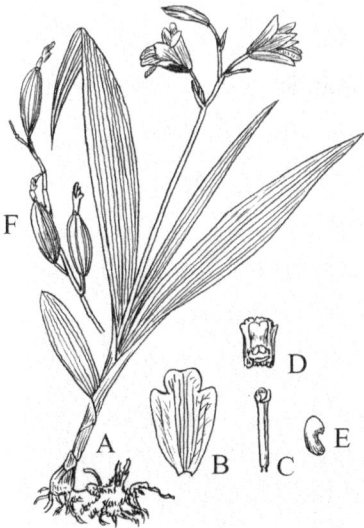

图 2-12　白芨

A. 植株　B. 唇瓣　C. 合蕊柱　D. 合蕊柱顶端药床及雄蕊背面　E. 花粉块　F. 蒴果

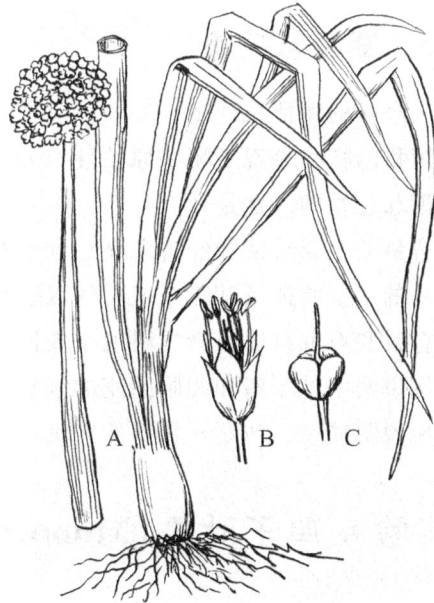

图 2-13　葱

A. 植株外形　B. 花　C. 果实

5. 鸢尾科(Iridaceae)

隶属于单子叶类天门科目。

本科的识别要点：叶具套褶式叶鞘，子房下位，花两性，辐射对称，雄蕊 3。

本科常见的植物有：马蔺(*Iris lactea* Pall. var. *chinensis* Koidz)和栽培观赏的唐菖蒲(什样锦)(*Gladiolus gandavensis* Houtt.)。

6. 石蒜科(Amaryllidaceae)

隶属于单子叶类天门冬目。

本科的主要特征：叶互生，近基生，全像，平行脉。伞状聚伞花序，由 1 或多个收缩的螺状聚伞花序组成，顶生于一个长的花葶上。花被片 6，分离至合生，无斑点，雄蕊 6，子房下位或上位，蒴果，背缝开裂。

葱属(*Allium* L.)，该属最大的特点是植物体具葱蒜味，子房每室常具 2 胚珠。

葱(*Allium fistulosum* L.)(图 2-13)：注意营养体上的特征。观察花序的外形，然后取花进行观察，注意两轮花被，雄蕊和雌蕊心皮数目，子房的位置，几室，属于什么胎座，每室有多少胚珠？蒴果。

绘图 葱的花图式，并写出花程式。

本属常见的还有蒜(*Allium sativum* L.)，洋葱(*Allium cepa* L.)，韭菜(*Allium tuberosum* Rottler)。

天门冬目其他常见的植物还有芦荟科(Asphodeluceae)的萱草(*Hemerocallis fulva* (L.) L.)以及天门冬科(Asparagaceae)的玉簪(*Hosta Plantagies* (Lam.) Aschers)和天冬草(*Asparagus sprengeri* Regel)。

2.5.3　复习思考题

(1)天南星科的特征是什么？

(2)泽泻科的植物表现了哪些原始性？如何与双子叶植物联系起来？

(3)泽泻和慈姑的区别是什么？

(4)百合科的主要特征和经济意义是什么？

(5)兰科的主要特征及其三个亚科的区别是什么？

(6)百合科和石蒜科以及鸢尾科的主要区别是什么？

(7)举例说明中轴胎座和侧膜胎座的区别。

(8)举例说明鳞茎、球茎、块茎的区别。

2.6　实验 6 单子叶类(Monocots)(2)

2.6.1　实验目的

通过实验，要求掌握棕榈科、鸭跖草科、芭蕉科、姜科、凤梨科、莎草科、禾本科的特征及其区别，同时要求识别这些科中常见属、种。

2.6.2　内容和步骤

1. 棕榈科（Arecaceae）（Palmae）

隶属于单子叶类棕榈目（Arecales）（Palmales）。

本科的突出特征是：木本，树干通常不分支，茎常包被不脱落的叶基。本科约 200 属，2 800 种，主要分布于热带和亚热带地区。我国有 22 属，84 种，主要分布于南部和东南部各省。

①棕榈（*Trachycarpus fortunei*（Hook. F.）H. Wendl）（图 2-14）：常绿乔木，树干不分支，鞘状叶基残留在树干上成棕色纤维。叶大形，丛生树干顶部，掌状深裂或全裂，具长柄。雌雄异株，花序圆锥状。多分支，苞片多片。本地见有盆栽，供观赏。

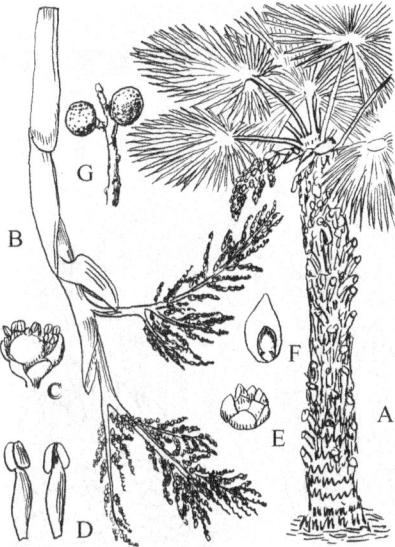

图 2-14　棕榈

A. 植株外形　B. 雄花序　C. 雄花　D. 雄蕊　E. 雌花　F. 子房纵剖　G. 果实

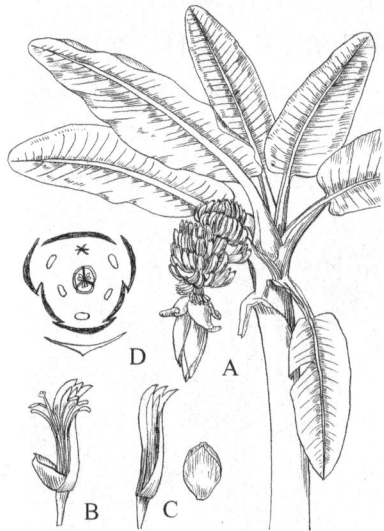

图 2-15　香蕉

A. 植株　B. 雄花　C. 花被　D. 花图式

②椰子（*Cocos nucifera* L.）：常绿乔木，叶羽状全裂或羽状复叶。雌雄同株，成分支的肉穗花序，雄花生于花序上、中部，每朵花具 9 片花被和 6 个雄蕊；雌花生于花序基部，具 3 室的子房，每室 1 胚珠，但只有 1 个胚珠成熟。果实大型，外果皮革质，中果皮纤维质，内果皮（椰壳）骨质坚硬，近基部有 3 个萌发孔；种子 1 粒，种皮薄，内贴着一层白色的固体胚乳（椰肉），固体胚乳内有一空腔，腔内贮藏很多液体胚乳。椰子广布于全热带海岸，用途很多，木材可供作建筑；叶可作编织材料和盖屋，固胚乳可生食或做成椰丝或榨油等。

2. 鸭跖草科（Commelinaceae）

隶属于单子叶类鸭跖草目（Commelinales）。

本科突出特征是：草本，茎节膨大，叶鞘基部闭合，花被分化，萼片 3，花瓣 3，雄蕊 6 或 3，花丝上常有念珠状毛，子房上位，中轴胎座，蒴果。

本科约 40 属 650 种，我国有 13 属 53 种。常见的植物有鸭跖草（*Commelina communis* L.），南北各省均有分布。常见栽培的有紫竹梅（*Setcreasea purpurea* Boom.）和紫露草

（*Tradescantia virginiana* L.）。

3. 芭蕉科（Musaceae）。

隶属于单子叶类姜目（Zingiberales）。

本科有 3 属，60 余种，主要分布于亚洲和非洲的热带地区。我国 3 属，12 种。

香蕉（*Musa nana* Lour.）（图 2-15）：多年生草本，具地下茎。地上的假茎直立，由多层叶鞘包叠而成。叶长圆形，侧出平行，花序为顶生下垂的穗状花序。由许多扁平排列的花束构成，每束的外面具一紫红色的大苞片，开花时逐渐脱落。花单性，在花序先端的花束为雄花，基部的花束为雌花，花冠唇形，上唇 5 齿裂，排成 2 轮，外轮 3 裂为萼片，内轮 2 片为花瓣，下唇则为另一个花瓣；雄蕊 6 枚，常为 1 枚退化，下位子房，3 室，胚珠多数（通常不发育）中轴胎座，果为一长而弯曲的圆柱形果实（浆果状）。

4. 姜科（Zingiberaceae）

隶属于单子叶类姜目。本科约 50 属，1 500 种，分布于热带、亚热带地区。我国有 19 属，143 种，主要分布于西南部至东部。

姜（*Zingiber officinale* Rose）（图 2-16）：多年生草本。近年来北方已有栽种。根茎肉质，肥厚扁平，成块状分支，具有芳香和辣味，为著名的调味料。

图 2-16　姜

A. 根状茎　B. 茎叶　C. 花序　D. 花

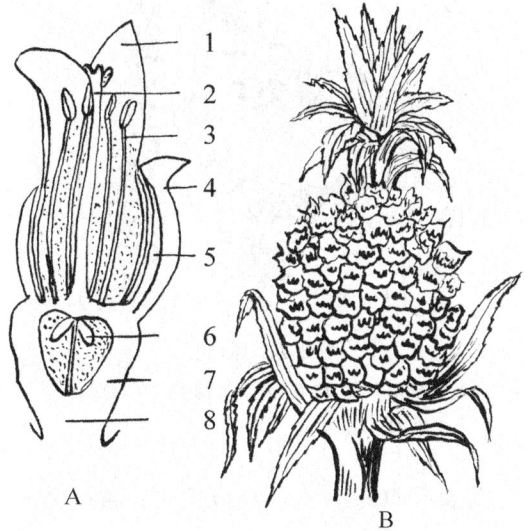

图 2-17　菠萝

A. 花纵剖面　1. 花瓣　2. 花柱　3. 雄蕊　4. 苞片
5. 萼片　6. 胚珠　7. 子房　8. 子房基部　B. 聚花果和花冠

5. 凤梨科（Bromeliaceae）

隶属于单子叶类禾本目（Poales）。

本科约 51 属，1 520 种，主要分布热带美洲。

菠萝（*Ananas comosus* Merr.）（图 2-17）：多年生草本。茎短，为叶片掩蔽，基部抽出吸芽，用吸芽可以繁殖。叶剑形，基生或丛生，叶缘常具锯齿，花为顶生的肉穗花序，单生，肉质，椭圆形；花两性，小苞片卵形；萼片 3 枚，花瓣 3 枚，雄蕊 6；下位子房，形成聚花果。可食部分为肉质的花序轴和肉质的苞片以及不发育的子房。聚花果的顶端生有冠芽，用冠芽也可以繁殖。菠萝是热带著名的水果。

6. 莎草科(Cyperaceae)

隶属于单子叶类禾本目。

本科和禾本科在外形上较为相似，其区别点是：茎常为三棱，叶三列互生；茎多为实心，节和节间不明显，叶鞘闭合，花内无浆片(鳞被)，花被退化，成各种形状(刚毛状，鳞片状)，果为小坚果。本科约 104 属，4 500 种，广布于全世界。我国有 28 属，500 多种，全国各地均有分布。

①异穗苔(*Carex heterostachya* Bunge)：多年生草本。具细长的根状茎，茎三棱，叶鞘闭合，基生叶线形，雄性小穗 3~4 个，顶生，雄蕊 3 个，雌小穗侧生，卵球形；雌花具 1 雌蕊，柱头 3 裂，子房外包有革质的果囊。小坚果常为三棱形，果由于被果囊完全包住，故又名囊果。

②荸荠(*Eleocharis tuberosus* (Roxb.) Schult.)（图 2-18）：秆丛生，圆柱状，具多数横隔膜，叶退化而只具叶鞘，小穗顶生，雌蕊下面有刚毛 7 条。小坚果。球茎除食用外，也可供药用。

此外，本科中还有：席草(*Lepironia articulata* (Retz.) Domin)，其秆可作编席和蒲包用。乌拉草(*Carex meyeriana* Kunth)，秆丛生，雄小穗顶生，圆筒形；雌小穗生于雄小穗下方，近球形。分布于东北，号称"东北三宝"之一。旱伞草(水竹)(*Cyperus alternifolius* L.)，常见的观赏植物。油莎豆(*C. esculentus* L.)，我国已引入栽培，块茎含油率达 27%，可供食用。

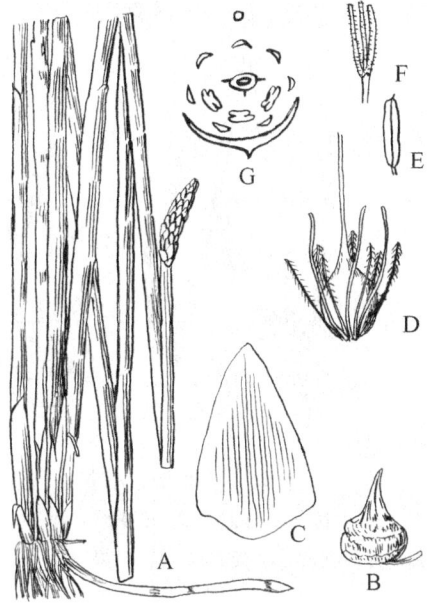

图 2-18 荸荠

A. 植株　B. 球茎　C. 颖片　D. 小坚果　E. 花药　F. 柱头　G. 花图式

7. 禾本科(Poaceae，Gramineae)

隶属于单子叶植物禾本目。

本科的识别特征：多为草本，植物体的节和节间明显，秆圆形，常中空，叶二列互生，叶鞘多为开口。组成花序的基本单位是小穗。颖果。本科约 650 属，10 000 多种，广布于全世界。我国约有 190 属，1 200 多种，南北均有分布。本科为被子植物的第四大科。

①小麦(*Triticum aestivum* L.)（图 2-19）：注意茎上的节和节间，叶片和叶脉的形状，叶鞘和叶舌。花序是什么花序？花序轴(穗轴)是什么形状？在每一个节上生有几个小穗？小穗是否具柄，取一小穗观察：最外 2 片是颖片(glume)，靠下的一个是第一颖片(外颖)，较上的一个是第二颖片(内颖)。两颖片之间包含有几朵花？然后取一朵两性花(中下部的花)进行观察，外面较大的 1 片是外稃(lemma)，外稃上有几条脉？内稃(palea)较小，膜质透明，内稃有几条脉？在内稃和外稃之间包含有 3 个雄蕊和 1 个雌蕊(具 2 条羽毛状柱头，2 心皮形成 1 室，1 胚珠)，外稃的基部还有 2 个白色被毛的鳞被(浆片)(lodicules)。再取一朵退化花观察，在每一个小穗最上的一朵花是退化的，无雌蕊，雄蕊，只具外稃和内稃。观察颖果与瘦果有什么本质的区别。

绘图 小麦一朵两性花的解剖图，注明外稃、内稃、雄蕊、雌蕊和浆片。

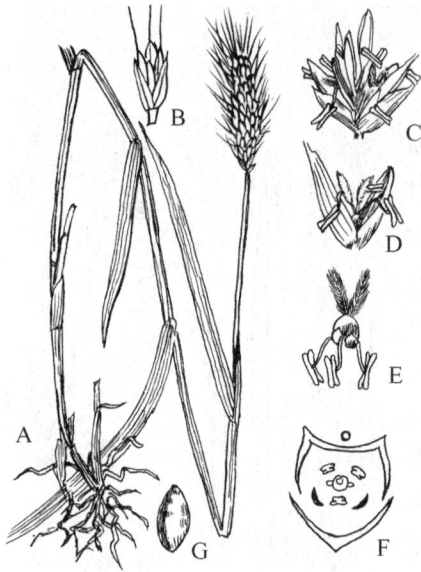

图 2-19　小麦

A. 植株　B. 小穗　C. 开展的小穗　D. 小花　E. 去掉外稃的小花　F. 花图式　G. 颖果

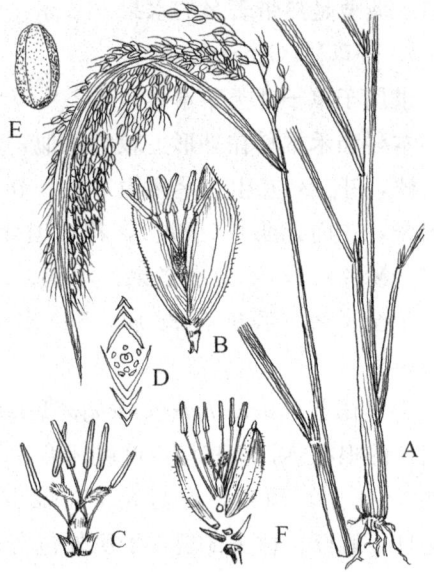

图 2-20　稻

A. 植株　B. 小穗　C. 花　D. 花图式　E. 颖果　F. 小穗解剖图

②稻(*Oryza sativa* L.)（图 2-20）：注意营养体的特征，叶舌在外形上和小麦的叶舌有什么不同？圆锥花序，小穗具柄，每个小穗只含 1 朵发育花，颖片退化，只有残留的痕迹。在小穗的基部可看到 2 个鳞片状的外稃，它是 2 朵退化花的外稃，其他部分均已退化，发育花的外稃大而硬，成船形，外稃和内稃间有 2 个浆片，雄蕊 6，雌蕊由 2 个心皮组成，1 室，1 胚珠，柱头 2，成羽毛状。颖果（被外稃和内稃包住）。

绘图 稻的小穗图，注明残留颖片的痕迹、2 个退化花的外稃；发育花的外稃、内稃，雄蕊、浆片和雌蕊。

③高粱(*Sorghum vulgare* Pers.)：注意观察高粱营养体上的特征。圆锥花序，小穗成对着生于穗轴节上。能育小穗无柄，不育小穗具柄，这种一个发育，一个不发育的成对小穗叫异性对（顶端有时常具 2 个不育小穗），能育小穗内含 2 花，一花能育，一花不育，不育花在能育花的下边，颖片 2，硬革质；能育花的外稃顶端 2 裂，常具芒，芒的基部扭转，内稃通常退化成小而薄的鳞片，退化花通常只剩一个外稃，内稃退化。观察高粱小穗的构造时，首先要找到具芒的外稃，然后依次分辨其他各部分的构造。

④玉米(*Zea mays* L.)（图 2-21）：高大草本。雌雄同株，单性花，雄花序成顶生的圆锥花序，雄小穗成

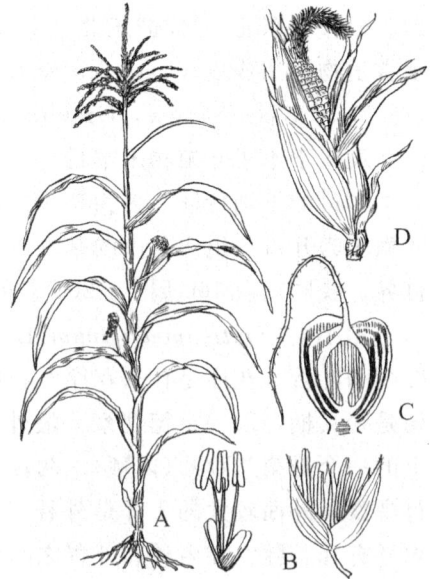

图 2-21　玉米

A. 开花的植株　B. 雄花　C. 雌花　D. 果序

对,1 个具柄,1 个无柄,均为雄性,且都能发育,故叫同性对。每个小穗具 2 朵花,外包外颖和内颖,每朵雄花包括有透明的外稃和内稃。雄蕊 3 个和 2 个浆片,以及 1 个退化的雌蕊。雌花序腋生,成肉穗花序,雌小穗成对排列,均无柄。每个雌小穗具 2 朵花,其中有一朵花退化,每个雌小穗包括有 2 个颖片,退化花的内、外稃和发育花的内、外稃以及一个能发育的雌蕊,能发育的雌蕊由 2 个心皮组成,基部具有一个膨大的子房,子房的顶端伸出细长的花柱,柱头顶端 2 裂。

　　禾本科是生产粮食的最重要的科。现将本科中主要栽培作物的属列一检索表,并附有最常见的种类。

1. 小穗两性,至少成对小穗中的无柄小穗为两性。
　2. 小穗两侧压扁(大麦属则背腹压扁),脱节于颖之上。
　　3. 穗状花序。
　　　4. 花序轴每节上只具有 1 个小穗,每个小穗含 2～5 朵花,颖片具 3 条脉以上 ……………………………………………………………………… 小麦属(*Triticum* L.)。
　　　　其中栽培食用的有小麦(*T. aestivum* L.)。
　　　4. 花序轴每节上生有 3 个小穗,每个小穗,只含 1 朵花 …………… 大麦属(*Hordeum* L.)
　　　　其中常见栽培食用和饲料用的有大麦(*H. vulgare* L.)。
　　3. 圆锥花序。
　　　5. 颖片较外稃为长,雄蕊 3 个 ………………………………………… 燕麦属(*Avena* L.)。
　　　　其中有燕麦(*A. sativa* L.)和莜麦(*A. nuda* L.)。二者的区别在于前者的外稃为草质,小穗含有 3～6 朵花;后者的外稃硬而光滑,小穗含 1～2 朵花,颖果磨粉可食用或作饲料。
　　　5. 颖片远短于外稃,雄蕊 6 个 ……………………………………………… 稻属(*Oryza* L.)
　　　　其中常见栽培的粮食作物有水稻(*O. sativa* L.)
　2. 小穗背腹压扁或圆筒形,脱节于颖之下。
　　6. 圆锥花序紧密。圆柱状,小穗基部具刚毛(不孕枝),小穗脱落时,刚毛仍宿存 ……………………………………………………………………… 粟属(小米属)(*Setaria* Beauv.)
　　　其中常见栽培的有小米(*S. italica* Beauv.)。
　　6. 圆锥花序开散。
　　　7. 小穗单生,植物体通常高在 1m 以下 ………………………………… 黍属(*Panicum* L.)
　　　　其中栽培食用的有黍(*P. miliaceum* L.)。
　　　7. 小穗成对,植物体通常高在 1m 以上。
　　　　8. 成对小穗均可发育,且同形,基部被毛 ………………………… 甘蔗属(*Saccharum* L.)
　　　　　其中南方常见栽培的有甘蔗(*S. officinarum* L.)。
　　　　8. 成对小穗不能都发育,且不同形,小穗基部无毛 …………… 高粱属(*Sorghum* Moench)
　　　　　其中常见栽培的有高粱(*S. vulgare* Pers.)。
1. 小穗单性。
　9. 雌小穗不生于串珠状总苞中。
　　10. 雌、雄小穗位于同一花序上 …………………………………………… 菰属(*Zizania* L.)
　　　其中栽培的有菰(茭白)(*Z. caduciflora*(Turcz.)Hand.-Mazz.)。茭白的秆为真菌(*Ustilago edulis*)寄生后变肥嫩而膨大,可供作蔬菜用。
　　10. 雄小穗和雌小穗位于不同的花序上,雄花序圆锥状,雌花序肉穗状 …………… 玉米属(*Zea* L.)

其中常见栽培食用的有玉米(*Zea mays* L.)。

9. 雌小穗位于骨质的串珠状总苞中 ·· 薏苡属(*Coix* L.)

其中常见栽培食用或药用的有薏苡(*C. lacryma-jobi* L.)。

2.6.3 复习思考题

(1)棕榈科的特征和经济意义。

(2)鸭跖草科的主要特征是什么?

(3)禾本科的主要特征和经济意义是什么?

(4)禾本科的科下是怎样划分的?

(5)莎草科和禾本科有什么区别。

(6)举例说明根状茎有什么特点。

(7)姜、香蕉、凤梨、荸荠各属于哪一科的植物,它们可食的部分是什么?

(8)单子叶植物的起源有哪几种看法? 你认为哪一种看法比较合理?

2.7 实验 7 真双子叶类(Eudicots)及其姐妹群、超蔷薇类(Superrosids)

2.7.1 实验目的

通过实验要求掌握金鱼藻科、罂粟科,小檗科、毛茛科、莲科、景天科的主要特征及其区别。识别这些类群的代表属、种。

2.7.2 内容和步骤

1. 金鱼藻科(Ceratophyllaceae)

隶属于真双子叶类可能的姐妹群金鱼藻目(Ceratophyllaceae)。

本科的主要特征是:沉水草本,无根;茎具有单一维管束;叶轮生,二叉状分歧;花单生叶腋,单性同株,苞片 7~12,轮生,无花被,雄花有 10~20 枚雄蕊,雌蕊心皮单 1,果常有 2 个或多个长刺。

本科 1 属 6 种,我国 5 种。常见种金鱼藻(*Certophyllum demersum* L.),全世界分布。

2. 罂粟科(Papaveraceae)

隶属于真双子叶类毛茛目(Ranunculales)。

本科的主要特征是植株常具乳汁;单叶互生,从全缘到浅裂或深裂,花萼常 2,早落;花瓣常 4 或 6;心皮 2 至多数合生,子房上位,侧膜胎座;蒴果。

本科有 40 属,770 种,主要分布于北温带。我国有 18 属,362 种,南北均有分布。模式属就是罂粟属(*Papaver* L.),北京地区可见到 3 种。其区别如下:

1. 茎生叶的基部抱茎;叶、花柄常光滑。栽培 ································ 1. 罂粟(*Papaver somniferum* L.)

1. 茎生叶的基部不抱茎;叶、花柄密被刚毛。

　2. 花橘黄色,蒴果宽椭圆形。密被金黄色刚毛;叶 2 回羽状深裂。生于高山草坡上 ················

…………… 2. 野罂粟(*Papaver nudicaule* L. subsp. *rubro-aurantiacum*(DC.)Fedde var. *chinensis*(Regel)Fedde)

2. 花紫红色、洋红至白色，但不呈黄色；蒴果圆球形，光滑；叶具羽状裂或具不规则的锯齿。栽培 …
……………………………………………………………… 3. 虞美人(*Papaver rhoeas* L.)

3. 小檗科(Berberidaceae)

隶属于真双子叶类毛茛目。

本科有 14 属，600 余种，分布于北温带和热带高山上。我国有 11 属，约 280 种，南北各省均有分布。

本科最大的一个属就是小檗属(*Berberis* L.)。北方最常见的有细叶小檗(*Berberis poiretii* Schneid.)。灌木，长枝上的叶特化成分枝刺，短枝上叶簇生。花黄色，排成总状花序；雄蕊对着花瓣，花药瓣裂。浆果红色。根、茎的皮内含小檗碱，可提取黄连素。

4. 毛茛科(Ranunculaceae)

隶属于真双子叶类毛茛目。识别本科的要点：草本，叶常具裂或复叶，雌、雄蕊多数，离生。本科有 50 属，2 000 种，广布于世界各地。我国有 39 属，约 750 种。

①毛茛(*Ranunculus japonicus* Thunb.)(图 2-22)：观察腊叶标本时，要注意茎生叶和基生叶的区别。取一朵花进行观察，注意萼片、花瓣、雄蕊、雌蕊的数目和排列方式。然后将花纵剖放在解剖镜下观察，注意心皮是否为离生心皮，花托成什么形状，花瓣基部是否具有一鳞片覆盖着的蜜槽，为什么毛茛的一朵花形成的果叫聚合瘦果。

绘图　毛茛花的纵剖图(注明萼片、花瓣、花托、雄蕊、雌蕊)。

②草乌(*Aconitum kusnezoffii* Reichb)：观察腊叶标本，注意叶形和排列方式，花组成什么花序？取一朵花观察，注意苞片和小苞片着生的位置。草乌花为两侧对称，为什么 5 个蓝色的不是花瓣，而是萼片？最上面的一片成盔状，叫盔萼；在盔萼中具有 2 个由花瓣特化的蜜腺叶。用镊子取出蜜腺叶进行观察，能辨认出爪、距和唇三部分。注意观察雄蕊和雌蕊的心皮数目。为什么草乌的果叫聚合蓇葖果？

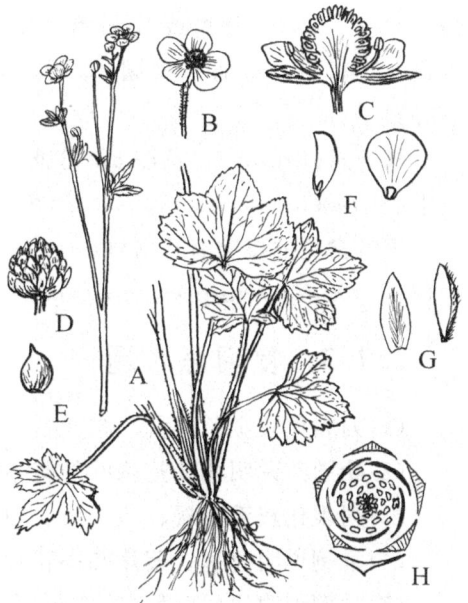

图 2-22　毛茛

A. 植株全形　B. 花　C. 花的纵切
D. 聚合瘦果　E. 瘦果　F. 花瓣基部的蜜槽
G. 萼片　H. 花图式

绘图　草乌花的蜜腺叶图(注明爪、距、唇)。

③白头翁(*Pulsatilla chinensis*(Bge.)Regel)：观察腊叶标本，注意叶形和着生的方式。为什么把白头翁花下的叶状结构叫总苞？6 片紫色为萼片，而无花瓣；果为聚合瘦果。具宿存的羽毛状花柱。

④短尾铁线莲(*Clematis brevicaudata* DC.)：观察腊叶标本，草质藤本，二回羽状复叶，对生。萼片 4，花瓣状。果为聚合瘦果，具宿存的羽毛状花柱。

通过毛茛、草乌、白头翁和短尾铁线莲的观察，要求能总结出毛茛属(*Ranunculus* L.)、乌头属(*Aconitum* L.)、白头翁属(*Pulsatilla* L.)、铁线莲属(*Clematis* L.)之间的区别。

5. 莲科（Nelumbonaceae）

隶属于真双子叶类山龙眼目（Proteales）。

仅1属，2种。我国均有栽培。

莲（荷花）（*Nelumbo nucifera* Gaertn.）（图2-23）：水生植物。叶具长柄，高出水面，叶片盾状着生，圆形，全缘。花大，粉红、深红或白色，花瓣多数，雄蕊多数。花托成倒圆锥形，内具卵形小坚果。莲的根状茎就是我们食用的藕。

6. 景天科（Crassulaceae）

隶属于超蔷薇类虎耳草目（Saxifragales）

本科的主要特征是植物体肉质，叶互生、对生、轮生或基生，无托叶；聚伞花序；萼片4或5，分离至合生；花瓣4~5，分离至合生，雄蕊常为花瓣的2倍；心皮4或5，分离或基部稍合生；聚合蓇葖果。本科35属，1 500种。我国10属，242种，全国均有分布。

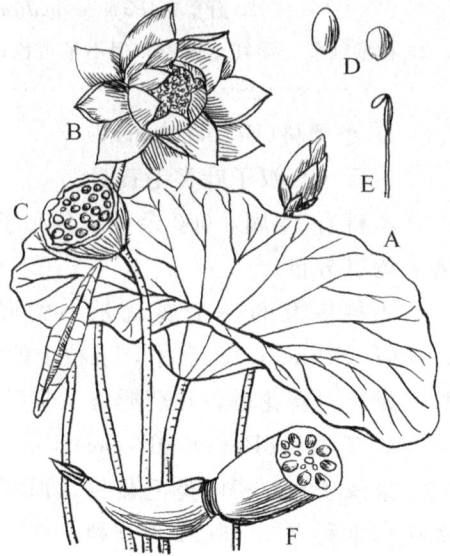

图2-23　莲
A. 叶　B. 花　C. 莲蓬　D. 果实和种子
E. 雄蕊　F. 根状茎（藕）

景天属（*Sedum*），花瓣5，分离，雄蕊10，心皮5，离生。该属常见的代表种类有景天三七（*Sedum aizoon* L.）和垂盆草（*Sedum sarmentosum* Bunge）。

本科常见的植物有瓦松（*Orostachys fimbriatus*（Turcz.）Berger），另外还有大叶落地生根（*Bryophyllum daigremontianum*（Hament et Perrier）A. Berg.）。

2.7.3　复习思考题

(1)列表比较金鱼藻科、罂粟科、小檗科、毛茛科、莲科和景天科的区别。

(2)绘图并说明草乌蜜腺叶的基本结构。

(3)列表比较毛茛属、乌头属、白头翁属和铁线莲属之间的区别。

(4)举例说明总苞、苞片和小苞片的基本概念。

(5)举例说明辐射对称（整齐花）和两侧对称（不整齐花）的区别。

(6)从金鱼藻科的植物分析沉水植物的适应特点。

2.8　实验8　蔷薇类（Rosids）（1）

2.8.1　实验目的

掌握葡萄科、豆科、蔷薇科、鼠李科的主要特征及其区别，掌握豆科、蔷薇科、鼠李科的划分及演化趋向，同时应掌握识别这些科中常见植物的分类依据。

2.8.2　内容和步骤

1. 葡萄科（Vitaceae）（Ampeiidaceae）

隶属于蔷薇类葡萄目（Vitales）。本科主要特征是：木质藤本，植物体具卷须；雄蕊 5 枚，对瓣；浆果。约有 14 属，725 种，主要分布于热带和亚热带地区。我国有 7 属，106 种，南北均有分布。

①葡萄（*Vitis vinifera* L.）（图 2-24）：木质藤本，具卷须，树皮不具皮孔，成条状剥落，髓褐色。单叶互生，3～5 裂，叶缘具粗齿，具托叶，卷须常分支，和叶对生，为枝的变态。圆锥花序，花小，黄绿色；萼片 5，很小；花瓣 5，顶端合生，花开时整个花冠成帽状脱落；雄蕊 5，着生在雌蕊下的花盘基部，和花瓣对生，蜜腺 5 和雄蕊互生，雌蕊由 2 个合生心皮组成，子房上位，2 室，每室 2 胚珠。浆果。果除生食外，还可制葡萄干和酿酒。葡萄在我国已有 2 000 多年的栽培历史。

绘图　葡萄花的侧面图（示花的雄蕊、雌蕊、蜜腺和帽状脱落的花冠）。

②葎叶蛇葡萄（*Ampelopsis humulifolia* Bunge）：通过观察，要求找出葡萄属（*Vitis* L.）和蛇葡萄属（*Ampelopsis* Michx）的区别点。

③爬山虎（*Parthenocissus tricuspidata* Planch.）：木质藤本，卷须顶端形成吸盘。叶宽卵形，通常 3 裂。浆果蓝色。

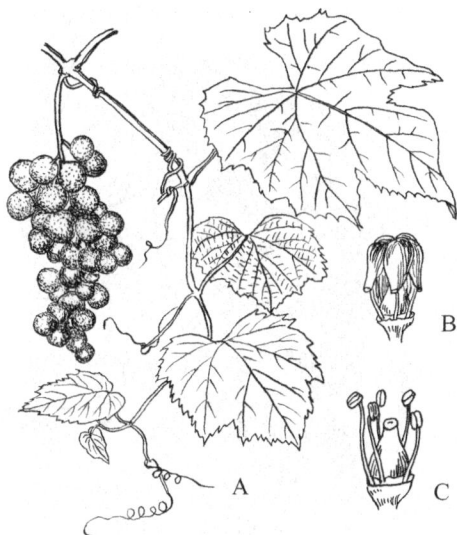

图 2-24　葡萄

A. 果枝　B. 花　C. 花冠脱落的花，可见雄蕊和花盘

2. 豆科（Fabaceae）（Leguminosae）

隶属于蔷薇类豆目（Fabales）。

本科突出的特征是多为复叶，心皮 1，形成荚果。有 630 属，18 000 种。我国 172 属，约 1 500 种。

本科包括含羞草亚科、云实亚科、蝶形花亚科等三个亚科。

(1)含羞草亚科（Mimosoideae）。突出特征：多为木本，复叶。花辐射对称，花瓣镊合状排列，基部常结合，雄蕊通常多数。本亚科约 56 属，约 3 000 种，主要分布于热带和亚热带地区。我国约有 13 属，30 多种。

①合欢（*Albizia julibrissin* Durazz.）（图 2-25）：注意叶形和排列方式，花排成什么花序。然后取一朵花观察，注意萼片、花瓣、雄蕊和雌蕊心皮的数目，花是否为辐射对称，雄蕊花丝基部是否结合。注意荚果的形状。

绘图　合欢的花图式，并写出花程式。

②含羞草（*Mimosa pudica* L.）：草本，植物体具毛；二回偶数羽状复叶，叶具长柄；头状花序腋生，花为辐射对称，粉红色；雄蕊 4，荚果具刺毛。

(2)云实亚科（Caesalpinioideae）。突出特征：花两侧对称；花瓣为上升覆瓦状排列（假蝶形花冠）；雄蕊 10 或更少，常分离。荚果。本科约 180 属，3 000种，主要分布于热带和亚热带。我国约有20属，100多种。

①紫荆（*Cercis chinensis* Bunge）（图2-26）：注意叶形和叶排列方式。花丛生于老茎上。取一朵花观察，注意萼片、花瓣、雄蕊和雌蕊心皮的数目。注意花瓣排列方式，荚果外形上具有什么特点？

绘图　紫荆的花图式，写出花程式。

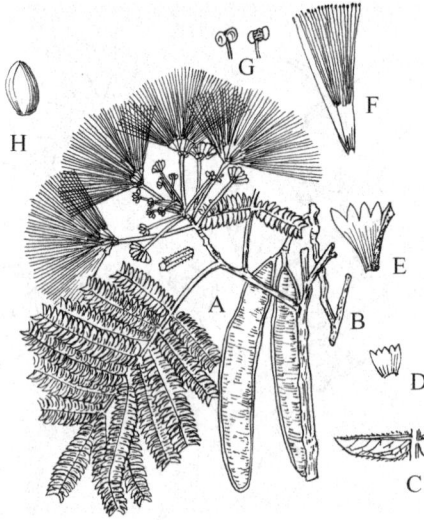

图2-25　合欢
A.花枝　B.果枝　C.小叶　D.花萼　E.花冠 F.雄蕊（花丝基部结合）、雌蕊　G.花药　H.种子

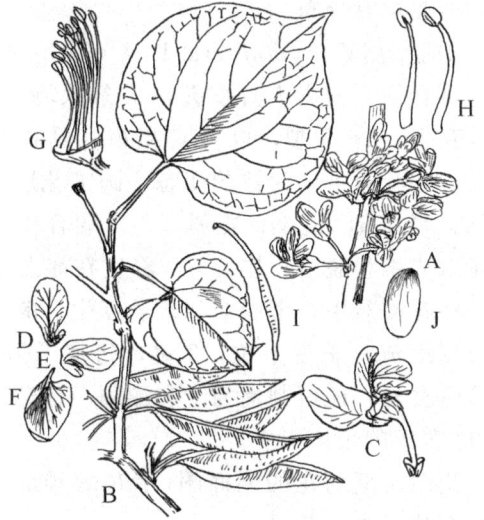

图2-26　紫荆
A.花枝　B.果枝　C.花　D.旗瓣　E.翼瓣　F.龙骨瓣　G.雄蕊群和雌蕊　H.雄蕊，示花药的正、反面 I.雌蕊　J.种子

②皂荚（*Gleditsia sinensis* Lam.）：乔木，植物体具分支刺，偶数羽状复叶，花杂性。荚果伸直。荚果煎汁可代肥皂用，枝刺、果瓣、种子均可入药。

本科中还有决明（*Cassia obtusifolia* L.），羽状复叶，具小叶6枚。凤凰木（*Delonix regia*（Bojea.）Raf.），落叶乔木，二回偶数羽状复叶。苏木（*Caesalpinia sappan* L.），灌木或乔木，植物体具疏刺，二回偶数羽状复叶。心材红色，可提出紫红色染料，即制切片染色用的苏木精。

（3）蝶形花亚科（Papilionoideae或Faboideae）。重点特征：花两侧对称，花瓣为下降式的覆瓦状排列（蝶形花冠），雄蕊10，常结合成二体雄蕊。荚果。本科约600属，10 000种，分布于全世界。我国产103属，引种11属，共1 000余种，全国各地均有分布。

①豌豆（*Pisum sativum* L.）（图2-27）：攀援草本。偶数羽状复叶，叶轴顶端具有分支的叶卷须，托叶成叶状。取一朵花观察，注意萼片、花瓣、雄蕊、雌蕊心皮的数目，花成什么花

图2-27　豌豆
A.花枝　B.花冠　C.分离的花：示旗瓣、翼瓣、龙骨瓣 D.雄蕊　E.雌蕊　F.荚果

冠，雄蕊是否为二体雄蕊（即 $A_{(9)+1}$），注意荚果的形状，属于什么胎座？

绘图　豌豆的花图式、花程式。

②落花生（*Arachis hypogaea* L.）：草本。偶数羽状复叶。花后子房柄伸长，子房在土中结成荚果。

③刺槐（*Robinia pseudoacacia* L.）：落叶乔木，植物体具托叶刺。奇数羽状复叶，花成腋生的总状花序，荚果扁平。

④槐（*Sophora japonica* L.）：注意找出和刺槐（洋槐）的区别点。

⑤苜蓿（*Medicago sativa* L.）：多年生草本。羽状三小叶，花紫色，成短的总状花序。荚果成螺旋状卷曲。

⑥菜豆（四季豆）（*Phaseolus vulgaris* L.）：草本。三出复叶，具小托叶，龙骨瓣卷曲，二体雄蕊，花柱内侧具纵列须毛。嫩荚果是常吃的蔬菜。

⑦大豆（*Glycine max* Merr）：一年生草本。羽状三小叶。花小，淡紫色，花柱内侧无毛。茎、叶和荚果密被褐色毛。

现将本科中常见的粮食作物、油料作物和蔬菜作物，作一分属的检索表，供学习时参考。

1. 叶有 3 个小叶组成复叶。

  2. 总状花序很短，花序轴延续一致而无节瘤；柱头内侧没有纵列须毛 ……………… 大豆属（*Glycine* L.）

    本属中最重要的植物是大豆（*Glycine max* Merr），油料作物。

  2. 总状花序较长，花序轴在花的着生处常凸出为节瘤。

    3. 花柱不具须毛；雄蕊连合为单体，荚果大而扁平，长 15 cm～35 cm ……………………………………………………………………………… 刀豆属（*Canavalia* DC.）

      本属中有刀豆（*Canavalia gladiata* DC.），中南地区有栽培。嫩荚可食用。

    3. 花柱后方具纵列的须毛，或柱头周围具毛茸。

      4. 龙骨瓣先端具螺旋状卷曲的长喙，龙骨瓣及花柱增厚部分旋卷 1～5 圈，花柱顶端膨大为一倾斜的柱头托叶着生点以下不延长 ……………………………………………………………………… 菜豆属（*Phaseolus* L.）

        本属中有作蔬菜用的菜豆（*P. vulgaris* L.）和红花菜豆（*Phaseolus coccineus* L.）。

      4. 龙骨瓣先端钝圆或具喙，龙骨瓣及花柱增厚部分旋卷不超过 360°。

        5. 柱头侧生，其下方（即花柱后方）具须毛。

          6. 花柱细长成线形。缠绕性草本植物。根不肥大 ……………… 豇豆属（*Vigna* Savi.）

            本属有豇豆（*Vigna sinensis*（L.）Savi），嫩荚可作炒食；饭豇豆（*Vigna cylindrica*（L.）Endl.，种子可食；还有由菜豆属移入的绿豆（*Vigna radiata*（L.）Wilczek；赤豆（*Vigna angularis*）（Willd.）Ohwi et Ohashi）。

          6. 花柱上部变扁，顶端向内卷曲；匍生或缠绕性草本，根肥大 ……………………………………………………………………… 豆薯属（*Pachyrrhizus* Rich.）

            本属有豆薯（凉薯、地瓜）（*Pachyrrhizus erosus*（L.）Urban），块根肉质，生熟均可口，并可作为工业淀粉的原料。

        5. 柱头顶生，其周围或在其下方具须毛。荚果扁平…………… 扁豆属（*Dolichos* L.）

          本属有扁豆（*Dolichos lablab* L.），嫩荚可炒食。

1. 叶由 4 个至多数小叶组成的复叶。

   7. 荚果不生于土中。花柱扁,内面具刷状毛,花柱向外纵褶。托叶大于小叶。雄蕊管口截形…………
…………………………………………………………………… 豌豆属(*Pisum* L.)

   本属有豌豆(*Pisum sativum* L.),种子含淀粉和油脂,供食用或饲料。

   7. 荚果生于土中,叶为 4 个小叶的羽状复叶 ………………………… 落花生属(*Arachis* L.)

   本属有落花生(*Arachis hypogaea* L.),是重要的油料植物,种子含油量达 50%。

   3. 蔷薇科(Rosaceae)

   隶属于蔷薇类蔷薇目(Rosales)。

   本科识别特征:花为 5 基数,周位花,心皮离生或合生,子房上位或下位。果为核果、梨果、蓇葖果、瘦果。本科有 90 属,3 000 种,主要分布于北温带。我国有 47 属,1 010 种,全国各地均有分布。

   本科根据花托、雌蕊心皮的数目、子房位置和果实的类型又可分为 4 个亚科。亚科之间的区别,请参考下面的检索表。

1. 果常为蓇葖果,心皮离生,通常无托叶(珍珠梅除外) ………………………… 绣线菊亚科(Spiraeoideae)
1. 果不为蓇葖果,具托叶。
   2. 下位子房,心皮 2～5 个,与下陷或壶状的花托内壁愈合。果为梨果……………… 苹果亚科(Maloideae)
   2. 上位子房,心皮 1～∞,着生在凸起或下凹的花托上,果实为核果或瘦果。
      3. 心皮多数,生长在凸起或下凹的花托上,萼片常宿存,果实为瘦果或小核果…………
…………………………………………………………………… 蔷薇亚科(Rosoideae)
      3. 心皮常为 1 个,萼片脱落,果实为核果………………………… 李亚科(Prunoideae)

   ①珍珠梅(*Sorbaria kirilowii*(Regel.)Maxim.)(图 2-28):观察标本,注意叶形和排列方式,是否具托叶?花排成什么花序?取一朵花在解剖镜下观察,注意萼片、花瓣、雄蕊和雌蕊的数目,心皮是否分离?注意花托(萼筒)的形状,为什么说珍珠梅的花是周位花,形成什么果?

   绘图　珍珠梅花的纵剖图,注明萼片、花瓣、花托、雄蕊、雌蕊。

   ②三裂绣线菊(*Spiraea trilobata* L.):灌木,单叶互生,无托叶。花托浅杯状,伞房花序;萼片 5,花瓣 5;雄蕊 15～60;心皮 2～5,分离。聚合蓇葖果。

   根据珍珠梅和三裂绣线菊的特征,你认为应属于蔷薇科的哪一亚科,这两种植物又有什么区别。

   ③黄刺玫(*Rosa xanthina* Lindl.)(图 2-29):观察标本,注意叶形特征和排列方式,植物体是否具刺和托叶(注意和一般植物的托叶有什么不同)。取一朵花观察,注意萼片、花瓣、雄蕊和雌蕊心皮的数目,把花纵剖开,置于解剖镜下观察,注意花托的形状和子房的位置,为什么把蔷薇属植物结的果叫蔷薇果?

   绘图　黄刺玫花的纵剖图(注意萼片、花瓣、雄蕊、花托、雌蕊),并写出花程式。

图 2-28　珍珠梅

A. 花枝　B. 花　C. 雌蕊　D. 果

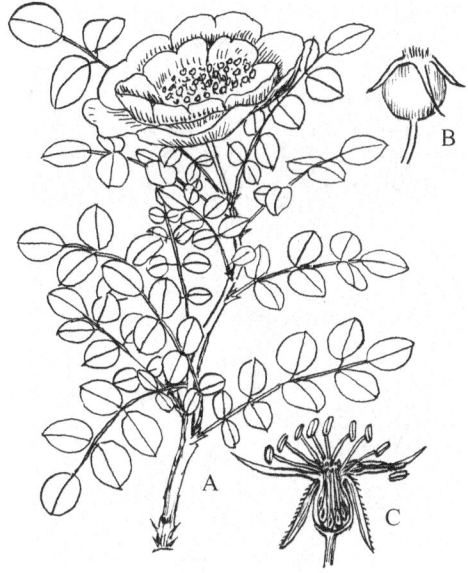

图 2-29　黄刺玫

A. 花枝　B. 蔷薇果　C. 花纵剖

④月季(*Rosa chinensis* Jacq.)：观察时，注意找出和黄刺玫、玫瑰的区别。

⑤玫瑰(*Rosa rugosa* Thunb.)：观察时，注意找出和前两种植物的区别。

⑥草莓(*Fragaria ananassa* Duch.)：草本，具匍匐茎；掌状三出复叶，花排成聚伞花序，花白色，具副萼、花托肉质化，多汁，圆锥状，熟时暗红色。聚合瘦果埋于花托内。草莓可食的部分是什么？

⑦委陵菜(*Potentilla chinensis* Ser.)：直立草本。奇数羽状复叶，具托叶，叶背被灰白色的绒毛。花黄色，具副萼。聚合瘦果，着生于不肉质化的花托上。

根据黄刺玫、草莓、委陵菜的特征，这些植物应属蔷薇科的哪一亚科？

⑧苹果(*Malus pumila* Mill.)(图 2-30)：注意叶形和排列方式，叶缘的锯齿形状。取一朵花观察，注意萼片、花瓣、雄蕊和雌蕊心皮的数目。然后将花纵剖开，放在解剖镜下观察，注意柱头的数目，花柱基部是否结合，注意子房的位置。果属于什么果？注意总结苹果属(*Malus* L.)和梨属(*Pyrus* L.)的区别。

绘图　苹果花的纵剖图(注明萼片、花瓣、雄蕊、雌蕊、花柱和柱头)。

⑨白梨(*Pyrus bretschneideri* Rehd.)：乔木。单叶互生，叶缘具锐锯齿，取一朵花观察，注意找出和苹果花的区别。根据苹果、白梨的特征，这两种植物应属蔷薇科的哪一亚科？

另外，枇杷(*Eriobotrya japonica* Lindl.)、山里红(*Crataegus pinnatifida* var. *major* N. E. Br.)等，都属于蔷薇科苹果亚科。

⑩桃(*Prunus persica* (L.) Batsch)(图 2-31)：注意叶形和着生的方式。取一朵花观察，注意萼片、花瓣、雄蕊、雌蕊心皮的数目。将花纵剖开，放在解剖镜下，注意观察子房的位置，花托的形状，果属于哪一种类型的果？要求辨认出外果皮、中果皮和内果皮。

图 2-30　苹果

A. 花枝　B. 花纵剖面　C. 果纵剖面

图 2-31　桃

A. 花枝　B. 果枝　C. 花纵剖面　D. 雄蕊　E. 果核

⑪山桃（*Prunus davidiana* Franch）：注意找出和杏、桃的区别。

⑫杏（*Prunus armeniaca* L.）：注意找出和以上两种植物的区别。杏和梅（*Prunus mume* Sieb. et Zucc.）非常容易混淆，区别在于杏的一年生枝灰褐色至红褐色，叶无毛；而梅的一年生枝绿色，幼叶两面具柔毛，果核具蜂窝状孔穴。根据山桃、桃和杏的特征，它们应属于蔷薇科的哪一亚科？

4. 鼠李科（Rhamnaceae）

隶属于蔷薇类蔷薇目。

本科的主要特征：木本，植物体常具托叶刺或枝刺，单叶，互生。花两性或单性；萼片大，花瓣小，雄蕊对瓣，子房上位，具花盘，基底胎座。果成核果状，稀翅果。约58属，750种，分布于温带和热带。我国有14属，约130种，南北均有分布。

①枣（*Zizyphus jujuba* Mill.）（图 2-32）：注意植物体上是否具托叶刺，叶形和排列的方式。取一朵花观察，注意萼片、花瓣、雄蕊和雌蕊心皮的数目；雄蕊和花瓣的关系；子房基部具发达的花盘（蜜腺盘）。果为核果状。

绘图　枣花的正面图（注明萼片、花瓣、雄蕊、雌蕊和花盘）。

②酸枣（*Zizyphus jujuba* Mill. var. *spinosus* (Bunge) Hu ex H. F. Chow）：观察时，注意找出和枣的区别点。

图 2-32　枣

A. 花枝　B. 果枝　C. 花　D. 雄蕊及花瓣

③小叶鼠李(*Rhamnus pavifolia* Bge.)：灌木，枝端特化成刺、单叶互生，羽状脉；花常为单性。果实常具 3 核。

④拐枣(*Hovenia dulcis* Thunb.)：乔木，单叶互生，具三主脉，植物体无刺，圆锥花序，花序轴和花柄肉质化，熟时为红褐色，味甜可食。

2.8.3　复习思考题

(1)蔷薇科的特征和经济意义是什么？

(2)蔷薇科四亚科的区别特征及其演化趋势。

(3)豆科的主要特征及其经济意义是什么？

(4)豆科的三个亚科的主要区别特征及其演化趋向。

(5)委陵菜花和毛茛花的主要区别是什么？

(6)列表比较黄刺玫、玫瑰、月季、多花蔷薇的主要区别。

(7)列表比较桃、山桃、杏、樱桃的主要区别。

(8)举例说明苹果属和梨属的主要区别。

(9)举例说明槐属和刺槐(洋槐)属的主要区别。

(10)桃、苹果、草莓、落花生、菜豆的食用部分是什么？它们各属什么科？

(11)举例说明蔷薇果的概念。

(12)举例并绘简图说明蝶形花冠和假蝶形花冠的区别。

(13)说明鼠李科和葡萄科的主要特征及其区别。

(14)枣属和鼠李属的区别点是什么？

(15)葡萄属、蛇葡萄属和爬山虎属的区别点是什么？

2.9　实验 9 蔷薇类(Rosids)(2)

2.9.1　实验目的

掌握榆科、大麻科、桑科、荨麻科、壳斗科、胡桃科、桦木科等科的主要特征。识别这些科中的常见属、种。

2.9.2　内容和步骤

1. 榆科(Ulmaceae)

隶属于蔷薇类蔷薇目。

本科的突出特征是：木本。不具乳汁，叶基常偏斜，羽状脉。翅果或核果。6 属，40种，分布于热带和温带。我国有 3 属，27 种，南北均有分布。

①榆树(*Ulmus pumila* L.)：观察腊叶标本，注意叶形、叶脉、叶基和叶的排列方式。先叶开花，两性花，辐射对称，萼片 4～5，雄蕊 4～5，且与萼片对生。雌蕊由 2 个心皮组成，子房上位。翅果。

②刺榆(*Hemiptelea davidill* (Hance) Planch.)：观察腊叶标本，注意从叶形和果实类

型上找出与榆树的区别特征。

2. 大麻科(Cannabaceae)

隶属于蔷薇类蔷薇目。

与榆科的主要区别是：稀为草本，叶为三出脉或掌状脉。有11属，180种。我国有7属，25种。本科中应了解和掌握的植物有：

大麻(*Cannabis sativa* L.)，直立草本。掌状复叶互生，有时下部的叶为对生。瘦果。茎皮纤维可制绳索。葎草(*Humulus scandens* (Lour.)Merr.)，草质藤本，单叶对生，植物体具倒钩刺。啤酒花(*Humulus lupulus* L.)和葎草同属于葎草属(*Humulus* L.)，其区别是植物体无倒钩刺，苞片宿存，膜质增大，果穗用于制啤酒。小叶朴(*Celtis bungeana* Blume)，叶基偏斜，三出脉，核果单生于叶腋。

3. 桑科(Moraceae)

隶属于蔷薇类蔷薇目。

本科的特征：木本。常具乳汁。单叶互生，花单性，集成各种花序，单被花，4基数。聚花果。本科约53属，1 500种，主要分布于热带、亚热带地区。我国有16属，约160种，主要分布于长江流域以南各省。

①桑(*Morus alba* L.)(图2-33)：观察腊叶标本，注意叶形和叶的排列方式。雌雄异株。首先取一朵雄花，注意观察萼片和雄蕊的数目。无花瓣，雄蕊是否对萼，中央是否具退化的雌蕊。再从雌的柔荑花序上取一朵雌花，注意观察萼片和雌蕊心皮的数目，胚珠着生的位置。为什么把桑葚叫聚花果，桑葚可食的主要部分是什么？

绘图　桑的雄花和雌花的外形图(注明雄花的萼片，雄蕊和退化的雌蕊以及雌花的萼片、子房、柱头)。

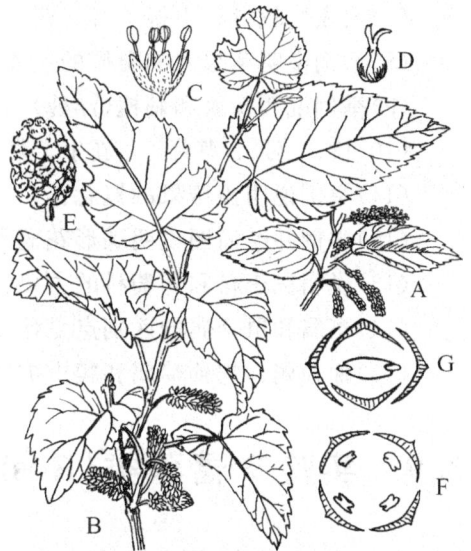

图2-33　桑

A. 雄花枝　B. 雌花枝　C. 雄花　D. 雌花　E. 聚花果　F. 雄花图式　G. 雌花图式

②无花果(*Ficus carica* L.)：观察生活植物。植物体是否具乳汁，注意叶形和排列方式，能否看到环状托叶痕？取无花果的花序进行观察，为什么把无花果的花序叫隐头花序，其特点是什么？无花果可食的主要部分是什么？

此外，本科在北京温室中还可以见到有印度橡皮树(*Ficus elastica* Roxb)和菩提树(*Ficus religiosa* L.)。前者的叶为厚革质，叶先端不具长尾状尖，后者的叶不为厚革质，叶的先端具长尾状尖。

在校园中常见到的另一种植物就是构树(*Broussonetia papyrifera* (L.)Vent.)，木本，植物体具乳汁。聚花果球形，果熟时子房柄伸长，肉质化，红色，从花被片中伸出，味甜可食。

本科在我们的生活中还应知道的一种植物就是菠萝蜜(木菠萝)(*Artocarpus heterophyllus* Lam.)，为著名的热带果树。聚花果表面具疣状突起，重达20kg。花序轴和花被片肉质化，可食。

4. 荨麻科（Urticaceae）

隶属于蔷薇类蔷薇目。

本科的重点特征：草本，具钟乳体，茎皮纤维发达。花单性，聚伞花序，单被花。坚果或核果。本科有 54 属，1 160 多种，分布于热带和温带。我国有 23 属，220 条种，全国各地均有分布。

①苎麻（*Boehmeria nivea*（L.）Gaud）：直立草本，叶互生，具三出脉，叶背白色。是我国重要纤维作物之一，产量占世界第一位。

②蝎子草（*Girardinia cuspidata* Wedd.）：直立草本，植物体具螫毛，刺激皮肤引起红肿，单叶互生。茎皮纤维亦可制绳索等。

③狭叶荨麻（*Urtica angustifolia* Fisch. et Hornom.）：直立草本，植物体具螫毛，单叶对生。茎皮纤维也可作绳索。

5. 壳斗科（山毛榉科）（Fagaceae）

隶属于蔷薇类山毛榉目（壳斗目）（Fagales）。

本科重点特征：木本，单叶互生，羽状脉直达叶缘。雌雄同株，无花瓣；雄花序成下垂的柔荑花序；雌花 1～3 朵着生于总苞中，子房下位，3～7 室，每室 2 个胚珠，仅一个成熟。坚果外具木质化的总苞（壳斗）。本科有 9 属，900 种，产于北半球温带和亚热带。我国有 5 属，约 300 种。

①栓皮栎（*Quercus variabilis* Blume）（图 2-34）：乔木，单叶互生，羽状脉，叶缘具脉刺。雄花序成下垂的柔荑花序，花被片通常为 4～8，基部结合，雄蕊 4～12 个，花丝短；雌花单生或几朵集生于幼枝上部的叶腋，雌花的花被片为 6～8 浅裂，由 3 个心皮组成；雌花的基部包有总苞，结果时形成壳斗（capula），包住坚果的一半，壳斗上的苞片锥状，向外反卷。

图 2-34　栓皮栎
A. 雄花枝　B. 果枝　C. 雄花　D. 果

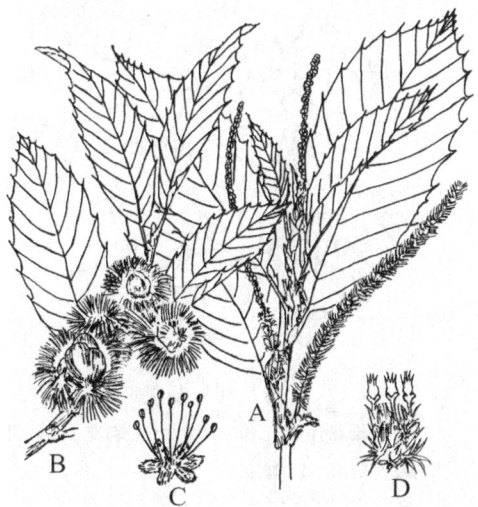

图 2-35　板栗
A. 花枝　B. 果枝　C. 雄花　D. 雌花

②板栗(*Castanea mollissima* Blume)(图 2-35)：观察腊叶标本，乔木，单叶互生，叶缘具脉芒。注意找出和栓皮栎的区别。雄花序为直立的柔荑花序，雌花 2～3 朵丛生于雄花序的基部，壳斗(木质化的总苞)全包住坚果，壳斗外具长刺状的苞片，雌蕊由 6 个心皮组成，6 室，每室 2 个胚珠，但只有 1 个胚珠发育。栗子的可食部分是什么？

通过对栓皮栎和板栗的观察，要求总结出栎属(*Quercus* L.)和栗属(*Castanea* Mill.)的区别。

6. 胡桃科(Juglandaceae)

隶属于蔷薇类山毛榉目。

本科重点特征：落叶乔木，羽状复叶，植物体常具片状髓，单性花，子房下位；果成核果状或翅果。本科有 8 属，60 余种，分布于北半球。我国有 7 属，25 种，南北各省均有分布。

①胡桃(核桃)(*Juglans regia* L.)(图 2-36)：落叶乔木，奇数羽状复叶，小叶全缘；茎中具片状髓。雌雄同株；雄花成柔荑花序，每朵雄花具 1～4 个萼片，常为 3 裂，雄蕊 3～40 个，有时中央具退化雌蕊；雌花 1～3 朵顶生，常具 4 个萼片，常与子房结合，雌蕊由 2 个心皮组成，柱头 2。果成核果状。核桃可食部分是什么？

②核桃楸(*Juglans mandshurica* Maxim)。和核桃的区别是：奇数羽状复叶的小叶边缘具细锯齿，小叶和叶柄上具腺毛，果序成穗状。

③枫杨(*Pterocarya stenoptera* DC.)(图 2-37)。落叶乔木，奇数羽状复叶，叶轴具狭翅；裸芽具柄，常数个簇生；茎具片状髓。翅果。

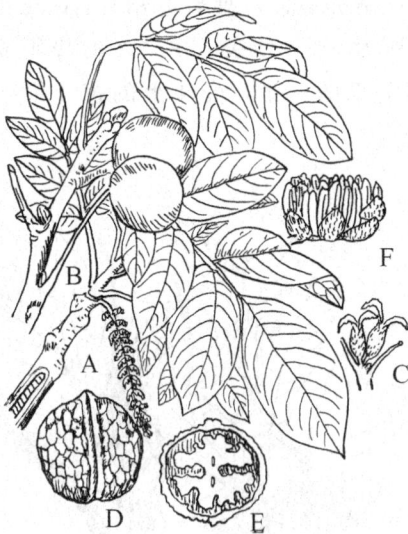

图 2-36 胡桃

A. 雄花序枝 B. 果枝 C. 雌花 D. 果

E. 果实剖面 F. 雄花

图 2-37 枫杨

A. 花枝 B. 果枝 C. 幼枝 D. 具苞片的雌花

E. 除去苞片的雌花 F. 翅果 G. 雄花

7. 桦木科(Betulaceae)

隶属于蔷薇类山毛榉目。

本科重点特征：落叶木本，单叶互生，羽状脉。雌雄同株，柔荑花序下垂。与山毛榉科最突出的区别是坚果外不具壳斗，而坚果外具叶状、管（囊）状的总苞或果苞。本科有 6 属，157 种。分布于北温带，少数在南美洲。我国有 6 属，约 70 种。

①白桦（*Betula platyphylla* Suk.）（图 2-38）：落叶乔木。树皮白色，成纸状剥落。单叶互生。花单性，雌雄同株，均形成柔荑花序，着生于不同的枝上；雄花序在上，雌花序在下，雄花序单生或数个集生，每个苞腋内有雄花 3 朵，每朵雄花具 1 小形具 4 裂的花被片和 2 个雄蕊；雌花序单生，每个苞腋内有雌花 3 朵，排成聚伞状，雌花无花被片，由 2 个心皮组成，花柱 2 叉，雌花的外面具有由 1 个苞片和 2 个小苞片结合而成的果苞，在果苞内可见到 3 个具翅的小坚果。

绘图　白桦的果苞和具翅的小坚果。

②榛属（*Corylus* L.）和桦木属（*Belula* L.）的区别是：落叶灌木，坚果外具叶状或管（囊）状的总苞。

本地常见的有平榛（*Corylus heterophylla* Fisch. ex Bess.）和毛榛（*Corylus mandshurica* Maxim.）两种。前者的坚果外具叶状总苞；而后者坚果外具管状总苞。

图 2-38　白桦
A. 果枝　B. 果苞的背面　C. 果苞的腹面
D. 具翅的小坚果　E. 花枝　F 和 G. 雄花
H. 雄蕊

2.9.3　复习思考题

(1)单被花类的特征及其演化地位。

(2)桑科、大麻科、榆科、荨麻科的主要特征和区别。

(3)栎属和栗属的区别。

(4)壳斗科和桦木科的特征和区别。

(5)榛属和桦木属的区别。

(6)胡桃科的鉴别特征是什么？

(7)举例说明柔荑花序和隐头花序的概念。

(8)举例说明壳斗（木质化的总苞）和果苞的概念。

(9)核桃、无花果、栗、桑葚可食的部分是什么？它们各属什么科？

2.10　实验 10 蔷薇类（Rosids）（3）

2.10.1　实验目的

掌握葫芦科、堇菜科、杨柳科、大戟科的特征和经济意义，并要求掌握这些科常用的分类依据，识别这些科中常见属、种。

2.10.2　内容和步骤

1. 葫芦科(Cucurbitaceae)

隶属于蔷薇类葫芦目(Cucurbitales)。

本科的重点特征:具卷须的草质藤本,叶常为掌状裂;花单性,花药常成卷曲状。下位子房;瓠果;侧膜胎座。本科约 118 属,825 种,主要分布于热带和亚热带地区。我国约有 29 属,140 多种,南北各省均有分布。

黄瓜(*Cucumis sativus* L.)(图 2-39):观察标本,注意植物的性状,叶形和排列方式,卷须的位置,是否分支。取一朵花,首先观察雄花,注意萼片、花瓣和雄蕊的数目,雄蕊的结合的方式(即 $A_{(2)+(2)+1}$),花药细长成卷曲状。然后观察雌花,注意萼片和花冠裂片的数目,子房的位置,幼小子房上具有肉刺;柱头3 裂,花柱短。横剖子房,注意由几个心皮组成? 几室? 胚珠的数目是多少? 属于什么胎座? 什么果?

绘图　黄瓜雄花的外形图(示雄蕊结合方式和花药卷曲的特征)。

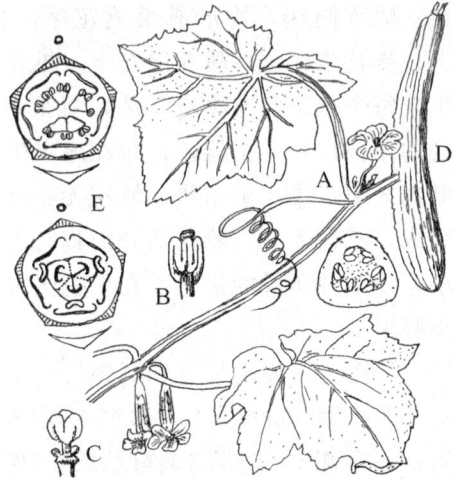

图 2-39　黄瓜

A. 花枝　B. 雄蕊　C. 雌蕊上部　D. 果实　E. 雌、雄花图式

本科植物有不少为重要的蔬菜、食用的瓜类、重要药材等。我们将几个重要的属列检索表于下,并附其主要种和用途。

1. 花冠钟状,裂片裂至中部 ………………………………………………… 南瓜属(*Cucurbita* L.)

　　本属常见植物:南瓜(*Cucurbita moschata* Duch.)和笋瓜(*Cucurbita maxima* Duch.),均可食用。

1. 花冠轮状,5 深裂至基部或离瓣。

　　2. 花瓣成流苏状,果肉质,具多数种子 ……………………………… 栝楼属(*Trichosanthes* L.)

　　　本属植物:栝楼(*T. kirilowii* Maxim.),果实入药;蛇瓜(*T. anguina* L.),果实可作蔬菜。

　　2. 花瓣全缘。

　　　3. 雄花的萼筒伸长,花药结合成头状,花瓣离生,叶柄顶端具两个腺体 ……………………

　　　　………………………………………………………………………… 葫芦属(*Lagenaria* Ser.)

　　　　本属常见植物:葫芦(*Lagenaria siceraria*(Molina)Standl),果嫩时可食(蔬菜),老时可作容器;瓠子(*Lagenaria siceraria* var. *hispida*(Thunb.)Hara),果可作蔬菜。

　　　3. 雄花萼筒短,花药不结合成头状。

　　　　4. 雄花花梗上具显著的盾状苞片,种子具红色肉质假种皮 …………… 苦瓜属(*Momordica* L.)

　　　　　本属植物:苦瓜(*Momordica charantia* L.),果可作蔬菜。红色假种皮味甜可食。

　　　　4. 雄花花梗上无显著苞片。

　　　　　5. 卷须不分支 …………………………………………………… 黄瓜属(*Cucumis* L.)

　　　　　　本属植物:甜瓜(*Cucumis melo* L.)为重要的瓜果;黄瓜(*Cucumis sativa* L.),为重要蔬菜。

　　　　　5. 卷须分支。

　　　　　　6. 雄花成总状花序,成熟果实干燥,顶端盖裂 ……………… 丝瓜属(*Luffa* L.)

本属常见的就是丝瓜（*Luffa cylindrica*（L.）Roem.），果嫩时可作蔬菜。

    6. 雄花单生，成熟果实不干燥。

        7. 萼的裂片叶状，具锯齿 ……………………………………………… 冬瓜属（*Benincasa* Savi.）

本属植物有冬瓜（*Benincasa hispida* Cogn.），果实为重要的蔬菜；节瓜（*Benincasa hispida* var. *chieh-qua* How），为南方重要的蔬菜。

        7. 萼片的裂片小，全缘，直立 ……………………………………………… 西瓜属（*Citrullus* Neck.）

本属西瓜（*Citrullus lanatus*（Thunb.）Mansfeld）为重要瓜果。

2. 堇菜科（Violaceae）

隶属于蔷薇类金虎尾目（Malpighiales）。

本科的重点特征：草本，单叶互生或基生；具托叶；花两性。两侧对称，5 基数，具距；子房上位，侧膜胎座。蒴果。有 22 属，950 种，广布于温带和热带。我国 4 属，约 130 种，全国均有分布。

校园内常见的本科栽培观赏植物有三色堇（*Viola tricolor* L.）；另外在校园中还可见到野生的早开堇菜（*Viola prionantha* Bunge）和紫花地丁（*Viola yedoensis* Makino）。

3. 杨柳科（Salicaceae）

隶属于蔷薇类金虎尾目。

本科重点特征：木本，单叶互生，常有托叶。花两性至单性，单性花雌雄异株，柔荑花序，两性花花序各式，花瓣 3～8，分离，或缺，侧膜胎座。蒴果或浆果、核果。种子常有假种皮或基部具丝状毛。本科有 58 属，约 1 210 种，分布于热带至北温带和北极地区。我国有 3 属，200 余种，全国均有分布。

①毛白杨（*Populus tomentosa* Carr.）（图 2-40）：落叶乔木，具顶芽，芽鳞多片。注意叶形，叶背和叶缘上的特点。雌雄异株，雌、雄花均成下垂的柔荑花序。取一朵雄花观察，注意苞片的形状和特点；雄蕊的数目和着生的位置。取一朵雌花进行观察，注意雌蕊着生的位置，柱头 2 裂，又各自 2 裂。横剖子房或果实，观察心皮的数目和胎座的类型。蒴果，种子具毛。

绘图　毛白杨的一朵雄花图（注明苞片、花盘、雄蕊）。

②旱柳（*Salix matsudana* Koidz）（图 2-41）：

落叶乔木，无顶芽，芽鳞 1 片。雌雄异株，雌、雄花均成柔荑花序，直立，分别取雄花和雌花进行观察，注意雄花的苞片形状，雄蕊数目与杨属植物有什么区别？注意蜜腺的数目和着生的位置；雌蕊由几个心皮组成，同时应注意苞片的形状和蜜腺着生的位置。

绘图　旱柳的雌、雄花图（分别注明苞片、蜜腺、雄蕊和雌蕊）。

通过毛白杨和旱柳的观察，要求总结出杨属 *Populus* L. 和柳属 *Salix* L. 的区别。

APG 系统杨柳科的范围扩大了许多，除了杨属和柳属外，还包括了传统的大风子科的许多成员。

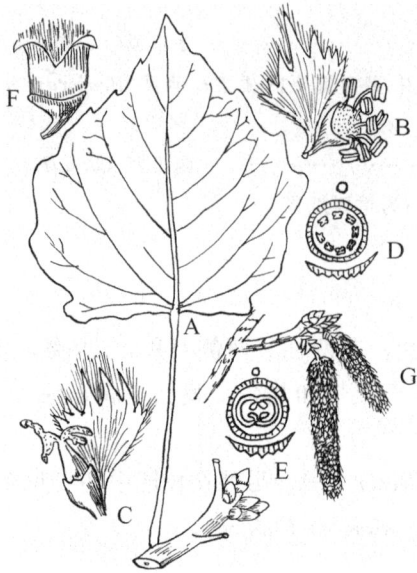

图 2-40　毛白杨

A. 叶与芽　B. 雄花　C. 雌花　D. 雄花图式　E. 雌花图式　F. 蒴果　G. 雌花序枝

图 2-41　旱柳

A. 叶枝　B. 雌花枝　C. 雄花枝　D. 雄花　E. 雄花图式　F. 雌花　G. 雌花图式　H. 蒴果

4. 大戟科(Euphorbiaceae)

隶属于蔷薇类金虎尾目。

本科的突出特征：植物体常具乳汁。单性花；子房上位，常 3 室。中轴胎座，胚珠悬垂。约有 222 属，6 100 种，广布于世界。我国约有 43 属，196 种，主要分布在长江流域以南各省区。

①银边翠(*Euphorbia marginata* Pursh)(图 2-42)：观察标本。注意叶形特征和排列方式。取一杯状聚伞花序观察。注意杯状总苞的形状和特点。生活植物具白色乳汁。杯状总苞的中央着生一朵雌花，无花被，只具一个 3 心皮的雌蕊。雌花的柄通常从无蜜腺的一侧伸出总苞外。在杯状总苞上还可看到 4 个瓣状物，称为蜜腺的附属物。在 4 瓣片的内侧还可看到各具一盘状的蜜腺。用刀片剖开杯状总苞，展平后置于解剖镜下，即可看到瓣片之间具齿状的裂片。在杯状总苞的内侧可看到许多雄花成不规则的聚伞排列，所以把这种花序叫杯状聚伞花序(cyathium)。为了搞清雌花和雄花的构造，应分别进行观察。取一朵雄花观察，雄花具一个雄蕊、无花被，基部具线形苞片，顶端细尖，雄花具关节，关节以上为花丝，关节以下为雄花的柄，花丝与花柄以关节相连。取一朵雌花观察，为 1 个由 3 心皮组成的雌蕊，花柱 3 裂，柱头又各自 2 裂。横剖子房，注意心皮和胚珠的数目。果为三分果(蒴果)。

绘图　银边翠的杯状聚伞花序展平图，注明杯状总苞、蜜腺和蜜腺附属物、裂片、雄花和雌花。

②蓖麻(*Ricinus communis* L.)(图 2-43)：草本，单叶互生。雌雄同株，圆锥花序，上部为雌花，下部为雄花。取一朵雄花观察，外具 3～5 个萼片，成镊合状排列。无花瓣，雄蕊多数，花丝下部成束的合生，且多分支。雌花也具 3～5 个萼片，无花瓣，花柱 3，柱头又各

自 2 裂，子房外通常具肉刺。横剖子房，观察心皮和胚珠的数目。果熟时为三分果。

图 2-42　银边翠
A. 花枝　B. 杯状聚伞花序

图 2-43　蓖麻
A. 果枝　B. 圆锥花序　C. 雄花　D. 花丝分支　E. 雌花　F. 蒴果　G. 种子

③油桐(*Vernicia fordii*(Hemsl)Airy-Shaw)：(图 2-44)乔木。具乳汁。叶卵状或卵状心形，具长柄，近顶端具 2 个杯状腺体。圆锥状聚伞花序，花白色，具黄红色条纹，核果近球形。种子含油为 46%～70%，榨出的油称为桐油。桐油是我国闻名世界的特产，产量占世界总产量的 70%，是油漆和涂料工业的重要原料。

图 2-44　油桐
A. 花枝　B. 雄花纵剖　C. 雌花　D. 子房横切　E. 果枝　F. 种子

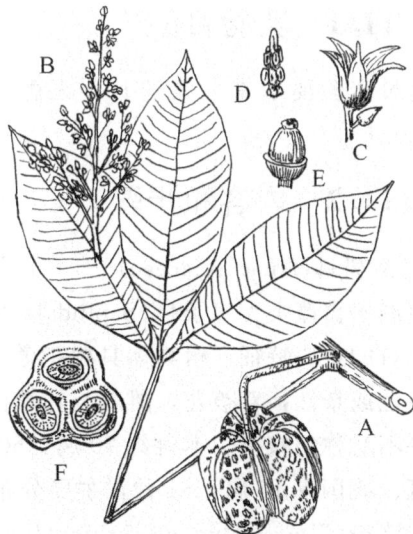

图 2-45　三叶胶
A. 果枝　B. 花序的一部分　C. 雄花　D. 去花被的雄花　E. 去花被的雌花　F. 子房横切面

④三叶胶(*Hevea brasiliensis* Muell-Arg.)(图2-45)：乔木。具乳汁，内含有橡胶，掌状三出复叶，叶柄顶端具成对的腺体。花小，单性。雌雄同株；成圆锥状聚伞花序；无花瓣。蒴果成熟时为三分果。原产巴西，我国台湾省、海南省和云南省有栽培。

此外还有常见的观赏植物一品红(*Euphorbia pulcherrima* Willd.)，灌木，具乳汁，单叶互生，最上部的叶较狭，开花时成朱红色，非常美丽。南方还有木薯(*Manihot esculenta* Crantz)，块根肉质，含大量淀粉，可作粮食或工业用原料，但含氰酸，食前必须浸水去毒。乌桕(*Sapium sebiferum*(L.)Roxb.)，落叶乔木，具乳汁，叶近菱形或菱状卵形；花单性，无花瓣，蒴果近球形；种子黑色，外被白蜡层，为制造蜡烛和肥皂的原料。

2.10.3　复习思考题

(1)葫芦科的主要特征和经济意义是什么？

(2)葫芦科和堇菜科的异同点是什么？

(3)举出葫芦科中7种可食用的瓜类，并说出它们之间的区别特征。

(4)杨柳科的主要特征是什么？

(5)杨属和柳属的区别是什么？

(6)说明大戟科的主要特征及其经济意义。

(7)绘图并举例说明杯状聚伞花序的概念。

(8)列表比较大戟属、蓖麻属、油桐属、三叶胶属、铁苋菜属的区别。

(9)举例说明五种具有不同攀援器官的藤本植物，它们是属于哪一科的植物？

2.11　实验11 蔷薇类(Rosids)(4)

2.11.1　实验目的

通过实验要求掌握漆树科、无患子科、芸香科、锦葵科、十字花科的主要特征及其区别。

2.11.2　内容和步骤

1. 漆树科(Anacardiaceae)

隶属于蔷薇类无患子目(Sapindales)。

本科的主要特征：植物体具树脂道，树脂新鲜时清澈，干时变黑色。羽状复叶互生。花小，单性或杂性，双被花，雄蕊与花瓣同数或为其2倍，具有雄蕊内花盘，子房常1室，果为扁平不对称的核果。本科约70属，600余种，分布于全球热带、亚热带，少数延伸到北温带地区。我国有16属，54种，主要分布于长江以南各省。

①漆树(*Toxicodendron vernicifluum*(Stakes)F. A. Barkl)：落叶乔木，奇数羽状复叶，互生，小叶全缘，果序多少下垂，果为核果。漆树为我国特产，我国的生漆在国际市场上占很重要的地位。

②盐肤木(*Rhus chinensis* Mill)：和漆树的主要区别是圆锥花序顶生，果被腺毛和具节柔

毛或单毛，成熟后红色，外果皮和中果皮连合，内果皮分离。根、叶、花和果均可供药用。

③黄栌(*Cotinus coggygria* Scop. var. *cinerea* Engl.)：落叶灌木，单叶互生。圆锥花序顶生，杂性花，具有许多不育花的柄特化成紫红色细长的羽毛状的毛。核果小，肾形。在秋天到北京香山看西山红叶，其中主要的就是本种植物的叶子。

此外，本科中应了解的还有：杧果(*Mangifera indica* L.)，是热带著名的水果。黄连木(*Pistacia chinensis* Bunge)，木材鲜黄色，可提取黄色染料。腰果(*Anacardium occidentale* L.)，核果肾形。种子可炒食或榨油，含油量较高，为上等食用油或工业用油。

2. 无患子科(Sapindaceae)

隶属于蔷薇类无患子目。

本科主要特征：叶互生或对生，多为复叶；花常单性或杂性，萼片常 4 或 5，花瓣 4 或 5，雄蕊常 8 枚或更少，具雄蕊外花盘，果实为蒴果、核果、浆果或翅果。本科约 150 属，2 000 种，分布于热带和亚热带地区。我国有 24 属，40 多种，主要分布于长江以南各省区。

①栾树(*Koelreuteria paniculata* Laxm)：落叶乔木，二回羽状复叶，互生。圆锥花序，花黄色，萼片 5；花瓣 4；雄蕊 8。蒴果膀胱状。

②文冠果(*Xanthoceras sorbifolia* Bunge)(图 2-46)：落叶小乔木或灌木，奇数羽状复叶。圆锥花序，花杂性，萼片 5；花瓣 5；白色。花盘 5 裂，裂片背面具一角状橙色附属物，雄蕊 5。蒴果 3 裂。是重要的木本油料植物，种子含油量达 60%。

我国南方产的荔枝(*Litchi chinensis* Somb)，常绿乔木，偶数羽状复叶，革质，中脉不明显。顶生圆锥花序。果为核果状，卵圆形，红色，果皮外具瘤状突起。种子具肉质多汁的白色假种皮(即可食的部分)。龙眼(*Dimocarpus longan* Lour.)和荔枝很相似，其区别是叶的中脉明显，果近球形，果皮光滑，不具瘤状突起。可食部也是假种皮。

③槭属(Acer)。突出特征：木本，叶对生。雄蕊通常为 8 个。常具双翅果。我国 200 多种，南北各省均有分布。

北京地区常见的有：平基槭(*Acer truncatum* Bunge)，乔木，单叶对生，掌状 5 裂，基部近截形；杂性花，伞状花序，花盘发达，雌蕊由 2 个心皮组成，果为双翅果。复叶槭(*Acer negundo* L.)，乔木，奇数羽状复叶，对生；雌雄异株；果翅长，成锐角开展。

3. 芸香科(Rutaceae)

隶属于蔷薇类无患子目。

本科突出特征：叶通常具透明油腺点，具芳香气味，具雄蕊内花盘。本科约 155 属，930 种，分布于热带和温带。我国有 29 属，约 150 种，南北均有分布。

①观察柑橘属(*Citrus* L.)的花(图 2-47)：注意萼片、花瓣的数目和排列方式，雄蕊是否互相结合，雌蕊由几个心皮组成？纵剖其花，注意观察子房基部花盘的形状和胎座的类型，观察柑果的横剖面，区别外、中、内果皮，内果皮壁上满布着肉质多汁的毛细胞。

绘图　柑橘花的纵剖图，注明萼片、花瓣、雄蕊、花盘。

图 2-46　文冠果
A. 花枝　B. 花　C. 蒴果　D. 种子

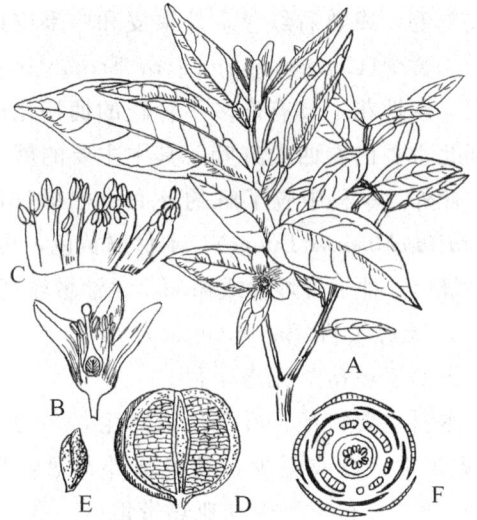

图 2-47　柑橘属
A. 花枝　B. 花的纵剖面　C. 雄蕊　D. 果实的纵切
E. 种子　F. 花图式

要注意区别以下几种柑橘类植物：柚(*Citrus grandis* Osbeck)，常绿乔木，单身复叶为卵状长圆形，革质，具油腺点，箭叶极为明显，果大，卵圆形或梨形，外果皮不易剥落。橘(*Citrus reticulata* Blanco)，常绿乔木，单身复叶为卵状披针形，具油腺点，箭叶不明显，果小，稍扁，果心空，外果皮易剥落。橙(*Citrus sinensis* (L.) Osbeck)，常绿小乔木，单身复叶的箭叶极狭。果实近球形，果心不空，外果皮不易剥落。此外还可见到有柠檬(*Citrus limon* (L.) Burm. f.)、佛手(*Citrus medica* L. var. *sarcodactylis* Swingle)、代代花(*Citrus aurantium* L.)。这些柑橘类植物均为我国南方盛产的著名水果。

②黄檗(*Phellodendron amurense* Rupr)：落叶乔木，奇数羽状复叶，具叶柄下芽，小叶边缘具一排透明点。花小，单性。核果。树皮具有清热泻火的作用。

③花椒(*Zanthoxylum bungeanum* Maxim.)：落叶灌木，植物体具刺，奇数羽状复叶，叶中具透明腺点。花单性。蓇葖果球形，可作调味料，并可提取芳香油。

4. 锦葵科(Malvaceae)

隶属于蔷薇类锦葵目(Malvales)。

本科的主要特征：植物体常具星状毛或盾状毛，叶常互生，常为掌状分裂或常状复叶，具托叶。花两性或单性，常具副萼；雄蕊5至多数，常形成单体雄蕊，花药2室或1室，花粉粒大，具刺。蒴果、分果、坚果、核果或浆果。本科包括了传统的椴树科(Tiliaceae)、梧桐科(Sterculiaceae)和木棉科(Bombacaceae)，约204属，2 330种，分布于温带和热带。我国有44属，190种。

①陆地棉(*Gossypium hirsutum* L.)(图2-48)：观察标本，注意叶形和叶脉上的特点。取一朵花进行观察，注意副萼、萼片、雄蕊和雌蕊心皮的数目及其特点；注意花药的特点，纵剖其花，观察雄蕊管、雌蕊的花柱和柱头；横剖子房，观察中轴胎座和胚珠的数目。观察蒴果的开裂方式。

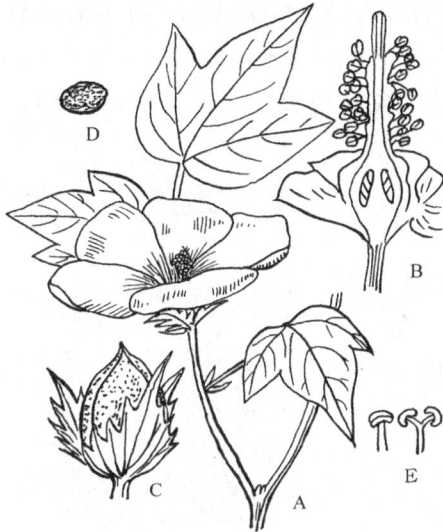

图 2-48　陆地棉

A. 花枝　B. 花的纵剖　C. 蒴果　D. 去
绒的种子　E. 雄蕊上部

图 2-49　木槿

A. 花枝　B. 叶背及星状毛　C. 花纵切
D. 果枝　E. 果瓣　F. 种子

绘图　棉花的纵剖图（注明副萼、萼片、花瓣、雄蕊和雌蕊）。

②木槿（*Hibiscus syriacus* L.）（图 2-49）：灌木。植物体具星状毛，花外具多片副萼（区别于棉属 *Gossypium* L.）。蒴果室背开裂。

和木槿同一属的植物还有洋麻（*Hibiscus cannabinus* L.），草本，叶 3~7 掌状裂。花冠黄色，基部红色，副萼 7~10 片，是重要的麻类植物。扶桑（*Hibiscus rosa-sinensis* L.）和吊灯花（*Hibiscus schizopetalus* Hook. f.）都是公园常见的木本观赏植物。玫瑰茄（*Hibiscus sabdariffa* L.），副萼和萼片可作清凉饮料。

③苘麻（*Abutilon theophrasti* Medic.）（图 2-50）：高大草本，叶为圆心形，花黄色，无副萼，雌蕊由多个合生心皮组成。蒴果成熟时形成分果瓣。

④糠椴（*Tilia mandshurica* Rupr. et Maxim.）：乔木，具星状毛，聚伞花序，花序柄与舌状大苞片合生，核果。在华北山区还可见到一种与糠椴同属的植物，即蒙椴（*Tilia mongolica* Maxim.）。二者区别：前者叶大，叶背密生白色星状毛，幼枝和芽均具褐色毛。而蒙椴的叶较小，叶背光滑，被极稀疏的星状毛，灰色，幼枝光滑。

⑤孩儿拳头（*Grewia biloba* G. Don. var. *parviflora*（Bunge）Hand-Mazz）：灌木，被星状毛，花黄色，萼片 5；花瓣 5；雄蕊多数，子房密生柔毛，2 室。果为核果状，红色，2 裂，每裂内有 2 个小核。

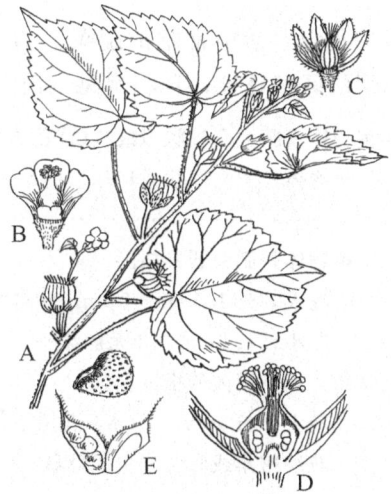

图 2-50　苘麻

A. 果枝　B. 雄蕊及部分花瓣　C. 雌蕊及部分花萼　D. 雌蕊纵切　E. 分果及种子

此外，在本科中还应注意的植物有黄麻（*Corchorus capsularis* L.），叶卵状披针形，叶缘具锯齿，最下面的一对锯齿延长成钻形裂片，为著名的麻类作物；砚木（*Burretiodendron hsienmu* Chun et How），世界名材之一，为国家二级保护植物，产于广西南部、云南东南部。

5. 十字花科（Cruciferae）（Brassicaceae）

隶属于蔷薇类十字花目（Brassicales）。

本科重点特征：草本。花两性，萼片 4，花瓣 4，成十字形花冠，四强雄蕊，侧膜胎座，具假隔膜。角果。本科有 356 多属，4 130 种，广布世界。我国有 85 属，360 多种，广布全国。

①白菜（*Brassica pekinensis* Rupr.）（图 2-51）：二年生草本。花排成总状花序。取一朵花观察，注意萼片、花瓣、雄蕊和组成雌蕊的心皮数目，注意花冠的形状、蜜腺的数目和着生的位置，四强雄蕊，横剖子房，注意子房的室数和胎座的类型。长角果，内具假隔膜，观察对褶子叶的特点。

绘图　白菜花的侧面图（注明萼片、花瓣、四强雄蕊、子房和蜜腺）。

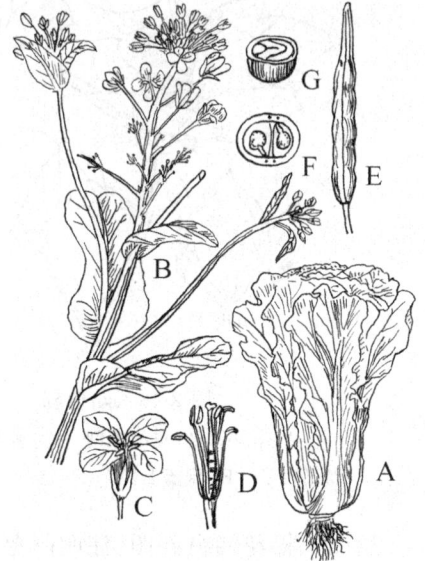

图 2-51　白菜

A. 营养体外形　B. 花技　C. 花　D. 雄蕊和雌蕊　E. 长角果　F. 果横剖　G. 种子横剖

在十字花科中，芸苔属（*Brassica* L.）最重要，很多是我们生活中常吃的蔬菜。为了便于查找本属常见蔬菜的区别特征，现将常见的蔬菜植物作一定距检索表，作为参考。

1. 植物体具肥大圆锥状根或茎（球状或扁球形）。

　2. 植物体具肥大球状或扁球形的地上茎；叶厚、蓝绿色、被白粉……………………………………………………… 擘蓝（*B. oleracea* L. var. *yongylodes* L.）（茎可作蔬菜）

　2. 植物体具肥大圆锥根。

　　3. 花大，长 1.5 cm～2 cm，叶具辣味 ……………………………………… 大头菜（*B. napobrassica* Mill.）

　　3. 花小，长 9mm，叶无辣味 ……………………………………………………… 芜菁（*B. rapa* L.）

1. 植物体不具肥大的根或茎。

　4. 花较大，长 1 cm～3 cm，花瓣下部延长成狭的爪，萼片直立；茎、叶具白粉。

　　5. 花序密集或叶为紧包成球状。

　　　6. 叶紧包成球状 ……………………………………………… 圆白菜（*B. oleracea* L. var *capitata* L.）

　　　6. 花序缩短成肉质球状 …………………………………… 菜花（*B. oleracea* L. var. *botrytis* L.）

　　5. 花序或叶不成球状，叶片皱缩，颜色多变 …………………………………………………… 花叶甘蓝（*B. oleracea* L. var. *acephala* f. tricolor Hort（供观赏））

　4. 花较小，长约 1 cm，花瓣下部的瓜不显著，萼片常开展。茎及叶不具白粉或微被白粉。

　　7. 茎上部的叶不包茎，植物体具辣味。

　　　8. 叶不分裂或大头羽状深裂，裂片宽 ……………………………………… 芥菜（*B. juncea* L.）

　　　8. 叶羽状浅裂，裂片狭窄，边缘卷，且皱缩……………………………………………………… 雪里红（*B. juncea* L. var. *crispifolia* Bailey）

7. 茎上部叶包茎，植物体无辣味。

  9. 基生叶不裂或基部有 1~2 对不显著的裂片。

    10. 基生叶紧密排列成莲座状，深绿色 ································· 瓢菜(*B. narinosa* Bailey)

    10. 基生叶不紧密排成莲座状，绿色或淡绿色。

      11. 基生叶的叶柄宽而具翅，叶无白粉，背面沿中脉处具疏生的毛 ··············· ·· 白菜(*B. rapa* L. var. *glabra* Regel)

      11. 基生叶的叶柄不具翅，叶无毛，稍具白粉 ··· ··· 青菜(*B. rapa* L. *chinensis*(L.)Kitag.)

  9. 基生叶大头羽状裂，侧生裂片 5 对，茎生叶基部两侧具垂耳 ······················· ··· 油菜(*B. campestris* L.)

②萝卜(*Raphanus sativus* L.)：通过对标本、花、果实的观察，要求总结出和白菜属的区别。观察对褶子叶的特点。

③荠菜(*Capsella bursa-pastoris* Medic.)：草本，具单毛和分支毛，基生叶丛生，大头羽状分裂。总状花序，花白色。短角果倒三角形。假隔膜狭窄。取一粒种子，观察背倚子叶的特点。

④独行菜(*Lepidium apetalum* Willd.)：外形和荠菜很相似。其区别是不具分叉毛，无花瓣，雄蕊 2 或 4，短角果圆扇形，每室具 1 种子。种子入药，具有利尿、止咳、化痰的功效。

本科除有我们常食用的蔬菜和油料外，还有不少药用和观赏植物，如松蓝(*Isatis tinctoria* L.)的根，作"板蓝根"入药；其次如桂竹香(*Cheiranthus cheiri* L.)、诸葛菜(*Orychophragmus violaceus*(L.)O. E. Schulz)、香雪球(*Lobularia maritima*(L.)Desv.)、紫罗兰(*Matthiola incana*(L.)R. Br.)等，均为很好的观赏植物。

2.11.3　复习思考题

(1)说明芸香科、无患子科、漆树科的主要特征及其区别。

(2)广义锦葵科的主要特征是什么？所包括的 4 个科有何区别？

(3)举例说明柑果、浆果的区别。

(4)柚、橘、橙在植物体和果实的形状上有什么区别？

(5)绘图说明单体雄蕊的概念。

(6)橘、荔枝、萝卜各属于什么科的植物，它们的可食部分是什么？

(7)举例说明分果的概念，分果的蒴果有什么区别？

(8)十字花科的主要特征及其经济意义。

(9)绘图并举例说明子叶对褶、子叶背倚、子叶缘倚的特点。

(10)列表比较白菜属、萝卜属、荠菜属、独行菜属的区别。

2.12　实验 12 超菊类(Superasterids)

2.12.1　实验目的

掌握蓼科、石竹科、苋科和商陆科的特征及其各科之间的区别，并应了解超菊类常见科属代表植物。

2.12.2　内容和步骤

1. 蓼科(Polygonaceae)

隶属于超菊类石竹目(Caryophyllales)。

本科突出特征：具托叶鞘；花无花瓣，子房 1 室，1 胚珠。瘦果；胚常成"S"形弯曲。本科约 43 属，1 100 多种，主要分布于北温带。我国 10 属，约 200 种，分布于南北各省。

①荞麦(*Fagopyrum esculentum* Moench.)(图 2-52)：一年生草本，单叶互生，托叶鞘膜质；花序为顶生或腋生的总状花序。取一朵花观察，两性花，萼片 5，基部合生，无花瓣，雄蕊 8，排成 2 轮，外轮 5，内轮 3，雄蕊花丝间具蜜腺；雌蕊由 3 个心皮组成，1 室 1 胚珠，基底胎座。瘦果三棱形，外包花被(萼片)。横剖瘦果，可见"S"形弯曲的胚和丰富的胚乳。

绘图　荞麦果实横剖图(注明"S"形弯曲胚和丰富的胚乳)。

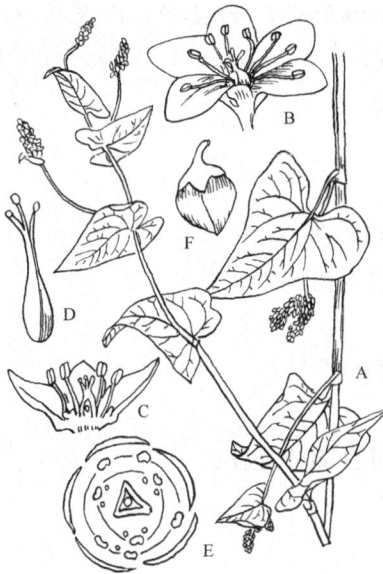

图 2-52　荞麦

A. 花枝　B. 花　C. 花的纵剖　D. 雌蕊　E. 花图式
F. 瘦果

图 2-53　红蓼

A. 植株上部　B. 花枝　C. 花　D. 果

②红蓼(狗尾巴花)(*Polygonum orientale* L.)(图 2-53)：一年生草本，单叶互生，托叶鞘围绕茎节，具细长毛，先端绿色叶状或成干膜质裂片，具缘毛。花两性，粉红色或白色，

花被片 5，雄蕊 7，超出花被，其中 5 个与裂片互生，其他 2 个与裂片对生；花盘分裂成数个，子房上位，花柱 2，基部合生，柱头球形。瘦果稍圆形，扁平，黑色，具光泽，包于花被内。

③巴天酸模（*Rumex patientia* L.）：草本。花两性或单性，淡绿色，具柄，花被 6 深裂，外面 3 枚小而内弯，内面 3 枚扩大而成翅；雄蕊 6，花柱 3。瘦果被扩大的内轮花被片所包。

2. 石竹科（Caryophyllaceae）

隶属于超菊类石竹目。

识别特征：草本，节和节间明显，节部膨大。单叶，对生。特立中央胎座或基生胎座。蒴果，胚弯曲，具外胚乳。本科约 70 属，2 200 种，广布全世界。我国有 32 属，约 400 种，全国各地均有分布。

①石竹（*Dianthus chinensis* L.）（图 2-54）：通过标本和花的解剖观察，应总结出石竹科的鉴别特征。注意观察石竹花序基部具总苞的特点，然后取一朵花进行观察，注意 5 个结合成筒状的萼片和 5 个具爪的花瓣，花瓣顶端具齿，注意雄蕊和雌蕊心皮的数目。横剖和纵剖子房，注意观察是什么胎座。蒴果齿裂。

绘图 石竹花子房的横剖和纵剖图（示特立中央胎座）。

图 2-54 石竹
A. 植株上部 B. 花瓣 C. 有萼下苞片和萼的果实
D. 种子 E. 去掉花被的花 F. 花萼

图 2-55 繁缕
A. 植株外形 B. 花 C. 蒴果

②繁缕（*Stellaria media*（L.）Cyr.）（图 2-55）：草本，叶卵形。花小，白色，花瓣 5，每片 2 深裂；雄蕊 10；花柱 3。蒴果卵形。

③卷耳（*Cerastium arvense* L.）：草本，根状茎细长，茎基部匍匐，上部直立。花白色，花瓣 5，每片 2 浅裂；雄蕊 10；花柱 5。蒴果长圆筒形。

④大花剪秋萝（*Lychnis fulgens* Fisch.）：草本，植物体被长柔毛，单叶，对生。花瓣

5，深紫红色，每片花瓣4裂，其中2裂片较大，外侧2裂片小，喉部具有2个鳞片；雄蕊10；花柱5，蒴果5瓣裂。

3. 苋科(Amaranthaceae)

隶属于超菊类石竹目。

本科的主要特征：常为草本或半灌木，叶互生或对生，有时具泡状粉。花小，单被，花被片常3～5片；雄蕊对萼；萼片绿色或干膜质，雌蕊由2～3个心皮组成，子房1室，基底胎座。胞果、瘦果或周裂的蒴果，胚弯曲，具外胚乳。

本科包括传统分类学上的苋科和藜科(Chenopodiaceae)，有169属，2 360种，主要分布于温、寒二带的滨海和多含盐分的地区。我国有52属，225种，全国均有分布。

原属于藜科(Chenopodiaceae)的植物有：

①甜菜(*Beta vulgaris* L.)(图2-56)。二年生植物，第一年植物体具肉质肥大的圆锥根，基生叶发达，具长柄，全缘；第二年长出茎生叶，互生。花排成顶生的圆锥花序，从花序上取一朵花进行观察，注意萼片的数目和形状，有无花瓣？注意雄蕊的数目和萼片的关系，花盘的形状，雌蕊有无花柱，柱头是否分裂？注意子房是什么位，纵剖子房，观察是什么胎座？观察甜菜的果实，一个种球(聚花果)是由几个果实组成的，甜菜的每一个果叫什么果？果实外包有什么？横剖果实观察胚和胚乳，胚是什么形状？为什么把甜菜果实的胚乳叫外胚乳。

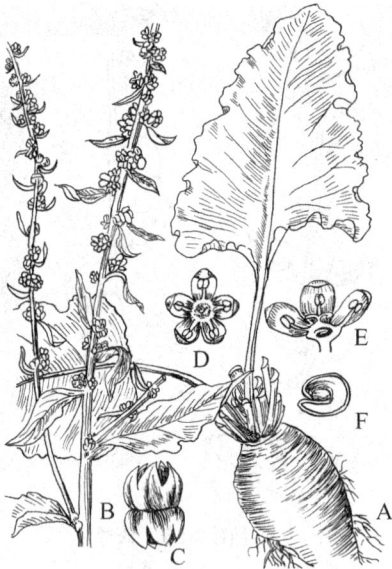

图 2-56 甜菜

A. 根 B. 花枝 C. 果簇 D. 花的正面观 E. 花的纵剖 F. 种子

图 2-57 菠菜

A. 雄花枝 B. 雄花 C. 未开的雄花 D. 雌花包藏于小苞片内 E. 雌蕊

绘图 甜菜花的纵剖图(注明萼片、雄蕊、雌蕊和花盘)和甜菜果实的横剖面(注明胚和外胚乳、种皮、果皮和残留的萼片)。

本地常见的植物还有甜菜的两个变种，即君荙菜(厚皮菜)(*Beta vulgaris* L. var. *cicla* L.)和紫菜头(紫萝卜)(*Beta vulgaris* L. var. *rosea* Moq.)。前者根不肥大，叶亮绿色，可供食用；后者具纺锤形或近球形的紫红色根，叶脉紫红色，根可食用。

②菠菜（*Spinacia oleracea* L.）（图 2-57）：一年生草本，根常带红色，较少为白色，茎直立，中空；叶戟形至卵形，鲜绿色。雌雄异株，雄花成顶生的圆锥花序，雌花丛生叶腋，结果时，2 个小苞片合生，将胞果包住，小苞片的顶端形成单刺或分支刺。老菠菜炒着吃，有时会扎嘴，其原因就在这里。

常见的原属于藜科植物还有猪毛菜（*Salsola collina* Pall.）和藜（灰菜）（*Chenopodium album* L.）。

狭义的苋科（Amaranthaceae）和藜科主要区别是萼片和苞片均为干膜质，常具色彩，花丝基部合生。常见的种类有：

①反枝苋（*Amaranthus retroflexus* L.）：是一种到处可见的杂草，一年生草本，单叶互生，叶基楔形，全缘，略成波状，两面被毛，下面的毛更多。花簇具刺毛，集成稠密的顶生及腋生的圆锥花序；萼片 5，透明膜质；雄蕊 5；柱头 2 或 3。胞果扁圆形，膜质，环状开裂。

②牛膝（*Achyranthes bidentata* Bl.）（图 2-58）：直立草本，单叶对生。穗状花序腋生和顶生，花后总花柄伸长，花向下折而贴近总花柄。胞果长圆形。

③鸡冠花（*Celosia cristata* L.）（图 2-59，A）：直立草本，单叶互生。穗状花序扁平成鸡冠状；苞片和萼片均为干膜质，粉红色。蒴果盖裂。和本种很相似的一种叫青葙（*C. argentea* L.）（图 2-59，B），其主要区别是花序细长穗状。

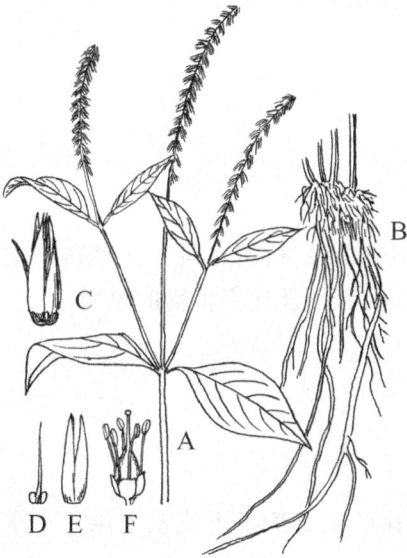

图 2-58　牛膝
A. 花枝　B. 根　C. 具苞片和小苞片的花　D. 小苞片
E. 部分花被片　F. 雄蕊和雌蕊

图 2-59　鸡冠花和青葙
A. 鸡冠花　B. 青葙　C. 青葙的花　D. 青葙的果

4. 商陆科（Phytolaccaceae）

隶属于超菊类石竹目。

本科突出特征：心皮常多数（通常为 8～10 个）分离或结合。果为浆果状。约有 4 属，30 种，主产于美洲热带和亚热带。我国仅 2 属，5 种。

本科常见的植物有：商陆(*Phytolacca acinosa* Roxb.)(图 2-60)，心皮 8，离生，总状花序直立。野生，根可入药。

美国商陆(*Phytolacca americana* L.)，心皮 10，合生，栽培。

2.12.3 复习思考题

(1)列表比较蓼科、苋科、石竹科、商陆科的异同点。

(2)举例说明胚乳和外胚乳的区别。

(3)绘图并说明特立中央胎座的概念，以及与中轴胎座的区别。

(4)广义的苋科包括藜科和狭义苋科，二者有何共同点和区别？

(5)蓼科突出的特征有哪几点？荞麦属和蓼属，酸模属和大黄属有什么区别？

(6)举例说明胞果的概念。

(7)识别石竹科的特征是什么？石竹科分属的主要依据是什么？

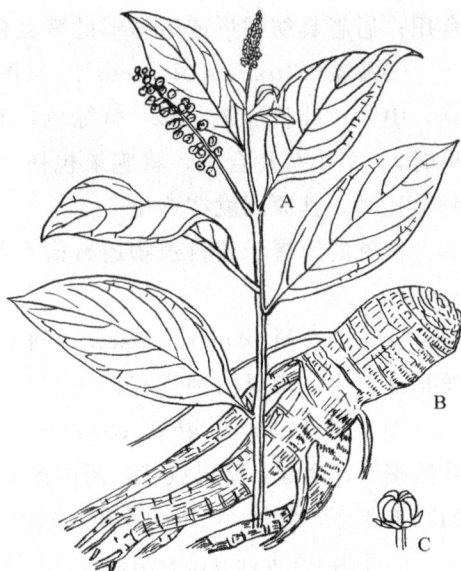

图 2-60 商陆
A. 果枝 B. 根 C. 果

2.13 实验 13 菊类(Asterids)(1)

2.13.1 实验目的

通过实验要求掌握绣球科、柿树科、报春花科、山茶科、杜鹃花科、茜草科、龙胆科、夹竹桃科的主要特征及其区别；这些科中的重要属之间的区别及代表植物的识别。

2.13.2 内容和步骤

1. 绣球科(Hydrangeaceae)

隶属于菊类山茱萸目(Cornales)。

本科突出特征在于多为木本；叶对生，单叶，无托叶，子房半下位或下位，通常有肋；果为蒴果，种子通常有翅。本科有 17 属，约 220 种，主要分布于北温带。我国约有 11 属，120 多种，全国均有分布。

本科在北方常见的植物：溲疏属(*Deutzia* Thunb.)的小花溲疏(*D. parviflora* Bunge)，花成伞房状花序，叶背绿色；大花溲疏(*D. grandiflora* Bunge)，花不成伞房状花序，叶背灰白色。还有山梅花属(*Philadelphus* L.)的太平花(*P. pekinensis* Rupr.)。

2. 柿树科(Ebenaceae)

隶属于菊类杜鹃花目(Ericales)

本科主要特征：木本，单叶互生，全缘，革质，无托叶。花单性，常雌雄异株，花萼宿存，果时增大，中轴胎座。浆果。本科有 4 属，500 余种，主要分布于热带地区，我国有 1 属，约 56 种，主要分布于西南部至东南部。

北京常见的有柿树(*Diospyros kaki* Thunb.)和黑枣(*Diospyros lotus* L.)。区别：前者植物的幼枝具褐色绒毛，花冠外具毛，果径 3 cm～8 cm，熟后橘黄色或黄色；而后者的植物幼枝光滑或具灰色绒毛，花冠外无毛，果径 1.5 cm～2 cm，熟后变黑色。

3. 报春花科(Primulaceae)

隶属于菊类杜鹃花目。

本科主要特征：草本或木本，叶互生、对生或基生，无托叶。花两性，辐射对称，花丝着生花冠筒上，和花瓣对生；子房上位，1 室，特立中央胎座，花柱 1 条。蒴果、浆果或粒果。本科包括了传统的报春花科和紫金牛科(Myrsinaceae)，约 57 属，2 150 种，广布于全世界。我国有 17 属，约 630 种，南北各省均有分布。

北京常见的植物有：点地梅(*Androsace umbellata* (Lour.) Merr.)，小草本，叶基生，花白色，伞形花序，早春开花。狼尾花(*Lysimachia barystachys* Bge.)，直立草本，花白色。顶生总状花序。蒴果。除此外，在公园内常见本科的观赏植物有：四季樱草(*Primula obconica* Hance)，仙客来(萝卜海棠)(*Cyclamen persicum* Mill.)。

4. 山茶科(Theaceae)

隶属于菊类杜鹃花目。

本科重点特征：常绿木本，单叶互生。花两性，5 基数；雄蕊多数，成数轮，着生于花瓣上，子房上位，中轴胎座。常为蒴果。本科有 9 属，300 种，主要分布于东亚。我国有 9 属，275 余种，广泛分布于长江流域及南部各省的常绿林中。

茶(*Camellia sinensis* (L.) O. Ktze.)(图 2-61)：常绿灌木，叶片卵圆形，互生。花白色，具柄，萼片宿存。蒴果的果瓣不脱落，茶树原产我国，栽培。制茶至少已有2 500年的历史，茶叶内含有咖啡碱(1%～5%)、茶碱、可可碱、挥发油等，具有兴奋神经中枢及利尿的作用；根可入药，具有清热解毒的作用。

与茶同属的植物还有山茶(*Camellia japonica* L.)，叶片卵圆形，背面光滑；花无柄，萼片脱落，花红色，子房光滑。北京公园常见栽培，供观赏。

图 2-61　茶

A. 花果枝　B. 蒴果　C. 种子　D. 雌蕊及花萼　E. 雄蕊及花瓣

5. 杜鹃花科(Ericaceae)

隶属于菊类杜鹃花目。

本科主要特征：多为常绿灌木，单叶互生或对生，轮生，两性花，花瓣通常 4 或 5，合生成圆筒形至壶形，雄蕊外轮对瓣，雄蕊的花药顶端常具有两个角状物，常顶孔开裂。蒴果或浆果。本科包括了传统的岩高兰科(Empetraceae)、鹿蹄草科(Pyrolaceae)，约 124 属，4 100 种，分布极广。我国有 25 属，759 种，南北各省均有分布。

杜鹃花属(*Rhododendron* L.)是本科种类最多的一属，约有 800 种，分布于北温带。我国约有 650 种，除新疆外，各省均有分布，西南和西部种类最多，为世界著名的观赏植物。本属在北京地区野生种类有照山白（*Rhododendron micranthus* Turcz.）和蓝荆子（*Rhododendron mucronulatum* Turcz.），其区别是前者花小，白色；而后者花大，紫红色。

6. 茜草科（Rubiaceae）

隶属于菊类龙胆目（Gentiaales）。

本科识别特征：叶对生或轮生，常全缘，具托叶（常为叶柄间托叶），花辐射对称。本科约 550 属，900 种，分布于热带和亚热带地区。我国有 70 多属，450 余种，主要分布于西南和东南地区。

①茜草（*Rubia cordifolia* L.）（图 2-62）：草质藤本，茎四棱，植物体具倒钩刺，叶对生（或轮生），具叶柄间托叶。圆锥花序，花黄白色。果实球形，成熟时成红色。

②线叶猪殃殃（*Galium linearifolium* Turoj.）：直立草本。通过标本和花的观察，注意找出茜草属（*Rubia* L.）和猪殃殃属（*Galium* L.）的区别。

本科在热带和亚热带地区有许多著名的经济植物。如咖啡（*Coffea arabica* L.）；金鸡纳树（*Cinchona ledgeriana* Moens），原产南美，树皮含奎宁（quinine），为治疟疾的良药；栀子（*Gardenia jasminoides* Ellis），北方庭院、温室内常有栽培。

图 2-62　茜草
A. 植株一部分　B. 根　C. 花　D. 果
E. 雌蕊

图 2-63　秦艽
A. 植株上部　B. 植株下部　C. 部分花冠和雄蕊
D. 果实

7. 龙胆科（Gentianaceae）

隶属于菊类龙胆目。

主要特征：多为草本，单叶对生。花两性，整齐，花冠裂片常旋转状排列，裂片间具褶或裂片基部有大形腺体或腺窝，心皮 2，合生，子房 1～2 室，侧膜胎座，胚珠多数。蒴果。本科约 75 属，1 000 种，广布于全世界。我国有 20 属，约 350 种，全国各地均有分布。

秦艽(大叶龙胆)(*Gentiana macrophylla* Pall.)(图 2-63)：多年生草本，单叶对生。花常为蓝色，花冠裂片间具褶，无蜜腺洼，子房下部具蜜腺。根部入药，味苦，具有健胃的作用。

8. 夹竹桃科(Apocynaceae)

隶属于菊类龙胆目。

本科的主要特征：植物体有乳汁，叶常对生或轮生，全缘；花瓣常 5，合生，花冠内部或顶部常具副花冠或附属物；雄蕊常 5，有时联合成合蕊冠；心皮 2，花柱或柱头合生而子房分离。通常为双生的蓇葖果。约 355 属，3 700 种，我国 90 属，495 种。

(1)本科包括传统的萝藦科(Asclepiadaceae)。传统萝藦科的主要特征：植物体常具乳汁。花为 5 基数，常具副花冠，花柱 2 枚联合，花粉联合成花粉块或四合花粉，具载粉器，雄蕊互相联合并与雌蕊紧贴成合蕊冠。本科约 180 属，2 000 种，主要分布于热带和亚热带地区。我国约有 44 属，245 种，分布于西南和东南部，少数在西北和东北各省区。

①萝藦(*Metaplexis japonica*(Thunb.)Mak.)(图 2-64)：草质藤本，单叶对生，植物体具乳汁。取一朵花进行观察，注意萼片、花冠裂片和副花冠的数目、形状和着生的位置。雄蕊 5，着生于花冠的基部，花丝结合成管状，围绕花柱，每个药室由上端开口；两个相邻的药室之间具有载粉器。其两臂各伸至一药室的开口内，与药室内的花粉块相连，可用解剖针轻轻将载粉器挑起，即可见到成对黄色、长卵形的花粉块、花粉块柄和着粉腺(花粉纽)，这种有趣的结构，你认为对昆虫的传粉有何适应意义？雌蕊由 2 个离生心皮组成，雄蕊的花药和雌蕊的柱头紧贴在一起形成合蕊冠。果为蓇葖果，种子具毛。

绘图　萝藦花的载粉器图，注明着粉腺、花粉块柄、花粉块。

②鹅绒藤(白前)(*Cynanchum chinensis* R. Br.)：草质藤本，植物体具乳汁，单叶对生，椭圆形，叶基心形，副花冠条裂，基密生短柔毛。二歧聚伞花序。果为蓇葖果，种子具毛。注意找出和萝藦的区别点。

③马利筋(*Asclepias curassavica* L.)：多年生草本，植物体具乳汁。单叶对生，披针形，全缘。伞形花序，花冠紫红色，反卷；副花冠由 5 个黄色裂片组成，每裂片内有一角状突起，着生在合蕊冠上。雄蕊 5，着生在花冠的基部，并结合成管，包围子房和花柱，花药与柱头合生，花粉黏合成花粉块，具载粉器。蓇葖果。

④杠柳(*Periploca sepium* Bge.)(图 2-65)：木质藤本，植物体具乳汁，单叶对生，副花冠与花丝同时着生于花冠筒的基部，与花丝结合，副花冠线形，四合花粉，承载在基部有黏盘的匙形载粉器上。根皮入药，谓"香加皮"，具有祛风湿、强筋骨的作用，由于有毒也可作为杀虫药。

图 2-64　萝藦

A. 叶枝　B. 花序枝　C. 花　D. 合蕊冠　E. 载粉器　F. 果实　G. 种子(具毛)

(2)狭义的夹竹桃科(Apocynaceae)：和萝藦科很相似。其主要区别是：不形成花粉块，无载粉器，也不形成合蕊冠。本科约250属，2 000余种，分布于全世界热带、亚热带地区。我国有46属，176种，主要分布于长江以南各省区及台湾省。

图 2-65　杠柳
A. 花枝　B. 萼片(示基部腺体)　C. 花冠裂片内面
D. 副花冠　E. 果实　F. 种子

图 2-66　夹竹桃
A. 花枝　B. 花冠纵剖面　C. 雄蕊　D. 雌蕊　E. 菁葖果　F. 种子

①夹竹桃(*Nerium indicum* Mill.)(图 2-66)：灌木，植物体具乳汁，三叶轮生，革质，全缘。伞房状聚伞花序顶生，花冠漏斗状，喉部具阔鳞状附属物；花药箭形，顶端药隔延长成丝状。菁葖果。

②罗布麻(*Apocynum venetum* L.)：亚灌木，植物体具乳汁，单叶对生，叶缘具细齿。聚伞花序；花冠紫红色或粉红色。菁葖果叉生。

在北方公园温室里常见的有：鸡蛋花(*Plumeria rubra* L.)、黄花夹竹桃(*Thevetia peruviana*(Pers.)K. Schum)、长春花(*Catharanthus roseus*(L.)G. Don.)等，均为观赏植物。

2.13.3　复习思考题

(1)绣球科的特征和经济意义是什么？

(2)山茶科的主要特征是什么？

(3)列表比较柿树科、报春花科、杜鹃花科的异同点。

(4)茜草科的主要特征和经济意义是什么？

(5)说明夹竹桃科、龙胆科的主要特征及其区别。

(6)绘图并注明萝藦的载粉器的构造。

(7)举例说明副花冠、合蕊冠的概念。

(8)锦葵科和椴树科的异同点是什么？

(9)世界著名的三大饮料来源于哪三种植物？它们是属于什么科的植物？

2.14　实验 14 菊类(Asterids)(2)

2.14.1　实验目的

通过实验，要求掌握旋花科、茄科、木犀科、车前科、唇形科、列当科、马鞭草科的特征及其区别；并要求掌握这些科中常见属的分类依据和区别。

2.14.2　内容和步骤

1. 旋花科(Convolvulaceae)

隶属于菊类茄目(Solanales)。

本科主要特征是：草质藤本植物，植物体通常具乳汁。子房每室 2 胚珠。蒴果。本科约 55 属，1 930 种，广布于全球。我国有 23 属，136 种，南北均有分布。

①甘薯(*Ipomoea batatas*(L.)Lam.)(图 2-67)：一年生草本。具块根，茎匍匐，具乳汁，茎节部生不定根；单叶互生。花单生或成聚伞花序，花紫色、粉红色至白色。蒴果。块根除食用外，还可作为食品等工业的重要原料，茎、叶为优质饲料。

和甘薯同属植物的还有蕹菜(*Ipomoea aquatica* Forsk)：茎中空，节处生根，叶成三角形。花粉红色至白色。蒴果。嫩茎和叶也可作蔬菜。

②田旋花(*Convolvulus arvensis* L.)：多年生草本，植物体具乳汁，叶披针形，基部箭形。花粉红色，单生于叶腋，花柄上具 2 个小苞片，花 5 数，花冠漏斗状，心皮 2，子房上位，2 室；柱头 2 裂。蒴果。

③圆叶牵牛(*Pharbitis purpurea*(L.)Yoigt)：缠绕草本，单叶互生，全缘。3 心皮，3 室。蒴果。

④菟丝子(*Cuscuta chinensis* Lam.)，植物体金黄色，茎纤细。蒴果为宿存的花冠所包围，成熟时成整齐的周裂。通常寄生于豆科、亚麻科、菊科等植物上。日本菟丝子(*Cuscuta japonica* Choisy)，植物体成红褐色，茎粗壮，茎和花都带红色瘤斑。

2. 茄科(Solanaceae)

隶属于菊类茄目。

本科的主要特征是：常为草本，叶互生。花两性，整齐，5 基数；花药常顶孔开裂；2 心皮，2 室，位置偏斜，具多数胚珠。浆果或蒴果。

本科约有 102 属，2 510 种，广布于温带和热带地区。我国有 24 属，约 115 种，南北各省均有分布。

图 2-67　甘薯

A. 花枝　B. 块根　C. 花纵剖　D. 雌蕊

①马铃薯(*Solanum tuberosum* L.)(图 2-68):直立草本,具块茎。注意叶形的特征和排列方式。取一朵花观察,注意萼片、花瓣的数目以及结合的情况,注意雄蕊的数目和花冠裂片的关系,雄蕊是否互相靠合,花药开裂的方式;横剖子房,观察心皮和胚珠的数目。属于什么胎座?浆果。

绘图 马铃薯花的纵剖图,并写出花程式。注明萼片、花瓣、顶孔开裂的雄蕊和子房。

②茄(*Solanum melongena* L.)(图 2-69):注意找出和马铃薯的异同点。

③番茄(*Lycopersicon esculentum* Mill):草本。羽状复叶,互生,植株被黏质腺毛。聚伞花序;花黄色,花药靠合,纵裂。浆果多汁,子房常因胎座延伸成假的多室。原产南美,在我国广为栽培。浆果为常吃的蔬菜和水果。

④烟草(*Nicotiana tabacum* L.)(图 2-70):一年生草本,植物体被腺毛。花两性,萼钟状,花冠漏斗状,粉红色。蒴果。原产南美,我国南北各省广泛栽培。叶为卷烟和烟丝的原料。

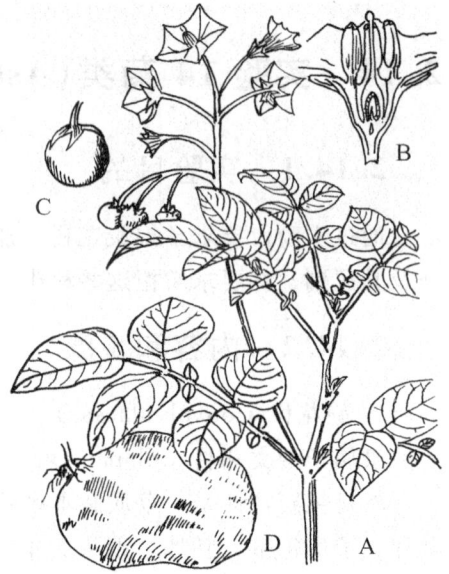

图 2-68 马铃薯

A. 花枝 B. 花的纵切 C. 果实 D. 块茎

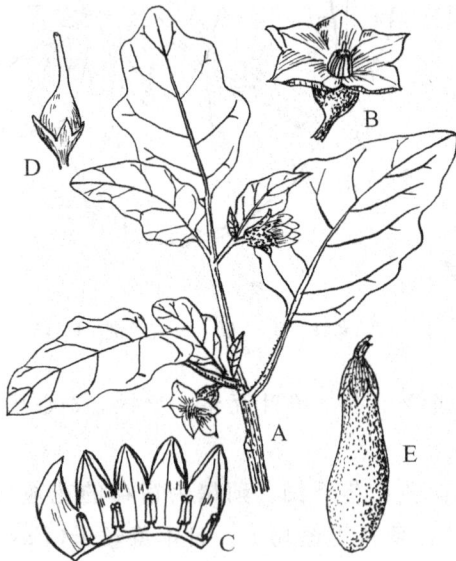

图 2-69 茄

A. 花枝 B. 花 C. 花冠及雄蕊 D. 花萼及雌蕊 E. 果实

图 2-70 烟草

A. 叶和花枝 B. 花的纵切 C. 萼和蒴果 D. 蒴果的解剖 E. 种子 F. 种子纵切

茄科的经济植物种类很多,如:辣椒(*Capsicum annuum* L.);曼陀罗(*Datura stramonium* L.),花称洋金花,具祛风湿、止咳平喘的作用;枸杞(*Lycium chinensis* Mill.),具刺小灌木,花淡紫色,浆果红色,果可入药,具有补肝肾,强筋骨的作用;颠茄(*Atropa bel-*

ladonna L.），原产欧洲，现在我国有栽培，叶和根具有镇痛的作用。

3. 木犀科（Oleaceae）

隶属于菊类唇形目（Laminales）。

本科识别特征：木本，叶对生。雄蕊 2。蒴果或单翅果，也有核果和浆果。本科约有 25 属，600 种，分布温带和热带。中国有 12 属，200 种，南北各省均有分布。

①紫丁香（*Syringa oblata* Lindl.）（图 2-71）：木本，单叶对生。花紫色，成圆锥花序；取一朵花观察，注意萼片、花瓣、雄蕊和雌蕊心皮的数目，雄蕊着生的位置，以及雌蕊柱头的数目。蒴果。

绘图　紫丁香的花图式，并写出花程式。

②洋白蜡（*Fraxinus pennsylvanica* Mars. var. *subintegerrima*(Vahl.)Fern.）：是北方常见的行道树，观察标本时，注意找出和丁香属 *Syringa* L. 的区别。

此外，常见的有：连翘（*Forsythia suspensa*（Thunb.）Vahl.），灌木，节间中空，叶卵形，3 裂或为 3 出复叶。蒴果的果皮可入药；桂花（*Osmanthus fragrans*（Thunb.）Lour.），是一种芳香观赏植物；茉莉花（*Jasminum sambac*（L.）Ait.），各地均有栽培，花白色，芳香，可用以熏茶；迎春花（*Jasminum nudiflorum* Lindl.），为早春期间的观赏植物。

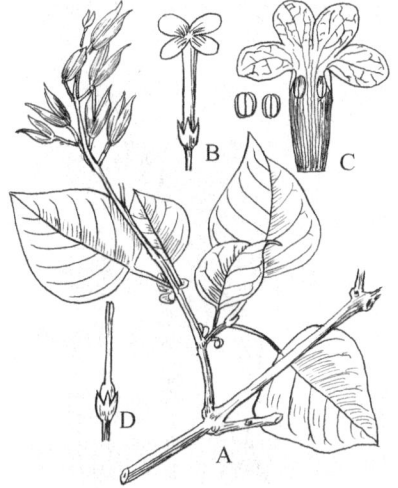

图 2-71　紫丁香
A. 果枝　B. 花　C. 花冠及雄蕊
D. 雌蕊及花萼

4. 车前科（Plantaginaceae）

隶属于菊类唇形目。

本科的主要特征：草本。单叶，无托叶。花常两性，常两侧对称，花冠二唇形，雄蕊常 4 枚，二强。心皮 2，合生，子房上位，中轴胎座，柱头常 2 裂。蒴果室间开裂，稀孔裂或盖裂。

本科包括传统的车前科和玄参科（Scrophulariaceae）的许多属，约有 104 属，1 820 种，广布于世界各地。我国有 16 属，约 140 种。南北各省均有分布。

①金鱼草（*Antirrhinum majus* L.）：注意观察茎的形状和叶的排列方式。取一朵花，观察花冠的形状，上唇和下唇裂片的数目，注意雌蕊心皮的数目，雄蕊的数目，是否为二强雄蕊？横剖子房，观察子房的室数，胎座的类型，每室胚珠的数目。蒴果。金鱼草和益母草在花的结构上有什么区别？

本科校园常见的有平车前（*Plantago depressa* Willd.）、车前（*Platago asiatica* L.）和大车前（*Plautago major* L.）。

5. 唇形科（Lamiaceae）

隶属于菊类唇形目。

本科主要特征：直立草本或灌木、乔木，植物体含挥发性芳香油，茎四棱，叶对生或轮生。聚伞花序或轮伞花序；唇形花冠，雄蕊为二强雄蕊或 2 枚，子房不裂至四深裂，果实为核果或形成四个小坚果。本科包括了传统的唇形科和马鞭草科的许多属。约 252 属，6 800 种，主要分布于夏季干燥而炎热的地区，分布中心为地中海和亚洲西南部。我国有 104 属，

900 多种，全国均有分布。

①丹参（*Salvia miltiorrhiza* Bunge）（图 2-72）：多年生草本、奇数羽状复叶，对生。花紫色，组成什么花序？取一朵花观察，注意是什么花冠，上唇和下唇各有几裂？剖开花冠管，观察花的内部构造。注意雄蕊数目和着生的位置，能发育的花药有几个？药隔和花丝是什么形状？如何着生？对昆虫传粉有什么适应意义？雌蕊由几个心皮组成？花柱如何着生？子房是否为四深裂？同时应注意蜜腺的形状和着生的位置。

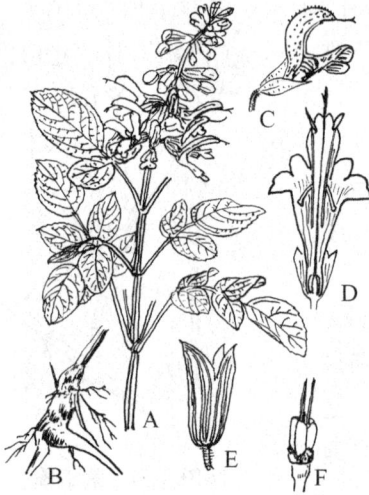

图 2-72　丹参
A. 花枝　B. 根　C. 花的侧面观　D. 花的展开
E. 花萼　F. 雌蕊下部

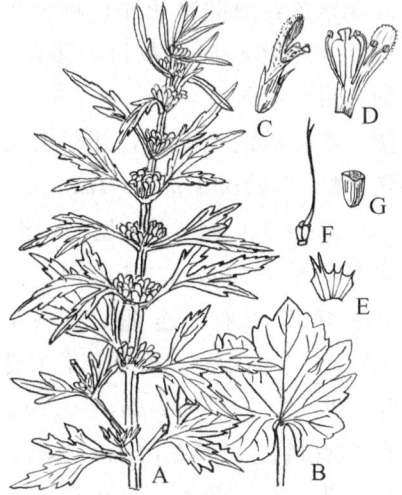

图 2-73　益母草
A. 植株上部　B. 基生叶　C. 花　D. 花的解剖
E. 花萼展开　F. 雌蕊　G. 小坚果

绘图　丹参的雌蕊和雄蕊图（注明雌蕊的花柱、柱头、子房四深裂，雄蕊的药隔、花丝、退化的药室、关节和发育的药室）。

②益母草（*Leonurus japonicus* Houtt.）（图 2-73）：草本，方茎，对生叶，基生叶近圆形，叶具长柄和钝齿，茎生叶 3 全裂或 3 深裂。花成轮伞花序，淡紫红色，萼钟形，5 裂，具 5 脉，花冠二唇形，上唇全缘，下唇 3 裂，雄蕊 4，二强，近下唇的一对长。形成 4 个小坚果。茎、叶入药，具活血调经的作用。

③荆条（*Vitex negundo* var. *heterophylla*（Franch.）Rehd.）：灌木，掌状复叶，对生。顶生圆锥花序，花淡蓝紫色；花冠 2 唇形。核果。是华北低山阳坡的主要灌丛树种。枝条可编筐。花为优良的蜜源植物。

本科植物由于含丰富的挥发油，很多都可作为工业原料或药用。如薄荷（*Mentha haplocalyx* Briq.），可提炼薄荷脑、薄荷酮，全草可作药用；黄芩（*Scutellaria baicalensis* Georgi），根入药；紫苏（*Perilla frutescens*（L.）Britt）是常见的栽培药材；荆芥（*Schizonepeta tenuifolia* Benth）、藿香（*Agastache rugosa*（Fisch et Mey）O. Ktze）都是著名的传统中药；草石蚕（*Stachys sieboldii* Miq.）地下根茎念珠状，可作酱菜用，俗称甘露（宝塔菜）。

6. 列当科（Orobanchaceae）

隶属于菊类唇形目。

本科的主要特征：草本，半寄生到全寄生。叶互生或对生，单叶，常羽状浅裂到深裂，或退化为鳞片状。穗状或总状花序顶生或腋生，花冠 2 唇形，二强雄蕊，第 5 枚雄蕊有时以退化方式存在；子房上位，中轴到侧膜胎座，蒴果。本科包括了传统的列当科和玄参科中的许多属，有 65 属，1 540 种。我国有 37 属，400 余种。

地黄(*Rehmannia glutinosa* (Gaertn.) Libosch.)：多年生草本，植物体被灰白色柔毛；基生叶丛生，长椭圆形，上面绿色，下面略带紫红色。总状花序；雄蕊 4，二强；子房幼时 2 室，老时因隔膜撕裂而成一室，含多数胚珠。蒴果室背开裂。根茎可入药。

本科常见的种类还有列当(*Orobancha coelescens* Steph.)。

7. 马鞭草科(Verbenaceae)

隶属于菊类唇形目。

和唇形科很相似，其主要区别在于：形成总状、穗状或头状花序，花冠稍二唇形，花柱顶生，柱头二裂明显，果实为核果。本科仅包括传统上的马鞭草亚科(Verbenoideae)，有 35 属，1 000 种，主要分布热带和亚热带地区。我国 6 属，6 种。

本科在公园内常见到的有五色梅(*Lantana camara* L.)、美女缨(*Verbena phlogiflora* Cham)等观赏植物。

2.14.3　复习思考题

(1)茄科、旋花科的区别特点是什么？

(2)列表比较旋花属、牵牛花属、打碗花属的区别。

(3)说明车前科、唇形科、列当科、马鞭草科的主要特征及其区别。

(4)列表比较茄属、番茄属、烟草属的区别。

(5)通过丹参花的解剖观察，应如何理解丹参花的构造对昆虫的适应。

(6)木犀科的主要特征是什么？比较丁香属、白蜡树属、连翘属的区别。

2.15　实验 15 菊类(Asterids)(3)

2.15.1　实验目的

掌握桔梗科、菊科、五福花科、忍冬科、五加科、伞形科的主要特征及其区别，同时应掌握识别这些科中的常见植物。

2.15.2　内容和步骤

1. 桔梗科(Campanulaceae)

隶属于菊类菊目(Asterales)

识别本科的要点是：多年生草本，植物体具乳汁，单叶互生。花两性，钟形花冠。蒴果。本科约 70 属，2 000 多种，全球均有分布。中国有 16 属，约 170 种，南北各省均有分布。

①桔梗(*Platycodon grandiflorus* (Tacq.) A. DC.)(图 2-74)：多年生草本。具圆柱状的肉质根，单叶互生，植物体具乳汁。花大单生，萼片 5 裂，花冠钟形，蓝紫色，雄蕊 5，花

丝基部膨大而彼此相连，子房下位，雌蕊由 5 个心皮组成，5 室，每室具多数胚珠。蒴果倒卵形，顶端 5 瓣裂，果瓣与花萼裂片对生。根可入药。

②党参（*Codonopsis pilosula* Nannf.）：（图 2-75）草质藤本，植物体具乳汁，单叶互生，有时对生。花冠钟形，花黄绿色略带紫晕。蒴果顶端瓣裂。根可入药，具有调和脾胃、生津止渴的作用。

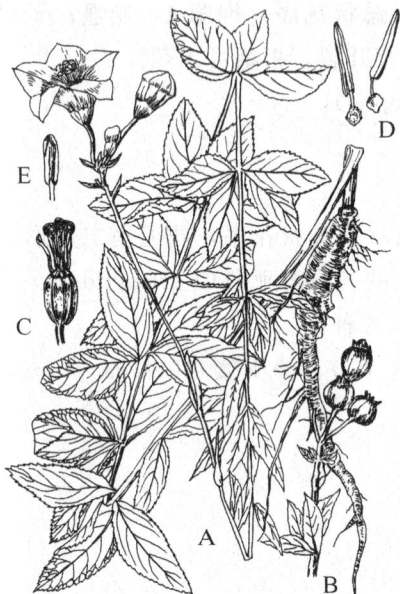

图 2-74 桔梗
A. 具花和根的植株 B. 果枝 C. 雄蕊和雌蕊的侧面
观 D. 雄蕊 E. 花药正面观

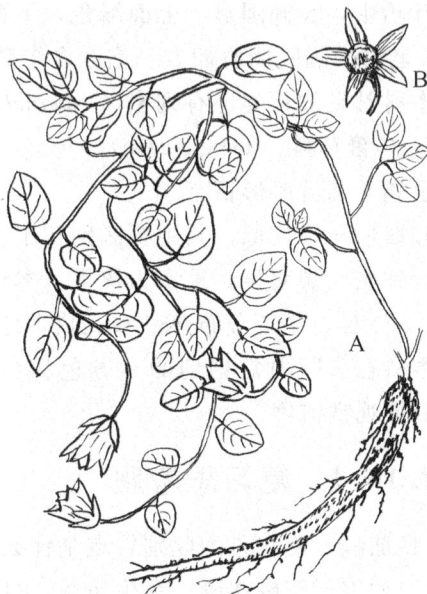

图 2-75 党参
A. 植株 B. 果

③展枝沙参（*Adenophora divaricata* Franch. et Savat.）：直立草本，叶轮生。花冠钟状，具花盘，子房 3 室。蒴果自基部裂开。根可入药。

2. 菊科（Asteraceae）（Compositae）

隶属于菊类菊目（Asterales）。

本科的最突出特征是：具总苞的头状花序，聚药雄蕊，连萼瘦果（菊果）。

本科约有 1 100 属，25 000～30 000 种，分布全世界。我国约有 200 属，2 000 多种。全国均有分布。为被子植物的第一大科。

①向日葵（*Helianthus annuus* L.）（图 2-76）：注意观察植物体的特征。然后观察头状花序，头状花序的叶状总苞有几层？盘状花托的边缘具一轮黄色，无性的两侧对称的假舌状花（此花无雄蕊、雌蕊，只具退化的子房），盘状花托的中间生有许多管状花。注意开花的次序，再取一朵管状花进行观察；管状花的基部具有 1 个膜片（托片），萼片退化成 2 个鳞片状的冠毛。花冠 5 裂，呈管状，辐射对称，雄蕊 5，着生于花冠管上，花丝分离，花药聚合，围绕着花柱，雌蕊由 2 个心皮组成，子房下位，1 室，1 胚珠，基底胎座，花柱细长，柱头二叉。连萼瘦果（菊果），种子无胚乳。

绘图 向日葵管状花的外形图，注明膜片、鳞片状冠毛、花冠、聚药雄蕊、雌蕊以及子房的位置。

②刺儿菜(*Cirsium segetum* Bunge)：多年生草本。具基生叶和茎生叶，叶缘具刺状齿。头状花序顶生，总苞苞片多层，成覆瓦状排列，花紫红色，全为管状花，取一朵花观察：注意由萼片特化的羽毛状冠毛，花冠 5 深裂，剖开雄蕊，注意花药基部具尾的特点。连萼瘦果(菊果)。

绘图　刺儿菜羽毛状冠毛和花药具尾的图。

③蒲公英(*Taraxacum mongolicum* Hand-Mazz.)(图 2-77)：注意找出和向日葵的区别，注意冠毛的外形和向日葵、刺儿菜的冠毛有什么不同？连萼瘦果表面具棱，果的上端具喙，喙的顶端具一圈冠毛。

绘图　蒲公英果实的外形图，注明果实喙、冠毛。

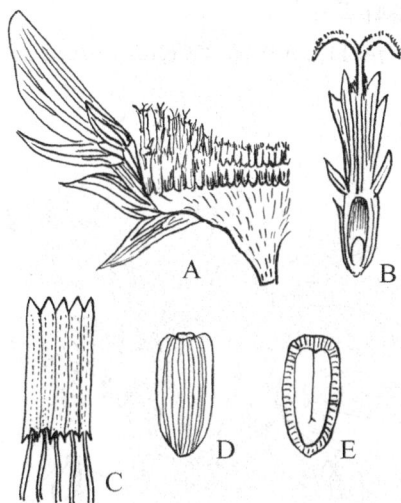

图 2-76　向日葵
A. 部分花序纵剖　B. 花的纵剖　C. 聚药雄蕊　D. 果 E. 果的纵剖

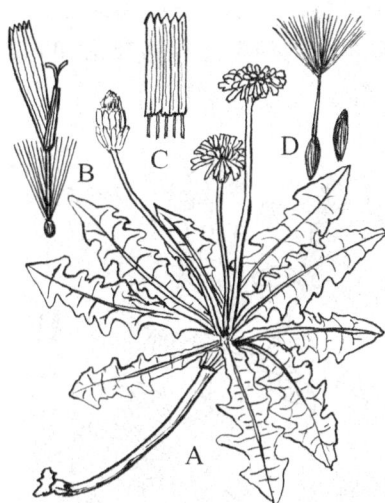

图 2-77　蒲公英
A. 植株外形　B. 舌状花　C. 聚药雄蕊展开　D. 果和种子

④莴苣(*Lactuca sativa* L.)：草本，植物体具乳汁，茎生叶抱茎。头状花序小而多，全为两性的舌状花，花黄色，顶端 5 齿裂，萼片特化成一层冠毛。果具细长的喙。茎、叶可作蔬菜。

菊科根据植物体是否具乳汁，是否全为舌状花又可分为管状花亚科(Tubiflorae)和舌状花亚科(Liguliflorae)。前者植物体不具乳汁，头状花序全为管状花或既有管状花又有舌状花。而舌状花亚科的植物体具乳汁；头状花序全为舌状花。根据两个亚科的区分特征，你认为向日葵、刺儿菜、蒲公英、莴苣应属于哪一个亚科的植物？

3. 五福花科(Adoxaceae)

隶属于菊类川续断目(Dipsacales)。

本科的主要特征：叶对生，单叶、三小叶或羽状复叶。花两性，辐射对称，花瓣 4～5，合生，雄蕊 5 枚，子房下位或半下位。核果。本科包括了原属于忍冬科的荚蒾属(*Viburnum*)和接骨木属(*Sambucus*)，有 5 属 245 种，我国有 5 属 82 种。

接骨木(*Sambucus williamsii* Hance)：落叶灌木。小枝具黄褐色髓心，奇数羽状复叶，对生，揉碎后有臭味。圆锥花序顶生。果成熟时成黑色。

本科在北方公园内可见到的有：香探春(香荚蒾)(*Viburnum farreri* Stearn)、鸡树条荚蒾(*Viburnum sargentii* Koehne)。

4. 忍冬科(Caprifoliaceae)

隶属于菊类川续断目(Dipsacales)。

本科的主要特征：叶对生，无托叶，花两侧对称，花柱伸长具头状柱头，子房下位，蒴果、浆果、粒果或瘦果。本科包括了败酱科和川续断科的植物，约36属，810种，主要分布在北半球。我国有10属，120余种，南北各省均有分布。

①金银花(*Lonicera japonica* Thunb.)(图2-78)：木质藤本，单叶对生。花成对腋生，近于两侧对称。浆果成熟时为黑色。花蕾入药，具清热解毒作用。

本科常见的种类还有锦带花(*Weigela florida*(Bunge)DC.)和蝟实(*Kolkwitzia amabilis* Graebn)等。

图2-78 金银花
A. 花枝 B. 果枝 C. 展开的花冠 D. 子房横剖面

图2-79 人参
A. 花枝 B. 花 C. 雌蕊 D. 雄蕊 E. 果实和种子 F. 根

5. 五加科(Araliaceae)

隶属于菊类伞形目(Apiales)。

与伞形科的主要区别是：多为木本。花序为单伞形花序或由单伞形花序再组成圆锥花序。果常为浆果。本科约43属，1 450多种，分布于热带和温带地区。我国有22属，160多种，除新疆外，全国各地均有分布。

①人参(*Panax schinseng* Ness.)(图2-79)：多年生草本，根肥大肉质，掌状复叶，轮生茎顶。果为核果状的浆果，成熟时红色。根含多种人参皂甙及少量挥发油，人参是著名的补气强壮药。

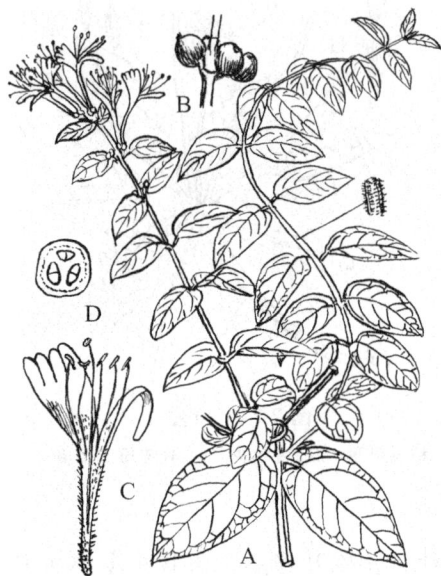

②刺五加（*Acanthopanax senticosus*（Rupr. et Maxim.）Harms）：落叶灌木，植物体具刺，掌状复叶，互生。伞形花序。果熟时为黑色。根皮含挥发油、维生素 A、B 和鞣质等。药用，泡酒，名"五加皮酒"。

6. 伞形科（Apiaceae/Umbelliferae）

隶属于菊类伞形目。

本科主要特征：多为具芳香性的草本，通常具鞘状叶柄。复伞形花序；具上位花盘（由花柱基部膨大而成）。双悬果。本科约 434 属，3 780 种，分布于北温带、亚热带或热带的高山上。我国约有 90 属，600 种，全国均有分布。

①胡萝卜（*Daucus carota* L. var. *sativa* DC.）（图 2-80）：注意叶形特征，从复伞形花序上取一朵花观察，边花的外侧花瓣较大，近两侧对称，花柄较长。观察时应注意萼片、花瓣、雄蕊和雌蕊心皮的数目，花瓣顶端具有什么特点，雄蕊和花瓣的关系（是互生，还是对生），具上位花盘，注意子房位置，双悬果每一个分果外具 5 条主脉和 4 条副棱；主棱上具较短的刺毛，副棱上具长刺毛，自中部横切成薄片，在解剖镜下观察，注意各主棱下各有 1 维管束，每个副棱下各具有 1 个油管，近轴面，两主棱的内侧具有 2 个油管。

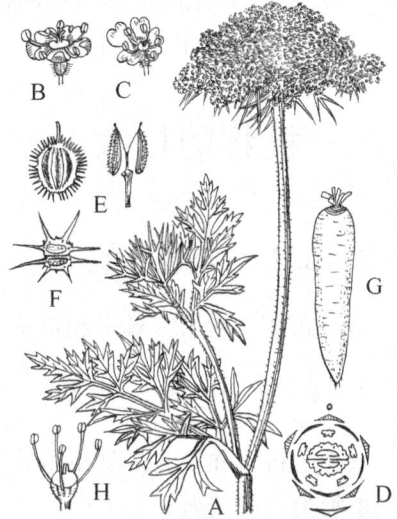

图 2-80　胡萝卜
A. 花枝　B. 花序中间的花　C. 边花　D. 花图式　E. 果实　F. 果实横剖　G. 肥大的直根　H. 去掉花被的花

绘图　a. 胡萝卜花的侧面图（注明萼片、花瓣、雄蕊、雌蕊、子房、上位花盘）。

　　　b. 胡萝卜一个果的横切面图（注明主棱、副棱、维管束、油管、刺毛）。

②茴香（*Foeniculum vulgare* Mill.）：草本，多回羽状复叶，裂片细线形。花黄色，成复伞形花序，无总苞和小总苞。双悬果背腹扁，主棱发达，无刺毛。

③芫荽（香菜）（*Coriandrum sativum* L.）：草本，多回羽状复叶。复伞形花序，无总苞，但具线形小苞片。双悬果球形。

④芹菜（*Apium graveolens* L.）：草本，羽状复叶，裂片较宽。复伞形花序，无总苞和小苞片。双悬果无刺毛，两侧压扁。

⑤北柴胡（*Bupleurum chinensis* DC.）：草本，单叶互生。复伞形花序，花黄色。其根可入药，具有解热的作用。

本科的药用植物的种类很多，著名的有防风（*Saposhnikovia divaricata*（Turcz.）Schischk.）、川芎（*Ligusticum chuanxiong* Hort.）、当归（*Angelica sinensis*（Oliv.）Diels）等。

2.15.3　复习思考题

(1)桔梗科的主要特征是什么？

(2)菊科为什么能成为被子植物的第一大科？

(3)举例说明菊科二个亚科的区别。

(4)有哪些特征说明菊科的进步性？这对环境的适应有何意义？

(5)菊科的冠毛有哪几种类型，举例说明。

(6)忍冬科和五福花科的主要特征是什么？

(7)伞形科和五加科的特征及其区别。

(8)绘图并说明胡萝卜一个分果的横切面图。

(9)举例说明上位花盘的概念。

2.16　植物的检索和鉴定

2.16.1　实验目的

学习和掌握利用工具书和检索表检索和鉴定植物。

2.16.2　内容与步骤

植物的检索和鉴定是从事植物科学研究的重要技能之一。学会植物的检索，等于掌握了识别植物的一把钥匙。

1. 事先准备若干种活的具花果植物材料，并准备植物志、检索表、放大镜、解剖镜。用检索表鉴定植物的注意事项在教材中已有介绍，请注意阅读。

2. 每人发一本当地的《植物检索表》和 3～5 种待检索的植物。要求学生利用以生殖器官为主的分科检索表先检索出科，然后用分属检索表检索出属，用分种检索表检索出种。

在检索过程中要求记录检索的途径，以便于查找检索过程中出现的错误。

如利用《北京植物检索表》(恩格勒系统)检索胡枝子(*Lespedeza bicolor* Turcz.)的过程：从种子植物门的分科检索表开始检索出科：次 1—9—次 10—68—次 69—次 103—次 114—次 125—次 126—136，检索出豆科(Leguminosae)；再从豆科的分属检索表检索出属：次 1—次 3—次 6—9—10—次 11—次 12—13，检索出胡枝子属(*Lespedeza*)；最后从胡枝子属的分种检索表检索出种：1—2—3，检索的结果为胡枝子。

检索完成后，再利用植物志如《北京植物志》核对描述和插图，核实鉴定正确与否。

课堂练习：利用当地的《植物检索表》鉴定 3～10 种未知的被子植物。

2.16.3　复习思考题

(1)查阅植物检索表时应注意什么事项？

(2)采集植物标本为什么要注意采集花和果实？

2.17　实验材料及标本的采集和保存

植物分类学实验课的教学质量，在很大程度上取决于实验材料和标本的质量。因此，必须有专人负责这项工作，以保证实验课的质量和顺利进行。

2.17.1　采集实验材料及标本的时间和途径

在自然界中，各种植物的开花期不同，有早春、初夏、盛夏或秋季开花的植物。而各种植物的生境也不完全相同，有的生长在水边或路旁，有的生长在林下或山坡，有的生长在平原，而有的植物必须生长在深山区。因此，必须根据植物不同的开花和结果期，以及不同的生境去寻找所需要的实验材料。为了便于大家掌握实验材料采集的时间和生境（这里指开花和结果时间，仅限于华北地区而言），仅根据本书中实验课所用的重点材料，列表如下，作为参考。

在收集实验材料时，一定要根据植物的不同开花期及时进行采集，以防止所采的材料太嫩或太老。因为太嫩（看不清楚）或太老（难以保证一朵花的完整性）的花无疑会影响到实验课的质量。如果有实验园地和温室，完全可以把要做实验的材料，按讲课的系统分成许多小区，进行引种栽培。尽量让学生利用新鲜的材料进行实验和观察，采用生活植物要比采用浸制的材料和观察腊叶标本的效果好得多。

植物名称	花、果期	生　境	备　注
苏铁 *Cycas revoluta*	花期通常在 7～8 月	公园栽培	北方少见开花
银杏 *Ginkgo biloba*	花期 5 月 种子成熟期 10 月	北京庭园中常见有栽培	金山、潭柘寺、上方山均有大树
油松 *Pinus tabulaeformis*	花期 4～5 月 雄球花生于新枝基部 雌球花生于新枝顶端	北京庭园内常见栽培，为北京低山区阳坡绿化造林树种	
侧柏 *Platycladus orientalis*	花期 3～4 月 种子成熟期 10 月	北京庭园中常见栽培，为北京低山区阳坡绿化造林树种	
麻黄 *Ephedra sinica*	花期和种子成熟期 6～9 月	适于生长沙丘草地或较低的山坡间	延庆县张山营乡的沙丘草地有生长
睡莲 *Nymphaea tetragona*	花期 7～8 月	各公园常见栽培（水生）	
玉兰 *Magnolia denudata*	花期 4～5 月 果熟期 9～10 月	北京庭园中有栽培	
樟树 *Cinnamomum camphora*	花期 4～5 月	为我国南部常绿林的主要树种，北方盆栽	可委托南方同行代为采集
小麦 *Triticum aestivum*	花期 5 月	北京广为栽培	
稻 *Oryza sativa*	花期 6 月～7 月初 果期 9～10 月	北京常见栽培	
高粱 *Sorghum vulgare*	花期 8 月，果期 9～10 月	北京常见栽培	

植物名称	花、果期	生　境	备　注
玉米 *Zea mays*	花期 7 月果期 8～9 月	北京常见栽培	
异穗苔 *Carex heterostachya*	花、果期 4～6 月	生于旷野、草地上，为常见的公园草皮植物	
山丹 *Lilium pumilum*	花期 6～8 月 果期 8～9 月	生于山地、草丛中或山坡上	各山区均有分布
葱 *Allium fistulosum*	花期 6～7 月 果期 7～8 月	北京常见栽培	
白芨 *Bleiilla striata*	花期 4～5 月 果期 6～7 月	北京各公园均有栽培	
细叶小檗 *Berberis poiretii*	花期 5～6 月 果期 8～9 月	生于山坡或山谷，北京公园中也有引种	昌平三堡、金山、百花山均有分布
毛茛 *Ranunculus japonicus*	花、果期 4～7 月	生于山地沟边或较潮湿山坡草丛中	八达岭的沟边、金山、百花山等均有
草乌 *Aconitum kusnezoffii*	花期 7～8 月 果期 8～10 月	生于山坡草地、沟谷草坡上	上方山、百花山、金山等地均有分布
葡萄 *Vitis vinifera*	花期 6 月 果熟期 8～9 月	北京常见栽培	
合欢 *Albizzia julibrissin*	花期 6～7 月 果期 8～10 月	北京各公园常见栽培	
紫荆 *Cercis chinensis*	花期 4～5 月 果期 7～9 月	北京各公园常见栽培	
紫藤 *Wisteria sinensis*	花期 5 月 果期 8～10 月	北京常见栽培	
华北珍珠梅 *Sorbaria kirilowii*	花期 6～7 月 果期 8～9 月	北京习见栽培	
黄刺玫 *Rosa xanthina*	花期 5 月 果期 7～8 月	北京庭园中常见栽培	
苹果 *Malus pumila*	花期 4～5 月 果期 8～10 月	北京习见栽培	
山桃 *Prunus davidiana*	花期 3～4 月 果期 7 月	北京公园常见栽培	百花山、金山、潭柘寺均有分布
枣 *Ziziphus jujuba*	花期 5～6 月果熟期 9 月	北京常见栽培	
桑 *Morus alba*	花期 5～6 月 果熟期 7 月	北京各地常见栽培	

续表

植物名称	花、果期	生 境	备 注
栓皮栎 *Quercus variabilis*	花期 5 月 果熟期为翌年 10 月	喜生于向阳的山谷和近山的平原地带	潭柘寺、上方山、百花山、密云的坡头均有分布
胡桃 *Juglans regia*	花期 5 月 果期 9～10 月	北京平原和山区均有栽培	
白桦 *Betula platyphylla*	花期 4～5 月 果期 7～8 月	生于稍干的山坡上	北京百花山、东灵山等均有分布
黄瓜 *Cucumis sativus*	花期 6～7 月 果期 7～8 月	北京各地均有栽培	花果期不包括塑料大棚内的种植
银边翠 *Euphorbia marginata*	花期 7～9 月 果期 8～10 月	北京公园常见栽培	
蓖麻 *Ricinus communis*	花期 7～9 月 果期 8～10 月	北京常见栽培	
毛白杨 *Populus tomentosa*	花期 3～4 月 果期 5 月	北京常见的行道树	
旱柳 *Salix matsudana*	花期 4 月中旬 果期 5 月	平原地区到处可见，喜湿润的土壤，常见于河边	
柑橘属 *Citrus* sp.	花期 6～7 月 果期 9～10 月	北京温室有盆栽	本材料可委托南方同行代为采集
陆地棉 *Gossypium hirsutum*	花期 7～9 月 果期 8～10 月	北京郊区有栽培	
白菜 *Brassica rapa var.* glabra	花期 5 月 果期 7～8 月	北京菜区广为栽培	
石竹 *Dianthus chinensis*	花期 5～9 月 果期 7～10 月	北京山区均有分布	东灵山、百花山、金山、潭柘寺等均有分布
甜菜 *Beta vulgaris*	花期 5～7 月 果期 7～9 月	北京常见栽培	
萝藦 *Metaplexis japonica*	花期 7～8 月 果期 8～9 月	北京各地常见	
马铃薯 *Solanum tuberosum*	花期 5～7 月 果期 7～8 月	北京郊区常见栽培	
紫丁香 *Syringa oblata*	花期 4 月中下旬 果期 7～8 月	北京各公园常见栽培	

续表

植物名称	花、果期	生　境	备　注
金鱼草 *Antirrhinum majus*	花期 5～9 月 果期 7～10 月	北京常见栽培的草花	
丹参 *Salvia miltiorrhiza*	花期 5～7 月 果期 7～8 月	北京浅山区常见分布， 也有栽培的	
益母草 *Leonurus japonicus*	花期 7～8 月 果期 8～9 月	生于路边、荒地上草 坡，是极为常见的野草	
向日葵 *Helianthus annuus*	花期 7～8 月 果期 9～10 月	北京常见栽培	
刺儿菜 *Cirsium segetum*	花期 4～6 月 果期 6～8 月	北京常见的杂草	
蒲公英 *Taraxacum mongolicum*	花期 4～7 月 果期 6～8 月	生于宅旁、道旁等荒地 上，为常见的杂草	

2.17.2　实验材料和标本的采集、保存应注意的问题

实验材料的收集要根据学生的人数而定，少了不够用，采得太多，浸泡的时间过长，反而不易看清楚。一般来讲，够 1～2 年用就行了，最好是每年换新的材料。如在实验园地里栽种，就更用不着多采了。采来的材料，一般浸泡在 4%～5% 的福尔马林溶液中，浸泡的瓶子最好用 250 mL 或 500 mL 的广口瓶。在瓶上要贴上标签，写明该种植物的学名、所属的科，以及生境、采集地点和时间等。按讲课和实验指导采用的系统排列在存放实验材料的标本柜内。在柜门上要按层写明所存放实验材料的名称，以便在实验时存取方便。

腊叶标本（指已制好的完整而经消毒的标本）贴上记录签和定名签，然后按系统排列在专门供实验用的标本柜内，如果每次实验有 5 个小组，那么同一种植物就应有 5 份。每个实验桌上部有一套完整的腊叶标本，对提高实验课的质量是非常有利的。实验用的腊叶标本，除有专人负责采集外，还可以利用每年的野外实习机会，让同学们有组织、有计划地多采一些，以保证不断更新实验用的材料和标本。

第 3 章　种子植物分类学野外实习

植物分类学的野外实习，是生物系教学计划中的一个重要组成部分，同时，也是植物分类学重要的教学过程。植物分类学的野外实习，不仅能扩大和巩固学生所学的理论知识和培养学生的独立工作能力，而且可以使学生深刻地认识自然界中植物的多样性，从而激发对学习植物分类学的浓厚兴趣。总之，生物系的野外实习工作，对于培养德、智、体全面发展的人才来讲，具有重要的意义。

野外实习的最大优点，就在于它开辟了在自然环境中研究生活植物的广泛的可能性；同时有可能研究植物及其生存的环境。而且，可以利用各种各样的活材料来加深课堂上所学到的分类原理，并使这些抽象的原理具体化，从而大大提高了学生鉴别各种植物所属的科、属、种的能力。关于植物分类学野外实习的目的、内容、具体安排和要求，已在绪论中讲过，在此不再重复，下面仅就野外实习的组织工作及对学生能力的培养等方面进行介绍。

3.1　野外实习的组织工作

根据我们历年来在野外实习工作中的经验和教训，进行野外实习，必须抓好以下三个环节。

3.1.1　实习前的准备

首先是选择和确定实习地点。实习地点的好坏，直接关系到实习的质量。为做好此项工作，有关的教师应事先进行一系列的预查工作。几年来野外实习的经验证明，选择和确定实习地点时，应遵循以下几条原则。

(1)应有较丰富的植物种类。起码要具备常见的植物种类，否则就难以保证实习质量。

(2)要有不同类型的景观，以便通过观察不同景观中的典型代表植物，了解植物与外界环境统一的原则，以及植物分布的规律性。

(3)交通要便利。吃、住和学习的条件都有可能解决得比较好。

(4)人为的干扰和破坏要少。

能达到上述要求，就可确定为野外实习的场所。

为了保证实习的质量，教师应编印出本地区的植物名录，同时要带上足够的工具书，如中国高等植物图鉴、地区植物志以及与本地区有关的文献资料等，以供鉴别植物时使用。如有可能，最好把本地区的植物种类压制成一套腊叶标本，写上种名、科名以及生态环境，甚至经济用途，供同学们实习前进行预习。这对提高实习质量很有好处。其次，生活上的安排也极为重要，否则，同样会影响实习的质量。因而，此项工作应有专人负责。

出发前，必须做好思想动员，特别是有关实习的目的和要求，要反复地讲。对实习中预计的困难和注意事项，均应向同学们交代清楚。只有在具有高度的组织性和纪律性的情况下，才有可能保证实习工作的顺利进行。

3.1.2　实习中应注意的问题

(1)做好思想动员：思想动员工作是胜利完成实习工作的重要保证。其中心内容应随每一阶段的任务而转移。一般讲，在准备阶段，主要是明确实习的目的和要求，只有实习目的明确的人，才能有自觉的行动和克服困难的毅力；在进行现场实习和专题研究的阶段，主要应了解实习过程中的思想变化，解决实习中出现的问题和困难；在实习结束阶段，主要明确实习总结的目的和要求，号召大家认真做好实习总结。以上三个阶段要注意互相联系、密切配合。

(2)注意发挥教师的主导作用：在实习过程中，教师主导作用的发挥，对提高野外实习的质量极为重要，教师要特别注意启发学生多看、多想、多问、多记、多动手。看是进行现场观察和采集标本的第一步，是感性知识和理性知识相结合的过程。只有多看，认真地观察和比较，才能掌握各种植物的主要特征。想的目的是为了把看到的东西进一步提高到分类理论上，不懂的地方应及时利用工具书，争取独立解决问题。为了使在自然界中得到的知识进一步巩固，应扼要把它记下来，有条件时可画出具有最突出特征的草图。多动手是指不仅要在教师指导下进行看、问、记，而且还要掌握采集、压制以及制作腊叶标本的一套方法。又如教师讲到酸枣的最突出特征：植物体具托叶刺，一直一弯，这时应启发大家亲身观察，这样得到的知识是很难遗忘的。总之，在实习的全部过程中，应贯彻五多(多看、多想、多问、多记、多动手)，防止少数同学在现场实习时乱跑，不好好听教师的讲解和指挥。实习的第一阶段重点应放在复习、巩固、扩大课堂知识，后一阶段应在前一阶段的基础上做一些专题性的研究工作，这对提高实习质量和培养学生的独立工作能力，是极为重要的。

(3)做好室内的复习巩固：室内工作是整个实习过程中极为重要的一环，必须抓紧。经验证明，此项工作抓得愈好，学生的收获就愈大。因此，在安排实习计划时特别要注意这个问题。根据实习路线和地点的不同，可半天室外，半天室内，或者全天室外，第二天不外出，在室内整理标本、分析比较、完成教师布置的作业，或利用参考书独立去解决问题。这样交叉地安排，对学生的复习、巩固，培养分析和解决问题的能力是极为有利的。因室内工作多半是进行标本整理，花的解剖观察，描述，鉴定以及分析综合，进行植物的检索鉴定和检索表的编制等，这些工作对学生来讲，都是不可缺少的。没有室内的工作时间，实习的质量就无法保证，因此教师对这个问题必须给以足够的重视。

(4)自始至终要注意抓好安全教育：为了保证学生在野外实习中的安全，必须向学生们提出有关的安全措施，以及在爬山、采标本的过程中应注意的问题。同时，要求每一个学生必须把护腿绑好，以防毒蛇咬伤，为了确保安全，要求人人都要做到服从领导，听从指挥，绝不允许违犯有关组织、纪律的规定，以保证不发生任何事故。

3.1.3　做好野外实习的总结

实习的总结是野外实习中的最后一项工作。实践告诉我们，到结束阶段，容易出现松劲情绪，不重视总结工作。遇此现象，应进行说服教育工作，同时要讲清楚总结工作的重要性，总结工作包括业务和思想两部分，同时对整个实习工作也应有全面的总结，要肯定这次实习所取得的业务和思想方面的成绩，对表现特别突出的教师和学生应提出表扬，肯定成绩的同时，也要指出做得不够的地方和今后改进的意见。通过总结，要使实习的成绩全部反映出来，应举行科学报告会(报告在实习中取得的科研成绩)和展览会(展出同学们的科学论文、植物标本、丰富多彩的实习生活等)。这种总结方式，不仅能全面反映实习成绩，更重要的是对每一个同学来讲，又是一次生动而系统的复习巩固。

3.2　野外实习中观察、鉴别植物的方法及程序

在野外实习中，要注意培养和提高学生观察和研究植物、鉴定植物，特别是识别科、属、种的能力。这对于学好植物分类学是极为重要的。由于现在有关鉴别科、属、种的工具书相当丰富，除中国植物志外，不少地方植物志也已出版。如北京植物志、广州植物志、秦岭植物志、云南植物志、江苏植物志、东北草本植物志、内蒙古植物志、海南植物志、湖北植物志等。因此，本书不再写有关这方面的具体内容，而是把重点放在如何运用工具书去鉴别植物，以及如何运用已学过的分类学原理去鉴别各类植物的科、属、种等具体的能力培养上。通过实践，使学生掌握科学的工作方法。

3.2.1　掌握观察和研究植物外部形态及花的解剖特征的方法和程序

在观察和研究每一种植物(包括腊叶标本)时，必须有谨慎的科学态度和方法。刚开始工作时，要求每个学生能克服运用描述性术语的困难。植物的观察研究，应当按照开始于根，结束于花、果实这样的程序来不断地进行。应当先用眼睛观察，然后再用放大镜帮助。花的观察应当极为细致，从花柄、花萼、花瓣和雄蕊、子房直到柱头的顶部，一步一步地完成。在花没有被切开以前，应当尽可能详细记录不用放大镜就能看到的详细特征。进一步观察花被卷叠，花药的开裂和胎座等特征，则必须借助放大镜进行。接着，起码应切开两朵花，一朵横切，另一朵纵切。前者用来观察胎座和画花图式。后者用于观察子房是上位还是下位，以及绘花的纵剖图。图的各部分都应当标以名称。

为了真正掌握有系统、有步骤地研究每一种植物的全面特征的方法，我们参考了有关的资料，编写了这个观察和研究植物(包括植物标本)的导引表；同时，为了便于正确理解和掌握每一个形态术语的概念，还举有实例。

(1)习性

①草本(如夏至草)，或木本(如毛白杨)。

②如果是草本，是一年生(如水稻)、二年生(如白菜)还是多年生草本(如韭菜)。

③直立草本(如藿香)，或草质藤本(如圆叶茑萝 *Quamoclit coccinea* Moench)。

④如果是木本，是乔木(如洋槐)，还是灌木(如黄刺玫)。

⑤常绿植物(如圆柏)，还是落叶植物(如明开夜合 *Euonymus maackii* Maxim.)。

⑥肉质植物(如落地生根 *Kalanchoë pinnatum* (Lam.)Oken),还是非肉质植物(如一品红)。

⑦陆生植物(如蜀葵)、水生植物(如金鱼藻),还是湿生植物(如灯芯草 *Juncus* spp.)。

⑧木质藤本(如葡萄),还是直立木本(如糠椴 *Tilia mandshurica* Rupr. et Maxim.)。

⑨自养植物(如绿色植物),还是寄生(如菟丝子)或附生植物(如石斛 *Dendrobium nobile* Lindl.)、腐生植物(如北方鸟巢兰 *Neottia camtschatea* (L.)Rchb. f.)。

(2)根:

①直根系(如双子叶植物通常为直根系),还是须根系(如单子叶植物通常为须根系)。

②具块根(如甘薯),还是圆锥根(如胡萝卜)。

③具气生根(如玉米),还是具寄生根(如日本菟丝子)。

(3)茎:

①是方茎(如薄荷),还是三棱形茎(如香附子 *Cyperus rotundus* L.),是多棱形茎(如芹菜),还是圆茎(如小麦)。

②是实心茎(如高粱),还是空心茎(如狗尾草 *Setaria viridis* (L.)Beauv.)。

③茎的节和节间明显(如石竹),还是不明显(如大豆)。

④具缠绕茎(如圆叶牵牛),还是攀援茎(如豌豆)。

⑤具匍匐茎(如草莓),还是平卧茎(如地锦)。

⑥是否具根状茎(如莲),或具块茎(如马铃薯)、鳞茎(如洋葱)、球茎(如荸荠)、肉质茎(如梨果仙人掌 *Opuntia ficus-indica* (L.)Mill.)。

(4)叶:

①是单叶(如茄),还是复叶(如月季)。是奇数羽状复叶(如紫藤 *Wisteria sinensis* (Sims) Sweet),还是偶数羽状复叶(如皂荚);是二回偶数羽状复叶(如合欢),还是掌状复叶(如七叶树);是单身复叶(如柚),还是掌状三小叶(如酢浆草 *Oxalis corniculata* L.)、羽状三小叶(如大豆)。

②叶是互生(如玉兰),还是对生(如茉莉花)、轮生(如夹竹桃)、簇生(如银杏短枝上的叶)或基生(如蒲公英)。

③平行叶脉(如玉米),还是网状叶脉(如龙吐珠 *Clerodendron thomsonae* Balf.)、羽状叶脉(如北鹅耳枥)、弧形叶脉(如玉簪)或三出叶脉(如枣)。

④叶形是椭圆形(如洋槐的小叶片)、卵形(如白梨)、心脏形(如紫荆)、肾形(如天竺葵),还是三角形(如加杨)、针形(如油松)、披针形(如旱柳)、线形(如韭菜)、鳞片叶(如侧柏)。

⑤叶基的形状是半圆形(如苹果)、心形(如萝藦)、箭形(如慈姑)、耳形(如油菜),还是戟形(如戟叶蓼)、楔形(如一叶荻)、偏斜(如秋海棠)。

⑥叶尖是渐尖(如白梨)、急尖(如印度菩提树)、钝尖(如黄栌),还是凹形(如凹头苋)、倒心形(如酢浆草)。

⑦叶缘是全缘(如紫丁香),还是锯齿(如秋子梨)、重锯齿(如珍珠梅)、牙齿状(如桑)、波状齿(如槲树)。

⑧叶缘裂是浅裂(如梧桐)、深裂(如蓖麻),还是全裂(如茑萝)。

⑨具托叶(如苹果),还是不具托叶(如桑);托叶离生(如苹果),还是与叶柄基部结合

（如月季的托叶）；托叶成叶状（如豌豆），还是成鞘状（如蓼科的植物）；托叶成刺状（如洋槐），还是托叶成卷须状（如菝葜属有些植物）。

⑩具枝刺（如小叶鼠李），还是具皮刺（如蔷薇属植物）。

⑪具白色乳汁（如大戟属植物），还是黄色乳汁（如白屈菜）。

⑫具丁字毛（如糙叶黄芪），还是星状毛（如锦葵科的植物）；具柔毛（如毛叶丁香），还是绵毛（如狗舌草）；具刺毛（如毛连菜），还是具腺毛（如腺梗豨莶的总苞片上的腺毛）；具鳞片状毛（如胡颓子），还是螫毛（如蝎子草 *Girardinia cuspidata* Wedd.）。

⑬具叶柄下芽（如悬铃木 *Platanus acerifolia*（Ait.）Willd.），还是具裸芽（如苦木 *Picrasma quassioides*（D. Don）Beun）。

（5）花序：

花是单生的（如玉兰），还是组成花序；如果是组成花序，是总状花序（如白菜），还是伞形花序（如刺五加）；是柔荑花序（如毛白杨），还是隐头花序（如无花果）、具总苞的头状花序（如向日葵）；是轮伞花序（如丹参），还是佛焰花序（如一把伞南星 *Arisaema erubescens*（Wall.）Schott）；是伞房花序（如三裂绣线菊），还是二歧聚伞花序（如明开夜合）；是穗状花序（如车前），还是复伞形花序（如胡萝卜）。

（6）花：

①两性花（如桃花）、杂性花（如平基槭），还是单性花（如黄瓜）；如果是单性花，是雌雄同株（如玉米），还是雌雄异株（如毛白杨）。

②花被（花萼和花瓣的总称）：明显分化为萼片和花瓣，即外轮为绿色的萼片，内轮为具彩色的花瓣（如毛茛），还是萼片和花瓣不分化（如玉兰）。

③花被和雌蕊的关系：纵剖一朵花，即可看到萼片和花瓣着生的位置。

a. 独立着生在花托上，位于子房的下面，也就是子房上位，花下位（如毛茛）。

b. 着生在一个浅碟形、杯状或壶形的托杯（花托、萼筒）上，托杯围绕着子房，也就是子房上位，花周位（如黄刺玫）。

c. 着生在子房的顶部，即壶形花托与子房壁完全愈合，也就是子房下位，花上位（如黄瓜）。

④花萼（萼片的总称）：花萼是由几片萼片组成？萼片是分离（如白菜），还是合生（如石竹）。

⑤花冠（花瓣的总称）：花冠是由几片花瓣组成，是离瓣花（如桃花），还是合瓣花（如圆叶牵牛）。是整齐花，即辐射对称（如萝卜），还是不整齐花，即两侧对称（如扁豆）。

⑥是双被花（如桃）、单被花（如桑），还是无被花（如旱柳）。

⑦花萼和花冠的卷叠方式：指萼片和花瓣在芽中相互叠盖的方式。要看卷叠方式，部分开放的花要比完全开放的花清楚得多。

镊合状（如葡萄）、覆瓦状（如白菜）、螺旋状（如牵牛），还是双覆瓦状（如梨）。

⑧花冠的类型：蔷薇形花冠（如桃），还是漏斗形花冠（如圆叶牵牛）；十字形花冠（如白菜），还是钟形花冠（如党参）；蝶形花冠（如扁豆），还是唇形花冠（如益母草）；管状花冠（如向日葵的管状花），还是舌状花冠（如蒲公英）。

⑨雄蕊（群）：雄蕊（群）由多少枚雄蕊组成，螺旋状排列（如玉兰），还是轮生（如毛茛）。

雄蕊与花瓣的关系，是互生(如小龙胆 *Gentiana squarrosa* Ledel.)，还是对生(如枣)。如果是两轮雄蕊，哪一轮雄蕊与花瓣对生；哪一轮雄蕊与花瓣互生。

花丝全部分离还是一部分以不同方式结合，有无退化雄蕊存在。根据花丝结合的不同方式和花丝长短的不同，可以有单体雄蕊(如棉花)、四强雄蕊(如白菜)、二强雄蕊(如黄芩)、二体雄蕊(如豌豆)、聚药雄蕊(如向日葵)、多体雄蕊(如红旱莲)。是离生雄蕊(如白头翁)，还是冠生雄蕊(如泡桐)。

花药的开裂方式：纵裂(如番茄)，还是横裂(如棉花)；是顶孔开裂(如龙葵 *Solanum nigrum* L.)，还是瓣裂(如细叶小檗)；向内开裂(如向日葵)，还是向外开裂(如白兰花)。

雄蕊是否具有二型现象，即两种类型的雄蕊；花药是否具附属物等，如刺儿菜的花药基部就具尾。

花是否具有花盘。如果有，它是在雄蕊的外面，即雄蕊外花盘(如栾树)，还是在雄蕊的内面，即雄蕊内花盘(如柚)。

⑩雌蕊(群)：单心皮雌蕊(如豌豆)，还是合生心皮雌蕊(如蓖麻)或离生心皮雌蕊(如草乌)；离生心皮的雌蕊在花托上成螺旋状排列(如玉兰)，还是轮状排列(如八角茴香)。

(7)怎样判断一朵花的雌蕊是由多少心皮组成：

检查子房的外部：如果在横剖子房时，看到的是明显的不对称，这个雌蕊可能仅由一个心皮组成，如豆科植物的子房。

如果是对称的，这个雌蕊可能是由两个或更多的心皮组成的，如是对称地裂成两个或更多的瓣，那么这些裂成的瓣的数目就代表心皮的数目。如蓖麻的花柱是3条，而柱头又各自二裂，也就是有6个柱头，而子房却裂成3个瓣，故它仍是由3个心皮组成的。

检查花柱：如有一个以上的花柱，这个雌蕊是由两个或多个心皮所组成的。

花柱的数目可以代表心皮的数目，如甘薯具2条花柱，故它是由2个心皮所组成的雌蕊，而圆叶牵牛具3条花柱，因此它的雌蕊是由3个心皮所组成的。如果仅有一条花柱，那么，这个雌蕊可能是由一个心皮组成，也可以由一个以上的心皮组成，遇到这种情况，可通过检查柱头来解决。

检查柱头：如有一个以上的柱头，这个雌蕊是由两个或更多个心皮所组成，如果只有一个柱头，这个雌蕊可以是由一个或比一个更多的心皮所组成。

如果柱头是不对称的，这个雌蕊可能是由两个或更多的心皮所组成。如果这个柱头被对称地分成了两个或更多的裂，这个雌蕊可能由两个或更多个心皮所组成，并且这些裂的数目就表示心皮的数目。

如果这个柱头完全没有裂缝时，那就应当横剖子房来判断：通过子房的中间切一个子房的横切面，这个子房被分隔成两个或两个以上的室，这个雌蕊就有两个或两个以上的心皮，也就是说室的数目就可以表示心皮的数目。如果不是上述情况，这个雌蕊可以是由一个或一个以上的心皮所组成。

观察横切面，检查胎座的数目：如果多于一个，这个雌蕊是由两个或更多的心皮所组成，而且胎座的数目就可以表示心皮的数目。如果仅仅只有一个，那么，这个雌蕊可能仅由一个心皮所组成。

和上面的检查方法结合起来使用，常有可能确定这个雌蕊是单生的，还是合生的。

如是单生的，这个雌蕊(群)是离生的心皮，并由单个离生心皮所组成(如毛茛的聚合瘦果)。如是合生的，这个雌蕊(群)是合生的心皮，并由两个或多个合生心皮所组成(如苹果)。

最后的记录：花柱的数目，柱头的数目(如果柱头是一枚，就看柱头的浅裂数)以及子房内室的数目，就可以说明这个雌蕊是由几个心皮所组成的。

(8)胎座的记录：要观察胎座的类型，必须把子房横切和纵切(剖)。如果被切的子房比较老，胎座常看得更清楚。

边缘胎座(如豌豆)，还是中轴胎座(如苹果)；侧膜胎座(如黄瓜)，还是特立中央胎座(如石竹)；是顶生胎座(如桑)，还是基生胎座(如向日葵)、全面胎座(如睡莲)。

(9)记录果实的类型：真果(如桃)，还是假果(如苹果)；聚花果(如桑)，还是聚合果(如草莓)；开裂的，还是不开裂的或分果；肉质果，还是干燥的果；如果是开裂的果，是蒴果(如棉花)，还是荚果(如豆科植物)、菁葖果(如草乌)、角果(如白菜)。

蒴果开裂的方式有室背开裂(如棉花)、室间开裂(如马兜铃)、孔裂(如罂粟)、盖裂(如马齿苋)、齿裂(如石竹)。

如果是不开裂的果，是浆果(如葡萄)，还是核果(如桃)；瘦果(如毛茛)，还是连萼瘦果(如向日葵)；颖果(如玉米)，还是坚果(如栗)；单翅果(如白蜡树)，还是双翅果(如五角枫)；是柑果(如柚)、瓠果(如黄瓜)，还是梨果(如苹果)。

如是分果(如伞形科的双悬果)，果实成熟后，除了记录果实中有多少种子外，还应记录种子的形状、大小和表面的纹饰，和其他有关的结构。

3.2.2　提高识别植物种类能力的方法

(1)学会运用植物的分类原则和演化趋向的理论，来提高识别各个植物类群的能力：裸子植物是介于蕨类植物和被子植物之间的、能产生种子(不形成果实)的一群维管束植物；被子植物的最显著特征就是种子外包有子房壁(形成果实)，是一群演化水平最高、结构与机能最复杂、种类最多、经济用途最大、分布最广的最高级的维管束植物。

植物在长期的演化过程中，在自然条件不断地选择和影响下，它们的外部形态和内部解剖构造等特征，与其亲缘关系和进化的程度，一般来讲是相适应的、相统一的。因此，植物的特征，特别是形态特征，便成为人们容易辨认和掌握的植物系统演化上的重要标志。系统分类既然必须以进化原则为依据，则植物的形态学特征便成为分类的主要标准之一，特别是花和果实的形态特征作为分类的标准最为普遍，因为这些特征的变异要比营养器官小，相对来讲是比较稳定的。近几十年来，实验分类学、化学分类学、数量分类学、细胞分类学、花粉形态学等学科的发展、对于确定某些争议的植物类群，在植物系统演化中的位置起到了极为重要的作用。

在被子植物的分类中，一般以子叶的数目、叶脉的类型、中柱的类型、花部排列的状况、数目、离生或合生，两性或单性，以及果实、胚乳的有无等作为纲、目、科的特征；而各部器官的形状、大小、颜色、有毛与否等性状，则常用作属、种的分类依据。习惯上把现存分类群中也为祖先所具有的性状看作是原始的性状，而把那些多少显得特化的性状看作是进化的性状。如能掌握这些分类原则和演化趋向的理论，就可以帮助我们判断每个植物类群在整个植物系统演化中的位置，也就是说，这个植物类群在系统演化中是属于原始的类群，还是比较进步或是最高级的植物类群。

现在一般公认的形态特征的演化趋向和分类原则，在教材中都有详细论述，故在此不再重复。但应注意，在运用这些分类原则和演化趋向，分析和确定某一个植物类群的演化位置时，要特别注意全面地、综合地进行分析与研究，绝对不能孤立地、片面地根据1～2个性状就下结论。其原因就在于同一个性状，在不同的植物类群中的进化意义是绝对不相同的，如对一般的植物来讲，两性花，胚珠多数，胚小是原始性状；但在兰科植物中，恰恰是兰科植物的进化标志；另外还应注意的是，各个器官的进化是不同步的。在日常生活中，我们常见到在同一种植物体上，有的性状是相当进化的，而另一些性状却保留着原始性。故只有经过全面、综合的分析和研究，才有可能得出比较正确的结论。

（2）注意从植物与环境的辩证关系中，提高识别植物种类的能力：任何植物的生长发育，和周围的环境是密不可分的。也就是说，每一种植物在通常的情况下，只能在对它适宜的环境条件下生长发育。植物的这种特性，正是在植物长期对环境条件的适应过程中所形成的。因此，在不同的环境条件下，就会有不同的植物种类。如水稻可以生长于水田，而玉米、小麦只能种在旱地，柑橘生长于我国亚热带，而苹果则分布在温带。植物的生长发育规律又能反映环境的各种特点，如常绿林植物反映出该地区全年温度较高，雨量丰富；落叶植物是冬季低温的反映。而植物的生长发育对环境也必然会产生一定的影响。由此可见，植物与环境有着极为密切的辩证关系。植物能改造环境，同时又是一定环境条件下的产物。

不同的植物对环境条件的要求是极不相同的，如棉花、大豆、玉米等作物，在连续几天大雨之后，地里积满了水，如果不及时排掉，就会涝死；可是莲（荷花）就不同了，它的植株大半段是长期泡在水里的，却安然无恙。这就深刻地说明了不同植物所需的环境条件有很大的差异。而且，由于水生环境对荷花等水生植物的长期影响，这些水生植物常形成一些特殊的结构。最显著的特点，是它们的根能吸收水里的氧气和植物体具有通气组织。植物的形态、结构和生长发育情况，也反映环境条件的特点。如长期生长在高温多雨地区的植物，叶片宽而薄，根系浅；而适应干旱地区生长的植物，叶片小而厚，根系深，等等。

环境是各个生态因子的总和，它包括光、温度、水、空气和土壤等，这些因子不是孤立的，而是相互影响和相互制约的。如温度对空气湿度和土壤水分具有直接或间接的影响，而空气湿度和土壤的含水量等又具有相互调剂的作用。因此，我们应该懂得环境对植物的作用是各个生态因子的综合作用。

正是由于不同的植物要求生长在不同的环境条件下，因此，很多植物都有自己的分布界线，俗话讲"樟树不过长江，杉木不过淮河"，基本上指出了这两种植物的分布界线。

根据植物与环境的密切关系，我们还可以看出各种森林的分布是和气候带密切相关的；在热带高温多雨的地方，分布着常年茂密的热带森林；在亚热带温暖湿润的地区分布着四季常青的常绿阔叶林；而在温带四季明显，冬季寒冷干燥的地区，分布着落叶阔叶林，在寒温带、亚寒带有漫长严寒的冬季，分布着特别耐寒的针叶林。可见地球上的植物的水平分布形成的带状（植物带），是和气候带相适应的。

在高山地区，如喜马拉雅山或西藏高原，从地面到山顶，山的高度越高，气温就越低，（每升高100 m，气温大约下降0.5 ℃），随着气温的降低，其他的生态条件也起着显著的变化，植物的分布也有成带的现象。植物在高山区的垂直分布所形成的各种植物带，基本上和水平分布所形成的植物带是相似的。

由于山区的地形复杂，它拥有峰、梁、坡、谷和台等各种地形，在这类地形上，又有高度、坡度、坡向等变化，故存在着多种多样的生态环境。所以，相应地讲，山区的植物种类和分布状况，要比平原复杂得多。

在我们识别植物种类时或利用工具书鉴定植物种类时，必须考虑到每种植物所要求的生长的环境条件和它在地球上分布的规律，从而必将会提高我们识别科、属、种的实际能力。

(3)提高识别科、属、种能力的具体途径和方法：在野外实习中，要学会运用已学过的分类原理和方法去提高识别科、属、种的能力。如何才能真正提高这种鉴别能力呢？最有效的方法是到实践中去，把学过的分类理论和实际的东西结合起来，而植物分类学的野外实习，正是这种最有效的实践活动。

具体的途径和方法，归纳起来有以下几点：

①根据各个类群的鉴别特征，采用层层缩小的方法：为了便于掌握这种方法，在此仅举一例，加以具体说明，希望能起到举一反三的作用。

当我们在野外采到一种不认识的植物时，首先要观察它的全部特征，然后根据观察到的特征，运用已学过的各个类群的主要分类依据，采用层层缩小的方法，去鉴别这种植物到底应属于哪一科、哪一属。如果见到这种植物具有真正的花(形成果实)，那可肯定是属于被子植物；如果这种植物具有羽状或网状叶脉，花的基数又是 4～5 数、直根系，那它不可能是单子叶植物，而是一种双子叶植物。其次，可观察该种植物的营养体和花、果的特征，如果我们看到的这种植物是一种具有卷须的草质藤本植物，而且具有单性花，子房下位、侧膜胎座，瓠果等特征，就可确定它是属于葫芦科的植物了。最后根据花药卷曲，雄蕊 3($A_{(2)+(2)+1}$)，花瓣成流苏状的特征，便可知道它是属于葫芦科，栝楼属中的植物。本属在北京有两种，即栝楼和蛇瓜，均为栽培植物。它们之间的区别在于：栝楼为雌雄异株，果实通常为卵圆形，果实和根均可入药；蛇瓜为雌雄同株，果实狭长，长 30～180 cm，可作蔬菜。要是看到的那种植物，是一种有卷须的木质藤本植物，同时具有两性花，雄蕊对着花瓣，浆果等特征，那么，这种植物就不是葫芦科的植物，而是属于葡萄科的植物了。只要我们能把课堂上讲授的重点科、属特征和室内做过的科、属、种特征进行比较，并能从分类依据上掌握，那么采用这种方法，就是一种行之有效的方法。

②利用植物检索表提高识别科、属、种的能力：关于植物检索表的编制和运用，在前面已有详细的说明。运用植物检索表来鉴定植物，是提高我们识别科、属、种能力的最有效的方法，因此，在平时的学习和野外实习中要求每一个同学都能掌握。第 3.4 节中列出华北地区种子植物分科检索表，以便同学在实习时查找。

③利用科的突出特征提高识别科的实际能力：用这种方法，虽然有不少片面性，但在野外实习时采用，仍会有很大的帮助。由于裸子植物在北京地区只有 7 个科，15 属，24 种，在识别科、属上比较容易。遇到困难时，可查北京植物检索表第 3～4 页，69～73 页。根据统计，北京地区的被子植物种类相当丰富，有 140 科，824 属，1 976 种(其中双子叶植物 115 科，单子叶植物 25 科)。为了便于运用，本书将一些科的突出特征列表于后。根据各科的识别特征，在野外采集时可首先确定该种植物属于哪一科，然后再去查属、种，就比从头查起方便得多了。

④结合日常生活实际锻炼自己识别植物的能力。人类的衣、食、住、行都和绿色植物密不可分，可以讲"没有绿色植物，人类也就无法生存"。因此，只要随时留意身边的生活实际，当遇到一些有关植物分类学方面的问题时，就应该运用自己学过的植物分类学知识去解决这些问题。在此仅举一例，加以具体说明，希望起到举一反三的作用。

如一日三餐，是每个人都需要的，粮食、蔬菜是用餐中必不可少的。它们都来自绿色植物，为了诱导学生们重视结合自身的生活实际来提高自己的独立工作能力，在东灵山野外实习中，曾出过一个考题：在你这几天吃的午饭中，属于绿色植物的有哪几种？请说出它们的种名、科名；植物可食的部分是什么？当时全班只有两位同学答对。从此以后，同学们就比较重视这个问题了，有些同学还能利用水果店和公园等地，去辨认各种水果和各种树木、花、草。经过自己的努力，仍不能解决的问题，可去问老师或请教有关专家。实践证明，这样做的结果，不但起到复习、巩固植物分类学的基本理论和基本知识的作用，而且对提高分析问题、解决问题的能力，提高认识植物的思路和方法都很有帮助。

⑤小标本法或植物数码照片集法。前者主要是通过采集小标本(大概是正常标本的 1/4 或 1/8)，并将这些标本装订成册，每份标本尽可能地定名，必要时也可在旁边记录一些突出的特征。有了这套标本集，你就可以反复复习，并不断增加新的种类。后者主要是利用数码相机对植物照相，然后对其定名并且系统整理，需要说明的是，给植物照相时，最好既有整株的，也有花和果的特写，否则定名时非常困难。

3.3 植物与环境的辩证关系

环境是指各个生态因子的总和。它包括光、温度、水、空气(最主要是 CO_2 和 O_2)和土壤等，这些生态因子不是孤立的，而是相互影响和相互制约的，如温度对空气的湿度和土壤的水分具有直接或间接的影响，而空气湿度和土壤含水量等又具有相互调剂的作用。微风对许多生态因子起着各种有益的辅助作用，而风过大时，可对温度、湿度等因子产生破坏性的作用。因此可以说，环境对植物的作用是各个生态因子的综合作用，但我们还必须懂得，在综合作用里，特别是就植物一定发育阶段而言，某一生态因子可以比其他因子起更大的作用。如植物光周期中的光因子，春化发育阶段中的温度因子，这种能起主导作用的生态因子，可叫主导因子。从植物和环境的辩证关系中，环境(外因)是植物变化的条件，环境中各个生态因子，只有通过植物体内部的改变(内因)才能起作用。例如，温度上升，风速加大，大气湿度降低，使得植物的蒸腾作用(水分消耗)加速。当植物由于蒸腾所消耗的水量超过根系吸水量时，植物就要萎蔫，久了就要死亡。在植物各个发育阶段中，有的阶段对某个生态因子的需要量特别多。如有些果树在果实膨大时期需水就特别多，而冬季休眠时期对生态因子的作用，反应就很迟钝，需水量也非常少。此外，植物的各个发育阶段，对生态因子都有一个最适需要量和所忍受的最高、最低的限度。这些都说明了外因是变化的条件，内因是变化的根据，外因必须通过内因才能起作用。

在自然界中生物与非生物之间，或者说植物与自然地理条件之间是相互依赖、相互联系、相互制约的。植物是依靠自然地理条件而生活，而自然地理条件主要是通过生物，特别是植物而发挥其对人类更大的作用。大气圈中的 O_2 和 CO_2 含量在地球表面的分布是比较稳定的，各地差别不大；而日光强度和温度，一般是以所处的纬度位置不同而不同；大气水分状况则主要是受制于海陆关系的位置及其所联系的洋流、风向、气团和高大山脉走向等因素，矿物质则与地面岩层性质及风化壳所形成的土壤相关。上述气候土壤条件在同一地区，因大地形和局部地形而不同。当然，各地组成植物群落的植物，因历史自然地理和人类经济活动而有所变化。由于植被（植被是指一个地区所有的各种植物群落）的分布是依赖上述各个生态因子的综合作用而形成的，而不是由某一个单独的生态因子所决定的。所以，在研究环境和植物分布的关系时，就必须全面地考虑到上述自然地理条件和人类经济活动对于植被分布的影响。

我国领土辽阔，位于北纬 3°59′到 53°33′，南北跨纬度 49°34′，东北部自北到南可分为寒温带、温带、暖温带、亚热带和热带。

寒温带冬长无夏，冬季酷寒；温带和暖温带寒来暑往，四季分明；亚热带冬暖、夏热，四季常青；热带终年如夏，冬季不寒。而每一气温带到另一气温带都是逐步过渡的，所以，一般都有一个过渡带。但是我国西半部，由于地形复杂，特别是青藏高原的突起，把上述温度带打乱了。我国由于海洋气流和海陆分布等因素的组合不同，使得同纬度地区的气候变化很大。以纬度来说，位于太平洋沿岸的我国东半部与西欧、南欧和北非相当，但同经度的植被却不相同。

我国北部湿润、半湿润的温带地区，旱季和雨季分明，大陆性气候显著，分布着针叶林（落叶松林为主）、针叶—落叶阔叶混交林和森林草原。而纬度大致相当的大西洋沿岸的德、法、英等国，全年气候湿润温和，主要分布着含有喜温的水青冈的落叶阔叶林，而我国北方落叶阔叶林不含有喜温的水青冈。我国气候夏雨、冬旱，属暖温带的华北山地落叶阔叶林所在地的纬度，与南欧地中海一带大致相当；而地中海气候为冬雨夏旱，分布着亚热带硬叶常绿阔叶林。我国长江以南至南岭以北的湿润亚热带的旱季不显著，分布着常绿阔叶林；而纬度大致相当的北非撒哈拉则为亚热带荒漠，气候干旱。我国最南部的海南岛的湿润热带分布着季雨林、雨林；而纬度相当的北非则为热带荒漠的所在地区。由上所述，可知由于所处的地理位置不同、海洋气流不同、温度和湿度结合不同，所形成的植被类型也各不相同。因此，植被纬度地带性也不是绝对的。

寒温带包括大兴安岭加格达奇的白桦以北地区，大致位于北纬 50°30′～53°30′一带。年积温为 1 500～2 000 ℃，年均温为 −5～−2 ℃，最冷月均温为 −33～−28 ℃，绝对最低达到 −52 ℃，最热月均温为 16～20 ℃，全年无霜期 90～110 天。适应这种生长季短、低气温的植被，是以落叶针叶林为主，并有耐寒的常绿针叶林；栽培植被只有一年一熟的喜凉作物，如马铃薯、甘蓝（洋白菜）、萝卜等；而小麦、高粱、玉米和黄豆（大豆）等只长茎叶，不能正常开花结实。

温带指沈阳以北到大兴安岭北部一带，年积温为 1 700～3 200 ℃，年均温 2～7 ℃，最冷月均温为 −25～−10 ℃，最热月均温为 21～24 ℃，全年无霜期为 100～180 天。由于温带具有严寒的冬季和炎热的夏季，所以就产生了夏季枝叶茂盛，冬季落叶的落叶阔叶林。落叶阔叶树还具有很厚的树皮和坚实的芽鳞，以适应冬季的严寒，防止过度蒸腾作用的进行。温带冬季严寒的时间较长，积温较低，天然植被以针叶—落叶阔叶混交林为代表，也有较耐寒的落叶阔叶林，如蒙古栎林和桦、杨林。常见的行道树有毛白杨、加杨、洋槐、槐树等。只能栽培秋子梨、李、杏等果树，而桃、葡萄等无防寒措施就不能越冬。农作物只能一年一熟，以喜凉的冬小麦、马铃薯、甜菜、亚麻等作物为主，还有早熟品种的大豆、玉米、高粱和粳稻。

暖温带指淮河以北到沈阳一带，年积温为 3 200～4 500 ℃，年均温为 7～14 ℃，最冷月均温为 -10～-5 ℃，最热月均温为 24～28 ℃，全年无霜期 180～240 天。暖温带比温带的积温高，冬季严寒时期较短，植被以较喜暖的多种落叶阔叶栎林和油松林、白皮松林等为代表。春、秋季温度日差较大，有利于水果的糖分积累和果实着色，所以这一带是我国主要落叶果树种植区，适宜栽培许多优良品种的苹果、梨和桃等果，还有枣、柿、山楂、樱桃、葡萄、核桃、板栗等果树。一般耕作制度为以冬小麦为主的两年三熟制，或以棉花为主的三年四熟制，水浇地或适宜土壤上也有以冬小麦为主一年两熟旱作制。此外，暖温带的主要作物冬小麦、棉花、花生、甘薯等是温带一般所不能栽培的。水稻品种以中熟或晚熟的粳稻为主，冬小麦属中熟品种。暖温带自北至南也是逐渐过渡的，南暖温带的落叶阔叶林中含有多种亚热带树种，而且有些果树，如石榴、无花果等是北暖温带所不能越冬成长的。

亚热带是指淮河以南到南岭以北的北回归线一带。亚热带可分为过渡性亚热带和典型亚热带；过渡性亚热带包括秦巴山区和长江下游平原，除高山外，年积温一般为 4 500～5 000 ℃，年均温 14～16 ℃，最冷月均温 2.2～4.8 ℃，无霜期 240～260 天，在过渡性亚热带内，植被以落叶阔叶—常绿阔叶混交林为代表，实际上目前所看到的常常是下层有常绿灌木层的落叶阔叶林。特别是地被层中没有常绿的蕨类植物，如铁芒萁等，这是与典型亚热带不同的天然标志。行道树以雪松、法国梧桐、水松、泡桐等为常见。在农业植被方面，夏季为水稻、棉花，冬季为小麦、油菜的两熟制区域。在利用薄膜育秧和水肥、劳力充足的条件下，也可在部分地或局部地种双季稻。用材林以马尾松、黑松为主。常绿果树，如柑橘类，只能在局部适应的小环境中种植，且产量和质量一般较差，而落叶果树则生长良好。典型的亚热带，冬季温热，夏季湿热，年积温为 5 000～7 500 ℃，年均温 16～21 ℃，最冷月均温一般为 5～12 ℃，最热月温度为 28～29 ℃，全年无霜期为 270～300 天，在这样温暖湿润的气候下，就出现了具有光泽、革质的大形叶子，而冬季不落叶的常绿阔叶林。在某些特殊生境里(石灰岩山或较冷山地)还有落叶阔叶—常绿阔叶混交林。典型的亚热带，除生产核桃、板栗、柿等与过渡性亚热带相同外，油茶、漆、油桐、乌柏、香樟、木荷等极为普遍。而行道树以泡桐、乌柏、苦楝、枫杨、香樟、枫香等较为常见。这一带是我国常绿果树的主要产区，有广柑、红橘、温州蜜橘、柚子、金橘、枇杷、杨梅等。耕作制度除一般可一年水旱两熟，不少地区可套种或上一季短期秋作，可称为两年五熟制；在水肥、劳力条件具备的地方，可种植双季水稻，水稻品种以籼稻为主，早、中、晚品种都有。冬小麦为中熟或早熟品种，南部还有木薯、甘蔗等。

热带是指北回归线附近以南到海南省、海南诸岛一带，可分为过渡性热带和典型的热带。

过渡性热带，年积温 7 500～8 000 ℃，年均温 21～22 ℃，最冷月均温 12～14 ℃，平均绝对最低温一般在 0 ℃以上，每年间或有 1～2 次轻霜。

典型热带，年积温 8 000～9 000 ℃或以上，年均温为 22～25.5 ℃，最冷月均温为 14～20 ℃，平均绝对最低温不低于 4 ℃，我国东部热带由于寒潮的影响，个别年份也可达到 0 ℃ 以下，在这样常年高温，没有显著冬季的湿润气候条件下，就产生了树干高大、种类繁多、密密层层的常绿阔叶雨林。由于高大的树干需要巩固的基础，有些树木长期在这种环境下生长，因而相应发育了板状根；有些树木具有老茎生花现象。林内有大量的藤本植物缠绕树干上，并有许多附生植物。在潮水涨退的海湾内，分布着常绿灌木或小乔木所组成的红树林；这种红树林在亚热带和暖温带的海湾内就没有分布。

热带的主要作物有水稻、甘蔗、木薯、芋类等。而水稻、甘薯、大豆等可在冬季栽培。在过渡性热带，可以普遍栽培荔枝、龙眼、杧果、橄榄、番木瓜、菠萝、香蕉、芭蕉、番荔枝、白榄、乌榄、洋桃、黄皮、木菠萝等果树。其中有些虽在亚热带也能栽培，但却限于局部较暖的适宜地形或亚热带南部，而且产量和质量较低或没有保证。那里有双季稻和冬季旱作的一年三熟制。典型热带还栽有椰子、腰果、橡胶、咖啡、胡椒、剑麻等经济作物。这些植物在过渡性热带内虽能生长，都只能限于适宜的小环境中，或其产量和质量不理想。

3.4 识别植物的一把钥匙——检索表

为了更有利于同学们真正掌握这把识别植物的钥匙，我们根据既科学，又实用的原则，编制了一个华北地区种子植物的分科检索表。这样，在植物学野外实习时，可给同学们提供识别种子植物所属科的重要工具，不仅对提高整个植物学野外实习的质量可起重要的作用，而且对培养和提高同学们识别植物的科、属、种的能力，也是大有益处的。

本检索表的使用方法，首先应根据该种植物的特征，查出该种植物是属于哪一大类，然后看每一大类后面括号内的号码，此号码表示该大类在本书的哪一页，再翻到该页，就是该类的分科检索表。利用该类的分科检索表，就可查出该种植物所属的科了。查出科后，就可利用地方植物志(如北京植物志)或地区植物检索表(如北京植物检索表)查出它所属的属和种了。为了证明你的鉴定结果是否正确，还可利用地方植物志有关本种植物的具体描述和插图进行核实，如果特征、外形和书上完全一致，即可证明你的鉴定结果是正确的。

种子植物各大类的总检索表

1. 植物不具真花，胚珠裸露，不形成果实 ·· (一)(118)
1. 植物具真花，胚珠包于子房内，形成果实。
  2. 无绿叶，寄生植物或腐生植物，或为树上具绿叶的半寄生植物 ··············· (二)(119)
  2. 自养的绿色植物。
    3. 水生或沼生植物 ··· (三)(119)
    3. 非水生或非沼生植物。
      4. 植物体为木质藤本、草质藤本或平卧草本 ····················· (四)(120)
      4. 植物体为直立木本或直立草本。
        5. 茎叶肉质，旱生多浆植物 ······························· (五)(122)
        5. 非旱生、肉质多浆植物。
          6. 植物体具刺(叶刺、托叶刺、枝刺、皮刺) ··········· (六)(123)
          6. 植物体不具刺。

种子植物各类的分科检索表

（一）植物不具真花，胚珠裸露，不形成果实（裸子植物分科检索表）

1. 茎不分支，大形羽状复叶，雌雄异株 ……………………………………… 苏铁科（Cycadaceae）
1. 茎分支，叶不为羽状复叶。
　2. 叶扇形。叶在短枝上簇生，长枝上互生，雌雄异株 ……………… 银杏科（Ginkgoaceae）
　2. 叶不为扇形。
　　3. 乔木。主干明显，花无花被。
　　　4. 形成球果。
　　　　5. 雌雄异株，稀同株，雌球花的雄蕊具 4～20 个悬垂的花药 ……… 南洋杉科（Araucariaceae）
　　　　5. 雌雄同株，稀异株，雄球花的雄蕊具 2～9 个花药。
　　　　　6. 叶及珠鳞成螺旋状排列或叶为簇生。
　　　　　　7. 珠鳞和苞片分离，每个珠鳞上着生 2 个倒生胚珠 ……………… 松科（Pinaceae）
　　　　　　7. 珠鳞和苞片愈合或基部结合，每个珠鳞上着生 2～9 个胚珠 ………
　　　　　　…………………………………………………… 柏科（Cupresaceae）（原杉科）
　　　　　6. 叶及珠鳞对生或轮生。
　　　　　　8. 叶成鳞片状或刺状，常绿 ……………………………… 柏科（Cupressaceae）
　　　　　　8. 叶线形，交互对生，扭转成假二列，落叶乔木 ……… 柏科（Cupresaceae）（水杉属）
　　　4. 胚珠通常单生，不形成球果。
　　　　9. 雄蕊具 2 花药，花粉常具气囊，种子全部为肉质假种皮所包，着生于肉质或非肉质的种托上 ………
　　　　………………………………………………………… 罗汉松科（Podocarpaceae）
　　　　9. 雄蕊具 3～9 花药，花粉不具气囊，种子全部为红色的肉质假种皮所包 …………
　　　　………………………………………………………………… 红豆杉科（Taxaceae）
　　3. 灌木或亚灌木。无明显的主干，花具假花被，叶退化成鳞片状，对生 ………… 麻黄科（Ephedraceae）

（二）无绿叶，为寄生或腐生植物，或为具绿叶的半寄生植物

1. 缠绕草本，茎为黄色或橘红色，蒴果 ……………… 旋花科（Convolvulaceae）（菟丝子属）
1. 茎直立，不缠绕。
　2. 具绿叶的半寄生植物。
　　3. 半寄生于树上，木本，叶为对生 ……………………… 桑寄生科（Loranthaceae）
　　3. 半寄生于其他植物的根上，草本，叶为互生 ……………… 檀香科（Santalaceae）

2. 叶退化成鳞片状，腐生或寄生植物。

 4. 花为辐射对称，雄蕊为 8 或 10 枚。腐生植物 ………………………… 杜鹃花科（Ericaeae）（松下兰属）

 4. 花为两侧对称，雄蕊不为 8 或 10 枚。

  5. 子房上位，不具唇瓣和合蕊柱，唇形花冠，雄蕊 4，寄生植物 ………… 列当科（Orobanchaceae）

  5. 子房下位，具唇瓣和合蕊柱，花冠不为唇形花冠，雄蕊 1，腐生植物 …………………………
   …………………………………………………………………………… 兰科（Ochidaceae）（鸟巢兰属）

（三）水生或沼泽生植物

1. 植物体很小，成叶状体无茎，漂浮水面 ……………………………… 天南星科（Araceae）（原浮萍科）
1. 植物体较大，具茎和叶。

 2. 叶丝状深裂，或叶狭细而不裂，沉水植物。

  3. 食虫植物，叶上具细小的捕虫囊，叶互生，开花时，花葶伸出水面，花黄色 …………………………
   ……………………………………………………………………………… 狸藻科（Lentibulariaceae）

  3. 非食虫植物，叶无捕虫囊。

   4. 叶缘具锯齿。

    5. 叶基部成鞘状，对生或互生 ……………………… 水鳖科（Hydrocharitaceae）（原茨藻科）

    5. 叶基不成鞘状，轮生或对生。

     6. 叶对生，蒴果圆柱形，由宿萼发育成的 3 个丝状附属物 ……… 脂麻科（Pedaliaceae）（茶菱属）

     6. 叶轮生。

      7. 叶具不规则的深裂，裂片边缘具刺状齿 ……………………… 金鱼藻科（Ceratophyllaceae）

      7. 叶通常为 5 枚轮生，不裂，叶缘具小锯齿 ……… 水鳖科（Hydrocharitaceae）（黑藻属）

   4. 叶全缘或羽状裂，裂片边缘无锯齿。

    8. 叶轮生。

     9. 叶羽状细裂 ……………………………………………………… 小二仙科（Haloragaceae）

     9. 叶线形，不分裂 ……………………………………………… 杉叶藻科（Hippuridaceae）

    8. 叶互生 …………………………………………………………… 眼子菜科（Potamogetonaceae）

2. 叶宽不裂．或裂片为宽线形，不成丝状。

 10. 具托叶鞘 ……………………………………………………………………… 蓼科（Polygonaceae）

 10. 不具托叶鞘。

  11. 叶圆形或近圆形，长宽近相等。

   12. 叶圆形或肾形，背面具膨大气囊，漂浮水面 ……… 水鳖科（Hydrocharitaceae）（水鳖属）

   12. 叶背不具膨大气囊。

    13. 浮水叶菱形，叶缘具锯齿，沉水叶对生，羽状细裂 ………… 千屈菜科（Lythraceae）（菱属）

    13. 叶不为上状。

     14. 叶箭形或椭圆形，具长柄 ……………………………… 泽泻科（Alismataceae）

     14. 叶不为箭形或椭圆形。

      15. 叶心形，挺水或叶柄具气囊，花蓝色 ………… 雨久花科（Pontederiaceae）

      15. 叶圆形，漂浮水面，叶柄不具气囊 ………………… 睡莲科（Nymphaeaceae）

  11. 叶为长圆形、线形、全缘或羽状细裂。

   16. 叶为羽状裂，裂片宽或裂片成丝状，或成复叶。

    17. 沉水或漂浮在水面。

     18. 叶羽状裂片为丝状，花排成总状花序，聚合瘦果 …… 毛茛科（Ranunculaceae）（水毛茛属）

     18. 叶羽状裂片不为丝状，花排成总状花序，角果 ……… 十字花科（Brassicaceae）

    17. 挺水或湿生植物，叶柄基部成鞘状，复伞形花序 ……………… 伞形科（Umbelliferae）

   16. 叶不分裂，线形、披针形或长圆形。

19. 沉水植物。

  20. 叶线形，无柄，根生于泥中，雄花具极长的螺旋状柄 ······················

  ···················· 水鳖科（Hydrocharitaceae）（苦草属）

  20. 叶长椭圆形，披针形，有柄或无柄，花序穗状 ·········· 眼子菜科（Potamogetonaceae）

19. 挺水和沼生植物。

  21. 叶披针形或长椭圆形，长不超过 10 cm。

   22. 具托叶鞘 ······················· 蓼科（Polygonaceae）

   22. 不具托叶鞘。

    23. 叶对生，基部抱茎 ·············· 车前科（Plantaginaceae）（婆婆纳属）

    23. 叶互生或部分对生，不抱茎 ············· 千屈菜科（Lythraceae）

  21. 叶长在 10 cm 以上。

   24. 茎三棱形，叶鞘闭合 ···················· 莎草科（Cyperaceae）

   24. 茎不为三棱形。

    25. 叶片和叶柄之间具叶舌，叶鞘开口 ·········· 禾本科（Gramineae）

    25. 叶柄和叶片之间不具叶舌。

     26. 叶片中部具脊。

      27. 叶撕破后具香气，佛焰花序 ·········· 菖蒲科（Acoraceae）（菖蒲属）

      27. 叶撕破后无香气，头状花序 ········ 香蒲科（Typhaceae）（黑三棱属）

     26. 叶片中部不具脊。

      28. 叶鞘至叶片突变狭细，叶横切面具气道，棒形穗状花序 ·············

      ··········· 花蔺科（Butomaceae）

（四）植物体为木质藤本、草质藤本或平卧草本

1. 植物体不具卷须。

 2. 木质藤本。

  3. 叶互生。

   4. 奇数羽状复叶，总状花序，蝶形花冠，荚果 ·········· 豆科（Fabaceae）（紫藤属）

   4. 单叶。

    5. 植物体具片状髓，冬芽小，包于叶柄基内，浆果 ·········· 猕猴桃科（Actinidiaceae）

    5. 植物体不具片状髓。

     6. 植物体借气生根攀援，温室栽培。

      7. 叶广卵形，常具多孔，佛焰花序 ·········· 天南星科（Araceae）（龟背竹属）

      7. 叶为 3～5 裂，无孔，花由伞形花序组成圆锥花序 ··········· 五加科（Araliaceae）（常春藤属）

     6. 植物体不借气生根攀援，野生。

      8. 叶倒卵形，叶缘具腺齿，无托叶，雌雄异株，果序穗状，浆果 ·············

      ··········· 五味子科（Schisandraceae）（五味子属）

      8. 叶卵圆形，叶缘不具腺齿，托叶小，蒴果，种子具红色假种皮 ·············

      ··········· 卫矛科（Celastraceae）（南蛇藤属）

  3. 叶对生。

   9. 植物体具白色乳汁。

    10. 具副花冠、合蕊冠及花粉块（或四合花粉） ·········· 夹竹桃科（Apocynaceae）（原萝藦属）

    10. 不具副花冠、合蕊冠、花粉不形成花粉块 ·········· 夹竹桃科（Apocynaceae）

   9. 植物体不具乳汁。

    11. 无花瓣而萼片成花瓣状，雄蕊多数 ·········· 毛茛科（Ranunculaceae）

    11. 具萼片和花瓣、合瓣花冠，雄蕊 2～5 枚。

　　　12. 花两侧对称，雄蕊 4～5 枚。

　　　　13. 单叶、全缘，浆果黑色 ·················· 忍冬科（Caprifoliaceae）

　　　　13. 羽状复叶，茎借气生根攀援，花橙色，蒴果 ·········· 紫葳科（Bignoniaceae）

　　　12. 花辐射对称，雄蕊 2 枚·················· 木犀科（Oleaceae）

2. 草质藤本或平卧草本。

　14. 植物体具乳汁。

　　15. 叶互生。

　　　16. 花冠为漏斗形花冠，花不成杯状聚伞花序 ·········· 旋花科（Convolvulaceae）

　　　16. 花冠不为漏斗形花冠，花排成杯状聚伞花序 ·········· 大戟科（Euphorbiaceae）（地锦草）

　　15. 叶对生或轮生。

　　　17. 花冠为钟形花冠，无副花冠 ·········· 桔梗科（Campanulaceae）（党参属）

　　　17. 花冠不为钟形花冠，花具副花冠 ·········· 夹竹桃科（Apocynaceae）（原萝藦科）

　14. 植物体不具乳汁。

　　18. 叶对生或轮生。

　　　19. 叶全缘，不分裂。

　　　　20. 叶对生，无托叶。

　　　　　21. 叶具三出脉，心皮 2 枚，合生，蒴果 ·········· 龙胆科（Gentianaceae）

　　　　　21. 叶具羽状脉，心皮 2 枚，离生，蓇葖果 ·········· 夹竹桃科（Apocynaceae）（原萝藦科）

　　　　20. 叶对生或为假轮生，具托叶 ·········· 茜草科（Rubiaceae）

　　　19. 叶具裂或叶缘具锯齿。

　　　　22. 单叶，具掌状脉，具托叶 ·········· 大麻科（Cannabaceae）

　　　　22. 羽状复叶，具羽状脉，无托叶 ·········· 毛茛科（Ranunculaceae）（铁线莲属）

18. 叶互生。

　23. 叶柄基部具叶鞘或托叶鞘。

　　24. 具托叶鞘，花单被·················· 蓼科（Polygonaceae）

　　24. 叶柄基部具膜质叶鞘，花双被·········· 鸭跖草科（Commelinaceae）

　23. 叶不具叶鞘或托叶鞘。

　　25. 叶片盾状着生。

　　　26. 叶片圆形，花具萼距 ·········· 旱金莲科（Tropaeolaceae）

　　　26. 叶片五角形，花不具萼距 ·········· 防己科（Menispermaceae）

　　25. 叶片不为盾状着生。

　　　27. 茎、叶肉质，植物体具红色汁液 ·········· 落葵科（Basellaceae）

　　　27. 茎、叶不为肉质。

　　　　28. 复叶，具托叶。

　　　　　29. 叶全缘，蝶形花冠，雄蕊 10，荚果 ·········· 豆科（Fabaceae）（蝶形花亚科）

　　　　　29. 叶具裂或叶缘具锯齿，花不成蝶形花冠，雄蕊多数 ·········· 蔷薇科（Rosaceae）

　　　　28. 单叶或叶为羽状裂，无托叶。

　　　　　30. 花单被，结合成管状，心皮 6，蒴果·········· 马兜铃科（Aristolochiaceae）

　　　　　30. 花双被，心皮 2～3。

　　　　　　31. 花冠漏斗状，5 数，植物体多少具乳汁 ·········· 旋花科（Convolvulaceae）

　　　　　　31. 花被离生，3 数，无乳汁，蒴果具翅 ·········· 薯蓣科（Dioscoreaceae）

1. 植物体具卷须。

　32. 单叶或掌状复叶。

　　33. 木质藤本，两性花，卷须和叶对生，浆果·········· 葡萄科（Vitaceae）

　　33. 草质藤本，单性花，卷须生于叶腋，瓠果 ·········· 葫芦科（Cucurbitaceae）

32. 羽状复叶或三出复叶。

  34. 具托叶，荚果 ………………………………………………………… 豆科(Fabaceae)(蝶形花亚科)

  34. 无托叶，蒴果膀胱状 …………………………………………… 无患子科(Sapindaceae)(风船葛属)

(五)植物体肉质或旱生多浆植物

1. 植物体具刺，肉质茎棒形、球形、扁扇形，叶早落或退化。

  2. 植物体具乳汁，杯状聚伞花序，心皮3，蒴果 …………………………… 大戟科(Euphorbiaceae)(大戟属)

  2. 植物体不具乳汁，不成杯状聚伞花序，浆果 …………………………… 仙人掌科(Cactaceae)

1. 植物体不具刺。

  3. 植物体具乳汁。

   4. 杯状聚伞花序，心皮3，分果 …………………………………………… 大戟科(Euphorbiaceae)

   4. 花不成杯状聚伞花序，蓇葖果 …………………………………………… 夹竹桃科(Apocynaceae)

  3. 植物体不具乳汁。

   5. 茎肉质，棒状、球形或扁平，绿色，叶退化或早落。

    6. 具总苞的头状花序，聚药雄蕊 …………………………………………… 菊科(Compositae)

    6. 花单生，雄蕊多数，分离 …………………………………………… 仙人掌科(Cactaceae)

   5. 叶肉质，茎不成棒状，球形或不扁平，有时不显著。

    7. 叶对生。

     8. 花瓣和雄蕊多数 …………………………………………… 番杏科(Aizoaceae)

     8. 花瓣4~5，雄蕊8~10(5)。

      9. 萼片2枚，心皮合生 …………………………………………… 马齿苋科(Portulacaceae)

      9. 萼片5，心皮3~5，离生 …………………………………………… 景天科(Crassulaceae)

    7. 叶互生或基生成莲座状。

     10. 植物体具明显的茎。

      11. 花3数 …………………………………………… 芦荟科(Asphodelaceae)

      11. 花5数。

       12. 萼片2枚，花瓣5或成重瓣，雄蕊多数，蒴果盖裂 ………… 马齿苋科(Portulacaceae)

       12. 萼片4~5；花瓣4~5，雄蕊10，蓇葖果 …………………………… 景天科(Crassulaceae)

     10. 植物体无明显的茎，常成莲座状。

      13. 花4~5数，雄蕊10，蓇葖果 …………………………………… 景天科(Crassulaceae)

      13：花3数，雄蕊6，蒴果或浆果。

       14. 子房上位 …………………………………………… 百合科(Liliaceae)

       14. 子房下位 …………………………………………… 石蒜科(Amaryllidaceae)

(六)植物体具刺(枝刺、托叶刺、皮刺、叶刺、总茎苞片刺状)

1. 水生植物，叶柄、叶面均具刺 …………………………………………… 睡莲科(Nymphaeaceae)

1. 陆生植物。

  2. 叶具透明腺点 …………………………………………… 芸香科(Rutaceae)

  2. 叶不具透明腺点。

   3. 植物体具乳汁。

    4. 头状花序，果为聚花果 …………………………………………… 桑科(Moraceae)(柘属)

    4. 杯状聚伞花序，果为三分果 …………………………………………… 大戟科(Euphorbiaceae)

   3. 植物体不具乳汁。

    5. 叶退化成刺状，茎肉质成棒状、球形或扁扇形 …………………… 仙人掌科(Cactaceae)

    5. 具正常叶。

     6. 具总苞的头状花序，聚药雄蕊 …………………………………………… 菊科(Compositae)

6. 不具总苞的头状花序。

　　7. 伞形花序，茎和叶柄均具刺 ………………………………………… 五加科（Araliaceae）

　　7. 不成伞形花序。

　　　8. 叶背具银灰色鳞片 …………………………………………………… 胡颓子科（Elaeagnaceae）

　　　8. 叶背无银灰色鳞片。

　　　　9. 草本。

　　　　　10. 具托叶鞘，叶和茎具刺 ……………………………………… 蓼科（Polygonaceae）

　　　　　10. 不具托叶鞘。

　　　　　　11. 叶腋具刺 ……………………………………………………… 苋科（Amaranthaceae）

　　　　　　11. 茎、叶、果均具刺 …………………………………………… 茄科（Solanaceae）

　　　　9. 木本。

　　　　　12. 茎上具分支刺。

　　　　　　13. 羽状复叶，荚果 …………………………………………… 豆科（Fabaaceae）（皂荚属）

　　　　　　13. 单叶，浆果 ………………………………………………… 小檗科（Berberidaceae）

　　　　　12. 茎上不具分支刺。

　　　　　　14. 单被花。

　　　　　　　15. 翅果，植物体具枝刺 ………………………………… 榆科（Ulmaceae）（刺榆属）

　　　　　　　15. 坚果、壳斗具刺状苞片 ……………………………… 壳斗科（Fagaceae）

　　　　　　14. 双被花。

　　　　　　　16. 蝶形花冠，荚果 ……………………………………… 豆科（Fabaceae）（蝶形花亚科）

　　　　　　　16. 花冠不成蝶形花冠，果不为荚果。

　　　　　　　　17. 周位花，雄蕊无定数 ………………………… 蔷薇科（Rosaceae）

　　　　　　　　17. 上位花或下位花。

　　　　　　　　　18. 雄蕊 5，对着花瓣 ………………………… 鼠李科（Rhamnaceae）

　　　　　　　　　18. 雄蕊和花瓣互生或较花瓣为多。

　　　　　　　　　　19. 雄蕊 5，和花瓣互生，子房下位 …………………………………

　　　　　　　　　　………………………… 茶藨子科（Grossulariaceae）（茶藨子属）

　　　　　　　　　　19. 雄蕊较花瓣为多，10～15 枚，子房上位 ……… 蒺藜科（Zygophyllaceae）

（七）植物体具乳汁或有色液汁

1. 叶对生或轮生。

　2. 心皮 2，离生，蓇葖果。

　　3. 具副花冠、合蕊冠及花粉块 ……………………… 夹竹桃科（Apocynaceae）（原萝藦科）

　　3. 不具副花冠、合蕊冠，也不形成花粉块 …………………………………… 夹竹桃科（Apocynaceae）

　2. 心皮 3～5，合生，蒴果，花冠钟形 …………………………………………… 桔梗科（Campanulaceae）

1. 叶互生。

　4. 植物体具红色液汁、叶微肉质，草质藤本 ……………………………………… 落葵科（Basellaceae）

　4. 植物体不具红色液汁而具白色或黄色汁液。

　　5. 具总苞的头状花序，聚药雄蕊 ……………………………………………… 菊科（Compositae）

　　5. 不具总苞的头状花序，雄蕊分离。

　　　6. 杯状聚伞花序 ……………………………………………………………… 大戟科（Euphorbiaceae）

　　　6. 花不排成杯状聚伞花序。

　　　　7. 单被花，聚花果 ………………………………………………………… 桑科（Moraceae）

　　　　7. 双被花，蒴果。

　　　　　8. 花瓣离生，侧膜胎座 ………………………………………………… 罂粟科（Papaveraceae）

8. 花瓣合生，中轴胎座。

  9. 花冠为漏斗形花冠，子房上位，每室 2 个胚珠 ……………… 旋花科(Convolvulaceae)

  9. 花冠为钟形花冠，子房下位，每室多数胚珠 …………… 桔梗科(Campanulaceae)

（八）具单叶的木本植物

1. 单叶互生。

 2. 常绿植物。

  3. 心皮 3，蒴果，叶革质，倒卵形 ………………………………… 黄杨科(Buxaceae)

  3. 心皮 1～2，浆果或核果。

   4. 无花瓣，核果 ……………………………………………… 瑞香科(Thymelaeaceae)

   4. 具合生的花冠，浆果 …………………………………………… 木犀科(Oleaceae)

 2. 落叶植物。

   4. 植物体常被星状毛。

    5. 花序柄上具披针形的舌状苞片，雄蕊结合成数束 ……………… 锦葵科(Malvaceae)(椴树属)

    5. 花序柄上不具披针形的舌状苞片。

     6. 雄蕊分离，花药 2 室 ……………………… 锦葵科(Malvaceae)(扁担杆属)

     6. 雄蕊为单体雄蕊。

      7. 花药 1 室，花柱数条，心皮合生，蒴果 ……………… 锦葵科(Malvaceae)

      7. 花药 2 室，花柱 1 条，蓇葖果 ……………… 锦葵科(Malvaceae)(梧桐属)

   4. 植物体不被星状毛。

    8. 植物体具球形的头状花序。

     9. 具叶柄下芽，老树皮剥落，植物体无乳汁 ……………… 悬铃木科(Platanaceae)

     9. 不具叶柄下芽，树皮不剥落，植物体具乳汁 …………… 桑科(Moraceae)

    8. 植物体不具球形的头状花序。

     10. 叶撕破后具橡胶丝；翅果，具片状髓 ……………… 杜仲科(Eucommiaceae)

     10. 叶撕破后，无橡胶丝。

      11. 坚果外具木质壳斗 ……………………………… 壳斗科(Fagaceae)

      11. 果外不具木质壳斗。

       12. 叶具三主脉。

        13. 叶全缘，早春开花，雌雄异株，具总苞的头状花序，瘦果具冠毛 ………………………………………………………………… 菊科(Compositae)(蚂蚱腿子属)

        13. 叶缘具锯齿或具裂。

         14. 小枝或叶被星状毛，雄蕊多数。

          15. 雄蕊分离，花药 2 室 ……………… 锦葵科(Malvaceae)(椴树科)

          15. 单体雄蕊，花药 1 室 ………………… 锦葵科(Malvaceae)

         14. 小枝及叶不被星状毛，单被花，雄蕊 4～5 枚 ……… 大麻科(Cannabaceae)

       12. 叶不具三主脉。

        16. 叶全缘或具有锯齿和裂。

         17. 叶全缘。

          18. 花两侧对称，假蝶形花冠，紫红色，荚果 ……… 豆科(Fabaceae)(紫荆属)

          18. 花辐射对称，不结荚果。

           19. 枝具环状托叶痕、蓇葖果 ……………… 木兰科(Magnoliaceae)

           19. 枝不具环状托叶痕。

            20. 花药顶孔开裂 ……………………… 杜鹃花科(Ericaceae)

            20. 花药不为顶孔开裂。

21. 具托叶。

 22. 无花瓣，心皮常 3，合生，分果 ················ 叶下珠科(Phyllanthaceae)

 22. 具花瓣，梨果 ························· 蔷薇科(Rosaceae)(栒子属)

21. 不具托叶。

 23. 树皮剥落，花 6 数，花瓣皱缩具爪 ······· 千屈菜科(Lythraceae)(紫葳属)

 23. 树皮不剥落，花常为 4～5 数，花瓣不皱缩。

  24. 花瓣合生、浆果 ································· 柿树科(Ebenaceae)

  24. 花瓣离生，核果或 3 心皮的分果。

   25. 花序上的不育花梗成羽毛状，心皮 2，核果 ······················

    ······························· 漆树科(Anacardiaceae)(黄栌属)

   25. 无羽毛状的不育花梗，心皮 3，分果 ······ 大戟科(Euphorbiaceae)

17. 叶缘具锯齿或裂。

 26. 坚果外具果苞或具叶状、管状总苞 ······················ 桦木科(Betulaceae)

26. 果外不具苞片或叶状、管状总苞。

 27. 无托叶。

  28. 叶缘具锯齿，而不具裂片。

  29. 核果，无翅 ·························· 山矾科(Symplocaceae)

  29. 瘦果，具翅 ····················· 昆栏树科(Trochodendraceae)

  28. 叶 3～5 裂，干后不成黄绿色，核果，花萼宿存 ·················

   ··························· 山茱萸科(Cornaceae)(八角枫属)

 27. 具托叶(有时早落)

  30. 叶具三出脉。

   31. 无花瓣、翅果、核果、雄蕊与萼片对生 ·······················

    ······························ 大麻科(Cannbaaceae)(朴属、青檀属)

31. 具花瓣，雄蕊与花瓣对生 ····················· 鼠李科(Rhamnaceae)

30. 叶具羽状脉或掌状脉。

 32. 无花被或为单被花。

  33. 无花被，蒴果种子具毛，雌雄异株，雌雄花均成柔荑花序

   ······························· 杨柳科(Salicaceae)

  33. 单被花，翅果或浆果。

   34. 翅果(或为小坚果具翅)

   35. 雌雄花均成柔荑花序，果外具果苞 ················· 桦木科(Betulaceae)

   35. 花不成柔荑花序，果外不具果苞 ················· 榆科(Ulmaceae)

  34. 浆果 ······················· 杨柳科(Salicaceae)(山桐子属)

 32. 花具萼片和花瓣(双被花)。

  36. 具托叶。

   37. 花两侧对称，具萼距，栽培 ······· 牻牛儿苗科(Geraniaceae)(天竺葵属)

   37. 花辐射对称，核果，梨果，不具萼距 ·············· 蔷薇科(Rosaceae)

  36. 不具托叶。

   38. 心皮 5，离生子房上位，蓇葖果 ······ 蔷薇科(Rosaceae)(绣线菊属)

   38. 心皮 2，合生，子房下位，浆果 ········· 茶藨子科(Grossulariaceae)(茶藨子属)

1. 单叶对生。

39. 双翅果，叶缘具裂 ······························· 无患子科(Sapindaceae)(槭属)

39. 果不为双翅果。

 40. 具叶柄间的三角形托叶，花紫色 ····················· 茜草科(Rubiaceae)

40. 不具叶柄间托叶。

  41. 叶背脉腋具有黑色腺点，花冠二唇形，蒴果细长，种子具毛 …………………… 紫葳科(Bignoniaceae)

  41. 叶背脉腋不具黑色腺点。

    42. 叶具星状毛或腺毛。

      43. 叶具腺毛及星状毛，花冠唇形，雄蕊4枚 ………………… 泡桐科(Paulowniaceae)(泡桐属)

      43. 叶只具星状毛，雄蕊不为4枚。

        44. 冬芽裸露，枝中空。

          45. 核果，子房下位 ………………………………… 五福花科(Adoxaceae)(荚蒾属)

          45. 浆果，子房上位 …………………………………… 唇形科(Lamiaceae)(紫珠属)

        44. 芽具芽鳞，蒴果 ………………………… 绣球科(Hydrangeaceae)(溲疏属)

    42. 叶不具星状毛和腺毛。

      46. 子房下位或半下位。

        47. 雄蕊多数，萼筒成壶状，红色肉质，浆果状，叶具羽状脉 ……………………
                                           ………………………………………… 千屈菜科(Hydrangeaceae)

        47. 雄蕊4～5，如多数时，则花为白色，萼筒不成壶形。

          48. 雄蕊多数，蒴果，叶具三出脉 ………………… 绣球科(Hydrangeaceae)(山梅花属)

          48. 雄蕊4～5枚。

            49. 叶脉近弧形，顶生聚伞花序，边缘花放射状，不育 …… 山茱萸科(Cornaceae)

            49. 叶脉不成弧形，无不育的边花 ………………………… 忍冬科(Caprifoliaceae)

      46. 子房上位。

        50. 无被花或单被花。

          51. 花蜡黄色，花托壶形，心皮多数，离生 ………… 蜡梅科(Calycanthaceae)

          51. 花不具上述特征。

      52. 无花被，雄蕊3 ………………………………………… 金粟兰科(Chloranthaceae)

      52. 具单层花被。

        53. 心皮3，花被离生，蒴果，具数粒种子 …………………… 黄杨科(Buxaceae)

        53. 心皮1，花被合生成管状，核果，具1粒种子 ……………… 瑞香科(Thymelaeaceae)

50. 具萼片和花瓣。

  54. 花瓣离生。

    55. 雄蕊对着花瓣 ………………………………………………… 鼠李科(Rhamnaceae)

    55. 雄蕊对着萼片。

      56. 树皮剥落，花瓣常皱缩，具爪，种子无假种皮 …………………………………
                         ………………………………… 千屈菜科(Lythraceae)(紫薇属)

      56. 树皮不剥落，花瓣不皱缩，不具爪，种子具红色假种皮 …………………………
                         ………………………………………………… 卫矛科(Celastraceae)

  54. 花瓣合生。

    57. 花辐射对称，雄蕊2枚 ………………………………………… 木犀科(Oleaceae)

    57. 花两侧对称，雄蕊4枚。

      58. 子房每室具1～2个胚珠。

        59. 子房四深裂，花柱生于子房的基部，形成4个小坚果 …………………
                         ………………………………………………… 唇形科(Lamiaceae)

        59. 子房无四深裂，花柱顶生，蒴果或核果 ………………………
                         ……………………………… 唇形科(Lamiaceae)(大青属)

      58. 子房具多数胚珠，蒴果 ……………………………… 爵床科(Acanthaceae)

(九)具有复叶的木本植物

1. 复叶对生。
 2. 三出复叶或羽状复叶。
  3. 双翅果 ……………………………………………………………… 无患子科(Sapindaceae)
  3. 果不为双翅果。
   4. 单翅果,奇数羽状复叶,雄蕊 2 枚 ……………………… 木犀科(Oleaceae)(梣属)
   4. 果不为单翅果。
    5. 雄蕊 2 枚 ………………………………………………………… 木犀科(Oleaceae)
    5. 雄蕊 4~5 枚。
     6. 三出复叶,蒴果膀胱状 ……………………………… 省沽油科(Staphyleaceae)
     6. 羽状复叶,浆果 ……………………… 五福花科(Adoxaceae)(接骨木属)
 2. 掌状复叶,聚伞花序或圆锥花序。
  7. 花两侧对称,核果 ……………………………… 唇形科(Lamiaceae)(牡荆属)
  7. 花辐射对称,蒴果 ……………………… 无患子科(Sapindaceae)(七叶树属)
1. 复叶互生。
 8. 掌状复叶,掌状裂或单身复叶。
  9. 掌状复叶或掌状裂。
   10. 掌状复叶,伞形花序,浆果 ………………………………… 五加科(Araliaceae)
   10. 叶为掌状裂,圆锥花序下垂,外包以苞片 ……………………… 棕榈科(Palmae)
  9. 叶为单身复叶,叶中具透明油腺点 ……………………………… 芸香科(Rutaceae)
 8. 叶羽状复叶或三出复叶。
  11. 偶数羽状复叶。
   12. 二回偶数羽状复叶,花序头状,荚果 ……… 豆科(Fabaceae)(含羞草亚科)
   12. 一回偶数羽状复叶,核果 ……………………… 漆树科(Anacardiaceae)
  11. 叶为 2~3 回三出复叶或羽状复叶、三出复叶。
   13. 叶为 2~3 回三出复叶,浆果,花药瓣裂 ……………… 小檗科(Berberidaceae)
   13. 叶为羽状复叶或三出复叶。
    14. 翅果。
     15. 双翅果,奇数羽状复叶,叶轴具翅,裸芽 ……… 胡桃科(Juglandaceae)(枫杨属)
     15. 单翅果,奇数羽状复叶,叶轴不具翅,不为裸芽 ……… 苦木科(Simaroubaceae)
    14. 不为翅果。
     16. 植物体具片状髓、核果状 ……………………… 胡桃科(Juglandaceae)
     16. 植物体不具片状髓。
      17. 蝶形花冠,荚果 ………………………… 豆科(Fabaceae)(蝶形花亚科)
      17. 不为蝶形花冠,不为荚果。
       18. 周位花,雄蕊多数 ……………………… 蔷薇科(Rosaceae)
       18. 雄蕊为定数。
        19. 裸芽、核果 ……………………… 苦木科(Simaroubaceae)(苦木属)
        19. 芽具芽鳞。
         20. 顶端小叶常退化成偶数羽状复叶,全缘,核果 ………
          ………………………… 漆树科(Anacardiaceae)(黄连木属)
         20. 奇数羽状复叶,叶缘具锯齿或裂。
          21. 雄蕊离生 ……………………… 无患子科(Sapindaceae)
          21. 雄蕊结合成单体 ……………………… 楝科(Meliaceae)

(十)草本双子叶植物，无被花或单被

1. 植物体具托叶鞘 ……………………………………………………………………………… 蓼科(Polygonaceae)

1. 植物体不具托叶鞘。

  2. 雄蕊 10 枚或更少。

    3. 叶片 4，生于茎顶，雄蕊 3，无花被 ……………………………… 金粟兰科(Chloranthaceae)

    3. 植物体不为上状。

      4. 子房下位，叶互生 ………………………………………………… 檀香科(Santalaceae)

      4. 子房上位。

        5. 短角果，圆扇形，萼片 4 枚，雄蕊 6 或 2～4 枚 ……………… 十字花科(Brassicaceae)(独行菜属)

        5. 果不为短角果。

          6. 花两性。

            7. 总状花序，心皮 8～10，合生或离生，浆果，叶全缘，互生，无托叶 ……………………………………………………………………………………………………… 商陆科(Phytolaccaceae)

            7. 植物体不为上述特征。

              8. 花被管状，1 心皮，1 室，1 胚珠。

                9. 花具叶状或萼状总苞，萼片花瓣状，胚珠基生 ……………… 紫茉莉科(Nyctaginaceae)

                9. 花不具叶状总苞，胚珠顶生，核果 ……………………………… 瑞香科(Thymelaeaceae)

              8. 花被不为管状，心皮 2～3，胚珠 1 至多数。

                10. 胚珠 1 个，基生，叶互生。

                  11. 萼片草质，雄蕊分离，植物体常具泡状粉 ………… 苋科(Amaranthaceae)(原藜科)

                  11. 萼片干膜质，雄蕊基部合生 ………………………………… 苋科(Amaranthaceae)

                10. 胚珠多数，中轴胎座或特立中央胎座。

                  12. 叶互生，中轴胎座 ……………………………………… 扯根菜科(Penthoraceae)

                  12. 叶对生或互生，特立中央胎座。

                    13. 萼片分离，雄蕊对萼片或较萼片为多 ……………… 石竹科(Caryophyllaceae)

                    13. 萼片合生，雄蕊和萼片互生 ………………… 报春花科(Primulaceae)(海乳草属)

           6. 花单性。

             14. 花柱 2 条…………………………………………………… 大麻科(Cannabaceae)(大麻属)

             14. 花柱 1 条，植物体常具螫毛 ………………………………… 荨麻科(Urticaceae)

  2. 雄蕊多数。

    15. 心皮 3，合生，雌雄同株。

      16. 叶基偏斜 ……………………………………………………… 秋海棠科(Begoniaceae)

      16. 叶基不偏斜，叶片盾状着生，三分果 ……………………… 大戟科(Euphorbiaceae)

    15. 心皮 1 至多数，离生……………………………………………… 毛茛科(Ranunculaceae)

(十一)草本，双子叶植物，双被花，花瓣离生

1. 雄蕊多数。

  2. 雄蕊分离或结合成数束。

    3. 叶具透明腺点，叶对生，无托叶，心皮 3～5，蒴果，中轴胎座 …………… 藤黄科(Guttiferae)

    3. 叶中不具透明腺点。

      4. 萼片 2，蒴果盖裂，胚珠多数，特立中央胎座 ……………………… 马齿苋科(Portulacaceae)

4. 果成熟时不为盖裂。

  5. 周位花。

    6. 叶对生，花瓣具细柄，边缘皱波状，蒴果 ················ 千屈菜科(Lythraceae)

    6. 叶互生，花瓣不成皱波状。

      7. 萼片 2，花瓣 4，蒴果 ················ 罂粟科(Papaveraceae)（花菱草属）

      7. 萼片 4～5，果不为蒴果 ················ 蔷薇科(Rosaceae)

  5. 下位花。

    8. 心皮离生，无托叶，蓇葖果或瘦果 ················ 毛茛科(Ranunculaceae)

    8. 心皮合生，蒴果。

      9. 无花盘，单叶，不裂，有时被星状毛 ········ 锦葵科(Malraceae)（田麻属、黄麻属）

      9. 具花盘，叶 3～5 全裂，裂片线状披针形或线形 ········ 蒺藜科(Zygophyllaceae)

2. 雄蕊花丝结合成单体，植物体常被星状毛。

  10. 花柱 1 条，头状或具裂，花粉粒不具刺 ············ 锦葵科(Malraceae)（午时花属）

  10. 花柱分离，花粉粒具刺、托叶宿存 ············ 锦葵科(Malvaceae)（狭义锦葵科）

1. 雄蕊 10 枚或更少。

  11. 花辐射对称。

    12. 叶中具透明油腺点 ················ 芸香科(Rutaceae)

    12. 叶中不具透明的油腺点。

      13. 复伞形花序，双悬果，子房下位 ················ 伞形科(Umbelliferae)

      13. 不为伞形花序。

        14. 子房下位，花 4 数，蒴果 ················ 柳叶菜科(Onagraceae)

        14. 子房上位。

          15. 子房 1 室或因假隔膜而成 2 室，侧膜胎座或特立中央胎座。

            16. 叶对生，子房 1 室，特立中央胎座 ············ 石竹科(Caryophyllaceae)

            16. 叶互生，侧膜胎座。

              17. 萼片 2，早落，花瓣 4，雄蕊 4，蒴果 ·········· 罂粟科(Papaveraceae)（角茴香属）

              17. 萼片 4，雄蕊 6，蒴果或角果。

                18. 雄蕊 4 长 2 短，四强雄蕊，无雌蕊柄，角果 ········ 十字花科(Brassicaceae)

                18. 雄蕊等长，具雌蕊柄，蒴果 ············ 白花菜科(Cleomaceae)

          15. 子房 2～5 室，中轴胎座。

            19. 羽状复叶或三出复叶。

              20. 具花盘，偶数羽状复叶、互生，蒴果具刺 ········ 蒺藜科(Zygophyllaceae)

              20. 无花盘，三出复叶 ················ 酢浆草科(Oxalidaceae)

            19. 单叶。

              21. 蒴果具长喙 ················ 牻牛儿苗科(Geraniaceae)

              21. 果不具喙。

                22. 周位花。

                  23. 雄蕊着生杯状花托边缘 ············ 虎耳草科(Saxifragaceae)

                  23. 雄蕊着生杯状或管状花托内侧 ············ 千屈菜科(Lythraceae)

                22. 下位花，雄蕊 10，结合，子房 10 室，蒴果 ········ 亚麻科(Linaceae)

11. 花两侧对称。

  24. 花具距。

    25. 心皮 3，合生。

      26. 叶片盾状着生，圆形，无托叶 ················ 旱金莲科(Tropaeolaceae)

      26. 叶基生或茎生，叶片不为盾状着生，具托叶 ············ 堇菜科(Violaceae)

25. 心皮 2 或 5，合生。

  27. 心皮 2，侧膜胎座，1 室 ················ 罂粟科(Papaveraceae)(紫堇亚科)

  27. 心皮 5，中轴胎座，5 室 ················ 凤仙花科(Balsaminaceae)

24. 花不具距。

 28. 心皮 1，蝶形花冠，荚果具多数种子，具托叶 ············ 豆科(Fabaceae)(蝶形花亚科)

 28. 心皮 2，蒴果每室 1 种子，无托叶 ············ 远志科(Polygalaceae)

（十二）草本，双子叶植物，双被花，花瓣合生

1. 子房下位。

 2. 具总苞的头状花序，胚珠单生。

  3. 每花具 1 杯状小总苞，雄蕊 4，分离、胚珠顶生 ············ 忍冬科(Caprifoliaceae)(原川续断科)

  3. 每花不具小总苞，聚药雄蕊，胚珠基生 ············ 菊科(Compositae)

 2. 花不成具总苞的头状花序。

  4. 雄蕊 1～3，子房仅具 1 胚珠，连萼瘦果；常具翅 ············ 忍冬科(Caprifoliaceae)(原败酱科)

  4. 雄蕊 4～5，子房具 2 至数个胚珠。

   5. 小草本，茎生叶仅具对生叶 2 枚，三出复叶，花小，5 朵聚成头状，花辐射对称 ···················· ················ 五福花科(Adoxaceae)(五福花属)

   5. 花序通常成聚伞状。

    6. 具叶柄间托叶，有时叶状，子房 2 室，花辐射对称 ············ 茜草科(Rubiaceae)

    6. 无托叶，子房 3～5 室，花常两侧对称，浆果 ············ 忍冬科(Caprifoliaceae)(莛子藨属)

1. 子房上位。

 7. 花辐射对称。

  8. 花冠干膜质，4 裂，雄蕊 4，蒴果盖裂，叶基生，具弧形叶脉 ······ 车前科(Plantaginaceae)(车前属)

  8. 花不为上述特征。

   9. 雄蕊对着花瓣。

    10. 胚珠 1 枚，基生胎座 ················ 蓝雪科(Plumbaginaceae)

    10. 胚珠多数. 特立中央胎座 ················ 报春花科(Primulaceae)

   9. 雄蕊和花瓣互生，或与花瓣数目不等。

    11. 叶对生。

     12. 雄蕊与花瓣相等，4～5 枚

      13. 侧膜胎座，子房 1 室，花 4～5 数 ············ 龙胆科(Gentianaceae)

      13. 中轴胎座，子房 2 室，花常为 4 数 ············ 马钱科(Loganiaceae)(姬苗属)

     12. 雄蕊较花瓣数为少，2 枚 ············ 车前科(Plantaginaceae)(婆婆纳属)

    11. 叶互生或基生。

     14. 雄蕊 10，花药孔裂，无托叶 ············ 杜鹃花科(Ericaceae)(原鹿蹄草科)

     14. 雄蕊与花冠裂片相等。

      15. 子房四深裂，形成 4 个小坚果 ············ 紫草科(Boraginaceae)

      15. 子房不四深裂，每室具多数胚珠。

       16. 子房 3 室，花冠卷旋状排列 ············ 花葱科(Polemoniaceae)

       16. 子房 2 室 ············ 茄科(Solanaceae)

 7. 花两侧对称。

  17. 叶互生。

   18. 蒴果成长角状，种子具翅，花粉红色 ············ 紫葳科(Bignoniaceae)

   18. 蒴果不成长角状，种子不具翅 ············ 玄参科(Scrophulariaceae)(广义)

17. 叶对生，至少下部的叶为对生，稀基生。

 19. 子房每室具多数胚珠。

  20. 胚珠着生在钩状胎座上，栽培 ················· 爵床科（Acanthaceae）

  20. 胚珠不着生在钩状胎座上。

   21. 子房 1 室，侧膜胎座，叶常基生 ················· 苦苣苔科（Gesneriaceae）

   21. 子房 2～4 室，中轴胎座。

    22. 植物体具腺毛，子房最后形成 4 室 ················· 脂麻科（Pedaliaceae）

    22. 植物体不具腺毛，子房 2 室 ················· 玄参科（Scrophulariaceae）（广义）

 19. 子房每室具 1～2 胚珠。

  23. 子房四深裂，花柱生于子房基部，形成 4 个小坚果，茎常 4 棱 ················· 唇形科（Laminaceae）

  23. 子房不四裂，花柱顶生。

   24. 子房 1 室，仅含 1 胚珠，萼具钩状牙齿，花在果时下弯 ····· 透骨草科（Phrymaceae）（透骨草属）

   24. 子房 2～4 室，每室 1～2 胚珠 ················· 马鞭草科（Verbenaceae）

（十三）草本，平行叶脉或弧形叶脉，花常为 3 数——单子叶植物

1. 禾草状植物。

 2. 具花被，聚伞花序成头状。

  3. 花单性，成具总苞的头状花序，生于花葶上，叶基生，禾草状 ················· 谷精草科（Eriocaulaceae）

  3. 花两性。

   4. 花生于穗形的总状花序上，蒴果，熟时裂成 3～6 瓣，每果瓣内仅具 1 种子 ················· 水麦冬科（Juncaginaceae）

   4. 花序聚伞状，蒴果室背开裂成 3 瓣，内含多数至 3 枚种子················· 灯芯草科（Juncaceae）

 2. 花被特化成鳞片状，刚毛状，包于壳状的颖片内。

  5. 秆圆形，中空，叶二列，互生排列，叶鞘常开口，颖果 ················· 禾本科（Gramineae）

  5. 秆三棱形、实心，叶三列，互生排列，叶鞘闭合，小坚果或囊果 ················· 莎草科（Cyperaceae）

1. 非禾草状植物。

 6. 叶常为剑形，基部成套褶状排列，雄蕊 3，子房下位 ················· 鸢尾科（Iridaceae）

 6. 叶基部不成套褶状。

  7. 叶具柄，网状脉，肉穗花序，外围以佛焰苞 ················· 天南星科（Araceae）

  7. 叶不具柄，花序外不具佛焰苞。

   8. 叶具闭合叶鞘，花外常包以叶状苞片，雄蕊 6 或 3，常具退化雄蕊 ······ 鸭跖草科（Commelinaceae）

   8. 叶不具叶鞘。

    9. 子房上位，花序常成伞形，地下部分常具鳞茎、块茎和根状茎，蒴果或浆果 ················· 百合科（Liliaceae）（广义）

    9. 子房下位或半下位。

     10. 花辐射对称。

      11. 雄蕊 3，无退化雄蕊，叶基成套褶状 ················· 鸢尾科（Iridaceae）

      11. 雄蕊 6。

       12. 花被两轮 2 形，外轮萼片状，内轮花瓣状，苞片明显，常具彩色 ················· 凤梨科（Bromeliaceae）

       12. 花被同形，花瓣状。

        13. 子房半下位，叶线形，浆果················· 百合科（Liliaceae）（沼阶草属）

13. 子房下位，花序常成聚伞状伞形 ························ 石蒜科（Amaryllidaceae）（狭义）

10. 花两侧对称或不对称。

14. 花被萼片状，内轮中央 1 片成唇瓣，具合蕊柱和花粉块，能育雄蕊 1～2 枚 ··············
··· 兰科（Orchidaceae）

14. 外轮花被常成萼片状，不形成合蕊柱和花粉块，叶常成具中脉的侧出平行脉。

15. 后方 1 雄蕊不育，其余 5 个能育 ·························· 芭蕉科（Musaceae）

15. 后方 1 雄蕊能育，其余 5 个退化，或变成花瓣状。

16. 花药 2 室，萼片合生成萼筒状或成佛焰苞状 ··············· 姜科（Zingiberaceae）

16. 花药 1 室，不育雄蕊成花瓣状 ······················· 美人蕉科（Cannaceae）

3.5 野外实习中的科研训练

野外实习中的科研训练，主要是通过实习中的小专题研究项目实现。小专题的题目，一般是由教师事先根据实习地点的条件和学生的实际水平提出来的，学生也可以自己立题，但要通过教师严格把关，确认研究完成的可行性。一般 2～3 人为 1 个专题组，必要时 4～5 人，如进行植物群落调查。每个专题组都配以指导教师。在专题研究实施前，专题组成员要和指导教师碰一次头，指导教师要介绍做本专题的目的和要求，并协助学生制订工作计划和方法步骤。野外实习中用于专题研究的时间很短，一般为 2～4 天，包括野外调查、观察测量、数据资料整理分析、论文撰写、幻灯片制作及报告的全部过程，都要在这几天的时间里完成。

小专题的内容所涉及的范围非常广泛，其中有植物分类方面的，也有植物形态解剖和形态变异观察、植物传粉生物学方面的，以及生物生态、植物资源等方面的。现将一些我们在野外实习中做过的小专题论文题目列举如下：

藿香的传粉生态学初探

旱生植物叶的解剖观察

常见草本植物茎的解剖观察

有乳汁植物的调查研究

禾本科植物花部形态观察

蒙古栎形态变异的研究

重要资源植物的调查报告

不同林型生物多样性调查

天然次生林与人工林群落生态学特性的研究

森林—灌丛群落过渡带生态学特性的研究

白桦林群落空间分布特征

植物群落特性与环境之间的相互关系的研究

通过这些小专题的研究，不仅使每个同学学习到本课程某一方面的研究方法，而且对于查阅资料、撰写科学报告等方面也得到了初步的锻炼，同时也培养了学生发现问题、解决问题的能力和合作进行科学探索的精神。从学生反馈的信息来看，这样做的效果明显、收益较大，是一次能力的全面锻炼和培养。

3.6 北京地区植物各科的识别特征

类群	目名	科名	习性	营养器官特征	花序	花程式	果实	染色体
基部类群	睡莲目	*睡莲科	水生草本	单叶,叶片不为盾状着生	花单生	$\male\female$ ✳ $P_\infty A_\infty \underline{G}_{(\infty)}$,$G_{(\infty)}$	浆果状(全面胎座)	$x=12\sim29$
	木兰藤目	五味子科	直立木本或木质藤本	单叶,互生	花腋生	$(\male\female)$或$\male/\female$ $\male$:✳ $P_{5-\infty}$ $A_{4-\infty}$;$\female$:$P_{5-\infty}$ $\underline{G}_{\infty:1:2-5}$	浆果	$x=13、14$
木兰类	胡椒目	马兜铃科	木本、草本	单叶,互生,全缘	花单生或在叶腋簇生	$\male\female$ ↑,✳ $P_3 A_{3+3} \underline{G}_{2-6}$	蒴果	$x=4\sim7$,$12、13$
	木兰目	*木兰科	木本	单叶,互生,具油细胞,常具环状托叶痕	单生	$\male\female$ ✳ P_{6-12} A_∞ $\underline{G}_{\infty:1:1-\infty}$ (具柱状花托)	菁葖果或翅果(坚果具翅)	$x=19$
	樟目	蜡梅科	木本	单叶,互生具托叶	花单生	$\male\female$ ✳ $P_\infty A_{5-30} \underline{G}_{\infty:1:1}$	花后壶状花托膨大形成假果	$x=11、12$
		樟科	木本	单叶,互生,具挥发油腺	聚伞花序或总状花序	$\male\female$ ✳ P_{3+3} $A_{3+3+3+3}$ $\underline{G}_{(3:1:1)}$ (花药瓣裂)	核果、浆果	$x=7、12$
独立支	金粟兰目	金粟兰科	草本、灌木	单叶,对生或顶生	穗状花序或圆锥花序	$\male\female$ ✳ $P_0 A_{3-1} \underline{G}_{(3:1:1)}$	核果	$x=8、14、15$
单子叶类	泽泻目	天南星科(包含浮萍科)	多为草本或水生草本	叶基生或互生,植物体常具辛辣味或乳状汁液,水生类群小形,叶状	肉穗花序(佛焰花序),水生类群每花序含1雌花和1~2朵雄花	$\male\female(\male\female)\male$:$K_{0,4-8}$ $C_0 A_{1-\infty}$ $\female$:$K_{0,4-8}$ $C_0 \underline{G}_{(1)}$	浆果	$x=7\sim17$
		*泽泻科	沼泽生草本	叶基生,具长柄	圆锥花序	$\male\female(\male\female)$✳ K_3 $C_3 A_{6-\infty} \underline{G}_{\infty:1}$	瘦果(聚合果)	$x=5\sim13$
		花蔺科	水生或沼生草本	叶基生或茎生	伞形花序	$\male\female$ ✳ $P_{3+3} A_9 \underline{G}_6$	菁葖果	$x=13$
		水鳖科(包含茨藻科)	水生草本	叶基生或茎生,茎生叶互生、对生或轮生	单生或聚伞花序	$\male$:$K_3 C_3 A_{3-\infty}$ $\female$:$K_3 C_3 G_{(3-6:1)}$ $\male\female$ ✳ P_{3+3},$P_3 A_{3-\infty} \underline{G}_{(3:1)}$	蒴果,浆果状	$x=7\sim12$

类群	目名	科名	习性	营养器官特征	花序	花程式	果实	染色体
单子叶类		眼子菜科	水生草本	叶具浮水叶或沉水叶，基部常具鞘	穗状花序簇生	$\phi(♂♀)✱ P_0 A_{1-4} \underline{G}_{(1-4)}$	坚果状、核果状	$x=7、13\sim15$
	薯蓣目	薯蓣科	草质藤本，具地下茎	单叶，互生稀对生	总状或穗状花序	$♂/♀✱♂：P_{3+3} A_{6-3}$ $♀：P_{3+3} G_{(3:3)}$	蒴果具翅	$x=9、10、12、14$
	百合目	藜芦科	草本	单叶，互生	总状	$\phi✱ P_{3+3} A_{3+3} \underline{G}_{(3:3)}$	蒴果	$x=3\sim27$
		*百合科	多为草本，常具各种地下茎	单叶，互生或轮生	总状、穗状或圆锥状	$\phi✱ P_{3+3} A_{3+3} \underline{G}_{(3:3)}$	蒴果、浆果	$x=3\sim27$
		菝葜科	攀援或直立草本	单叶，互生	伞形花序或圆锥花序	$♂/♀✱♂：P_{3+3} A_{6-3}$ $♀：P_{3+3} \underline{G}_{(3:1)}$	浆果	$x=3\sim27$
	天门冬目	*兰科	草本，有附生或者腐生的草本	单叶，互生稀对生或轮生，基部常具叶鞘	各种	$\phi✱ ↑ K_3 C_{2+1} A_{1-2}$ $G_{(3:1:\infty)}$（具唇瓣，具花粉块，具合蕊柱）	蒴果	$x=6\sim29$
		鸢尾科	草本，具地下茎	单叶，互生，基生或套折状	单生或聚伞花序	$\phi✱ ↑ P_6 A_3 G_{(3:3:\infty)}$	蒴果	$x=3\sim19$
		芦荟科	草本、灌木，具根状茎	叶互生，螺旋状排列或排成二裂，有时肉质	圆锥花序或总状花序	$\phi✱ P_{3+3} A_{3+3} \underline{G}_{(3:3)}$	蒴果	$x=7$
		*石蒜科	草本，具鳞茎、球茎或块茎	叶基生	花单生或形成总状、穗状、伞形、圆锥花序	$\phi✱ P_{3+3} A_{3+3} G_{(3:3)}$	蒴果，少数为浆果状	$x=8\sim11$
		天门冬科	草本	叶退化为膜质鳞片	簇生或排列成总状、伞形花序	$\phi✱ P_{3+3} A_{3+3} \underline{G}_{(3:3)}$	浆果	$x=9,10$
	棕榈目	棕榈科	木本	叶互生，丛生于茎顶	圆锥或穗状花序	$\phi(♂♀)或♂/♀ P_{3+3}$ $A_{3+3} \underline{G}_{(3)}$	浆果、核果	$x=13\sim18$
	鸭跖草目	鸭跖草科	草本	单叶，互生，具叶鞘	聚伞花序	$\phi✱ ↑ K_3 C_3 A_6 G_{(2-3)}$	蒴果	$x=4\sim19$
		雨久花科	水生草本	单叶，互生	穗状花序、总状花序	$\phi ↑ P_6 A_{3-6} \underline{G}_{(2)}$	蒴果	$x=8、14、15$

续表

类群	目名	科名	习性	营养器官特征	花序	花程式	果实	染色体
单子叶类	姜目	美人蕉科	草本,具根状茎	叶互生,叶柄鞘状	穗状、总状或狭圆锥状	$\male\female \uparrow K_3 C_3 A_5 \underline{G}_{(3)}$	蒴果	$x=9$
		芭蕉科	草本	叶鞘复叠而成粗壮的假茎	穗状或圆锥花序外具苞片	$\male\female \uparrow K_3 C_3 A_5 \underline{G}_{(3)}$	浆果状蒴果	$x=9、10、11、16、17$
		姜科	草本,具根状茎	叶基生或茎生,基部具鞘	单生或穗状、头状、总状或圆锥状	$\male\female \uparrow P_{3+3} A_1 \underline{G}_{(3)}$	蒴果、浆果	$x=9\sim18$
	禾本目	香蒲科（包括黑三棱科）	水生或沼生草本	叶线形,具叶鞘	肉穗花序,花序上部为雄花,下部为雌花,雌花具短柄,基部具鳞片状或毛状的苞片	$(\male\female)\ast \male: P_0 A_{1-7}$ $\female: P_0 \underline{G}_{1:1:1}$	小坚果	$x=15$
		凤梨科	草本	叶常基生,成莲座状	头状、穗状或圆锥花序	$\male\female \ast K_3 C_3 A_6 \underline{G}_{(3)},$ $\overline{G}_{(3)}$	聚花果、蒴果或浆果	$x=8\sim28$
		灯芯草科	草本	叶扁平或圆柱状,有时退化为膜质鞘,常具匍匐状根状茎	聚伞花序	$\male\female \ast P_6 A_6 \underline{G}_{(3)}$	蒴果	$x=3\sim36$
		*莎草科	多为湿生草本	茎三棱,叶三列,叶鞘闭合,节和节间不明显	穗状或头状花序	$\male\female: P_0 A_{1-3} \underline{G}_{(2-3)}$ $\male: P_0 A_{1-3}$ $\female: P_0 \underline{G}_{(2-5)}$	颖果	$x=5\sim60$
		*禾本科	多为草本,稀木本	茎圆形,节和节间明显,叶二列,叶鞘通常为开口	穗状、指状或圆锥花序	$\male\female \uparrow P_{2-3} A_{3-6}$ $\underline{G}_{(2-3:1:1)}$	颖果	$x=2\sim23$
真双子叶类姐妹群	金鱼藻目	金鱼藻科	沉水草本	茎细长,叶无柄,轮生,二歧式细裂	花小,单生于叶腋	$\male/\female \male: \ast$ $P_{8-12} A_{10-16} \female: \ast$ $P_{8-12} \underline{G}_{(3)}$	坚果	$x=12$

类群	目名	科名	习性	营养器官特征	花序	花程式	果实	染色体
真双子叶类	毛茛目	罂粟科	草本常具乳汁	单叶、羽裂或复叶	单生或成聚伞花序	$\male \ast\ K_2\ C_{4-6}$ $A_\infty\ \underline{G}_{(2-16:1)}$	蒴果（侧膜胎座）	$x=6、7、$ $8\sim11、19$
		防己科	常为木质或草质藤本	单叶,互生,常具掌状脉	聚伞或圆锥花序	$\male/\female\male:\ast$ $P_{2-8}\ C_{6-8}\ A_{2-\infty}$ $\female:\ast\ K_{2-8}\ C_{6-8}\ \underline{G}_{3-6}$	核果	$x=11、12、$ $13、19、25$
		小檗科	灌木	单叶或复叶,植物体常具刺	总状花序或圆锥花序	$\male\ast\ K_{3+3}\ C_{3+3}\ A_{3+3}$ $\underline{G}_{1:1}$（花药瓣裂）	浆果	$x=6、7、8、$ $10、11$
		*毛茛科	多为草本	单叶、具裂,复叶,基生、互生,少数为对生	各种	$\male\ast\uparrow\ K_{3-\infty}\ C_{0-\infty}\ A_\infty$ $\underline{G}_{3-\infty:1}$（常具圆球形花托）	蓇葖果、瘦果	$x=6\sim10、13$
	山龙眼目	莲科	水生草本	单叶,具长柄,叶片盾状着生	花单生	$\male\ast\ P_\infty\ A_\infty\ \underline{G}_{\infty:1:1-2}$	坚果	$x=13$
		悬铃木科	落叶乔木	单叶,互生,常见叶柄下芽	头状花序	$(\male\female)\male:\ast$ $K_{3-8}\ C_{3-8}\ A_{3-8}$ $\female:\ast\ K_{3-8}\ C_{3-8}\ \underline{G}_{3-8}$	聚花果球形,坚果,基部具毛	$x=7$
	黄杨目	黄杨科	木本	单叶,对生全缘,革质,常绿,无托叶	聚伞花序	$(\male\female)$或$\male/\female\ K_{4-12}$ $K_0\ C_0\ A_{4-\infty}\ \underline{G}_{(2-4)}$	蒴果	$x=10、14$
超蔷薇类		芍药科	草本,灌木	复叶,互生	单生	$\male\ast\ K_{3-5}\ C_{5-\infty}\ A_\infty$ $\underline{G}_{2-6}$（花盘革质或肉质）	蓇葖果	$x=5$
	虎耳草目	虎耳草科	草本	单叶或复叶,互生,无托叶	聚伞或圆锥花序	$\male\ast\ K_{4-7}\ C_{4-5,0}\ A_{4-5+4-5}\ \underline{G}_{(2-4)}$	蒴果或蓇葖果	$x=6\sim15、17$
		茶藨子科	灌木	单叶,互生	总状花序、伞房花序或伞形花序	$\male\ast\ K_{(5)}\ C_5\ A_5\ \underline{G}_{(2:1)}$	浆果	$x=6\sim15、17$
		*景天科	草本	叶肉质,无托叶	聚伞花序	$\male\ast\ K_0\ C_5\ A_{5,10}$ $\underline{G}_{5:1:\infty}$	蓇葖果	$x=4\sim22$
		扯根菜科	草本	单叶,互生	聚伞花序顶生具分枝	$\male\ast\ K_5\ C_0\ A_{10}\ \underline{G}_{(5)}$	蒴果	$x=6\sim15、17$
		小二仙草科	水生草本	单叶,篦齿状分裂,互生、对生或轮生	簇生、穗状、伞房或圆锥花序	$\male:\ast\ K_{(2-4)}\ C_{2-4}\ A_{2-8}$ $\female:\ast\ K_{(2-4)}$ $C_{2-4}\ \underline{G}_{(4:1:1)}$	坚果或核果状	$x=7$

续表

类群	目名	科名	习性	营养器官特征	花序	花程式	果实	染色体
蔷薇类	葡萄目	葡萄科	木质藤本	单叶、复叶,互生,具卷须	圆锥花序、聚伞花序	⚥✳ K_{4-5} C_{4-5} A_{4-5} $\underline{G}_{(2)}$(具花盘)	浆果	$x=11\sim20$
	蒺藜目	蒺藜科	草本	羽状复叶,对生具托叶	总状或圆锥花序	✳ K_5 C_5 $A_{5,10-15}$ $\underline{G}_{(4-5)}$	蒴果,果瓣具刺	$x=6、8\sim13$
	豆目	*豆科	草本、木本	多为复叶,互生	花单生或形成头状、总状、穗状、圆锥花序	⚥↑ $K_{(5)}$ C_5 $A_{(9)+1}$ $\underline{G}_{1:1}$	荚果	$x=5\sim14$
		远志科	草本	单叶,互生	聚伞花序	⚥↑ K_5 $C_{5,3}$ A_{4-3} $\underline{G}_{(1-3)}$	蒴果	$x=5\sim11$
	蔷薇目	*蔷薇科	木本、草本	单叶、复叶,互生,稀对生,具托叶	各种	⚥✳ $K_{(5)}$ C_5 $A_{5-\infty}$ $\underline{G}_{5-\infty}$,$G_{(5)}$,$\underline{G}_1$	菁葖果、瘦果、梨果、核果	$x=7\sim9、17$
		胡颓子科	灌木或乔木	单叶,全缘,对生或互生	总状或穗状花序	⚥✳ K_4 A_4 $\underline{G}_{1:1:1}$	瘦果或坚果	$x=14$
		鼠李科	木本	单叶,互生,常具托叶刺或皮刺	聚伞花序	⚥✳ K_{4-5} C_{4-5} A_{4-5} $\underline{G}_{(2-4)}$(具花盘)	核果状	$x=9\sim13、23$
		榆科	乔木、灌木	单叶,互生,具托叶,叶基通常偏斜	聚伞花序	⚥✳ K_{4-7} C_0 A_{4-7} $\underline{G}_{(2:1:1)}$	翅果、核果	$x=10、11、14$
		大麻科(包括原榆科的部分类群)	草本、木本	单叶,互生或对生,具托叶,植物体不具乳汁	雄花为圆锥花序,雌花为头状花序	♂/♀♂:K_5 C_6 A_5 ♀:K_5 C_0 $\underline{G}_{(2:1:1)}$	瘦果,胚弯曲	$x=8、10$
		*桑科	乔木、灌木	单叶,互生,常具乳汁,托叶早落	头状或柔荑花序	(♂♀)或♂/♀♂:✳ K_{4-6} C_0 A_{4-6} ♀:✳ K_{4-6} C_0 $\underline{G}_{(2:1)}$	聚花果	$x=7$
		荨麻科	草本、灌木	单叶,互生或对生,具托叶,植物体常具螫毛	头状花序或聚伞花序,单性花	♂:K_{4-5} C_0 A_{4-5} ♀:K_{4-5} C_0 $\underline{G}_{(1:1)}$	瘦果	$x=6\sim4$
	壳斗目	*壳斗科	乔木、灌木	单叶,互生,托叶早落	雄花为柔荑花序,雌花单生或3朵生于总苞内	(♂♀):K_{4-6} C_0 A_∞ ♀:✳ K_{4-6} C_0 $\underline{G}_{(3-6:3-6:2)}$	坚果,外具壳斗	$x=11、12、13$

类群	目名	科名	习性	营养器官特征	花　序	花程式	果　实	染色体
蔷薇类	壳斗目	*胡桃科	乔木	羽状复叶,互生,常具片状髓	雄花序为柔荑花序,雌花序为穗状花序	$(\male\female)\male:K_{(4)}A_8$ $\female:* K_{(3-6)}G_{(2:1)}$	核果状	$x=16$
		*桦木科	乔木、灌木,树皮常成纸状剥落	单叶,互生	柔荑花序	$(\male\female)\male:K_{0,4}A_{2-10}$ $\female:G_{(2:2:1-2)}$	坚果,外具果苞或叶状总苞	$x=8、14$
	葫芦目	*葫芦科	草质藤本,具卷须	单叶,互生	花单生或为总状花序、圆锥花序	$(\male\female)$或$\male\,/\,\female\male:*$ $K_{(5)}\ C_{(5)}\ A_{(2)+(2)+1}$ $\female:* K_5\ C_{(5)}\ G_{(3:1)}$	多为瓠果	$x=7\sim14$
		秋海棠科	草本	单叶,互生,叶基偏斜	腋生聚伞花序	$(\male\female)\male:K_2 C_2 A$ $\female:P_{2-5}\ G_{(3)}$	蒴果	$x=10\sim21$
	卫矛目	*卫矛科	木本	单叶对生或互生	聚伞状,二歧聚伞花序	$\male\ * \ K_{4-5}\ C_{4-5}\ A_{4-5}$ $\underline{G}_{(2-5)}$（具花盘）	蒴果,种子常具假种皮	$x=8、12$
	酢浆草目	酢浆草科	草本、木本	掌状三小叶或羽状复叶	伞形或聚伞花序	$\male * K_5 C_5 A_{10}\ \underline{G}_{(5:5)}$	蒴果	$x=5\sim12$
	金虎尾目	*大戟科	草本、木本	单叶或羽裂,互生,具托叶,常具乳汁	总状,聚伞花序	$(\male\female),\male\,/\,\female$油桐: $(\male\female)K_{2-3}\ C_5\ A_\infty\ \underline{G}_{(3)}$ 蓖麻:$\male:K_5\ A_{(\infty)+(\infty)}$ $\female:K_5\ \underline{G}_{(3)}$ 大戟: $\male:K_0 C_0 A_1\female:K_5 C_0\ \underline{G}_{(3)}$	蒴果、分果	$x=6\sim14$
		叶下珠科	灌木或草本	单叶,互生	单生、簇生或形成各种花序	$\male:K_{4-6}\ C_0\ A_{2-6}\ \female:K_{4-6}$ $C_0\ \underline{G}_{(3)}$	蒴果	$x=13$
		金丝桃科	乔木、灌木或草本	单叶,对生或轮生	单生或形成聚伞花序	$\male K_{2-6,\infty}\ C_{2-6,\infty}$ $A_\infty\ \underline{G}_{(1-15)}$	浆果或核果	$x=7、8、9、10$
		堇菜科	草本	基生,茎生叶互生	单生	$\male\ \uparrow\ K_5 C_5 A_5$ $\underline{G}_{(3:1:\infty)}$（有一花瓣成距）	蒴果	$x=6\sim13、$ $17、21、23$
		西番莲科	具卷须的藤本植物	常为单叶或复叶互生,具托叶	单生或聚伞花序	$\male * K_{(3-5)}\ C_{3-5}$ $A_{5,3-10}\ \underline{G}_{(3:1)}$	浆果、蒴果,种子常具假种皮	$x=6,9\sim11$

续表

类群	目名	科名	习性	营养器官特征	花序	花程式	果实	染色体
蔷薇类	金虎尾目	*杨柳科	木本	单叶,互生,托叶早落	柔荑花序	♂/♀♂:$K_0C_0A_{2-\infty}$ ♀:$K_0C_0 \underline{G}_{(2:1)}$ (具花盘或蜜腺)	蒴果,种子具毛	$x=11、12、19$
		亚麻科	草本	单叶,互生	聚伞花序	☿✳ $K_{5-4}C_{5-4}$ $A_{5,10} \underline{G}_{(5)}$	蒴果	$x=6\sim11$
	牻牛儿苗目	牻牛儿苗科	草本	单叶,掌状脉,具托叶,互生或对生	单生,聚伞或伞形花序	☿✳↑ $K_{4-5}C_{4-5}A_{5,10}$ $\underline{G}_{(3-5)}$	蒴果	$x=7\sim14$
	桃金娘目	千屈菜科(包含菱科和石榴科)	草本、木本或水生草本	单叶对生或轮生	单生或组成总状、圆锥、聚伞花序	☿✳ $K_{4-8}C_{4-8,0}$ $A_{8-16} \underline{G}_{(2-6)}$	蒴果、具刺的坚果或浆果状	$x=5\sim11、$ $18、24$
		柳叶菜科	草本	单叶,对生、互生或轮生	花单生或为穗状、总状花序	☿✳ $K_{4-2}C_{4-2}$ $A_{4,8,2}\overline{G}_{(2-4)}$	蒴果、浆果	$x=6\sim18$
	缨子木目	省沽油科	木本	羽状复叶,对生	总状或圆锥花序	☿ ✳ $K_5C_5A_5$ $\underline{G}_{(3)}$ (具雄蕊外花盘)	蒴果	$x=13$
	无患子目	*芸香科	木本	单叶或复叶,无托叶,叶中常具透明油腺点	聚伞或总状、穗状、圆锥花序	☿✳ $K_{4-5}C_{4-5}$ $A_{8-10} \underline{G}_{(4-5),(\infty)}$	柑果、蓇葖果	$x=7\sim11$
		楝科	木本	羽状复叶,互生,无托叶	圆锥花序、总状或穗状花序	花两性或杂性✳ $K_{4-5}C_{4-5}A_{2-10} \underline{G}_{(2-5)}$	蒴果、核果	$x=10\sim14$
		苦木科	木本	羽状复叶,互生,树皮味苦	圆锥花序	花单性、两性或杂性 ✳ $K_{3-5}C_{3-5}A_{8-10} \underline{G}_{(2-5)}$	翅果、核果	$x=3、13$
		漆树科	木本	单叶、复叶,对生或互生,具树脂道	圆锥花序	花单性、两性或杂性 $K_{3-5}C_{3-5,0}A_{10-15}$ $\underline{G}_{(1-5)}$ (具环状花盘)	核果	$x=7\sim16$
		*无患子科(包括槭树科和七叶树科)	木本	单叶、羽状复叶、掌状复叶,互生或对生	各种	花单性、两性或杂性 ☿✳↑ $K_{4-5}C_{4-5,0}$ $A_{8-10} \underline{G}_{(2-4)}$	蒴果或双翅果	$x=10\sim16、$ $13、20$

类群	目名	科名	习性	营养器官特征	花序	花程式	果实	染色体
蔷薇类	锦葵目	*锦葵科（包括椴树科、梧桐科和木棉科）	乔木、灌木、藤本或草本	单叶,掌状裂或掌状复叶,互生,具星状毛	各种	$\male\female \ast K_5 C_5 A_{(\infty)}$ $\underline{G}_{(3-\infty\,:\,3-\infty)}$（花药 1 室,单体雄蕊）	蒴果、分果、蓇葖果	$x=6\sim17、20$
		瑞香科	木本	单叶,互生,稀对生	总状、穗状或头状花序	$\male\female \ast K_{4-5} C_0$ $A_{8-10,4-5}\, \underline{G}_{(2\,:\,1)}$	核果、浆果、坚果	$x=9$
	十字花目	*十字花科	草本	单叶,羽裂,无托叶	总状、伞房花序	$\male\female \ast K_4 C_4 A_{2+4}\, \underline{G}_{(2)}$（四强雄蕊,十字形花冠）	角果,具假隔膜	$x=5\sim12$
		白花菜科	草本、木本	单叶或掌状复叶,互生或对生	总状、伞房、伞形花序	$\male\female \ast K_{4-8} C_{4-8} A_{6-\infty}$ $\underline{G}_{(2)}$（常具子房柄）	蒴果,无加隔膜	$x=8\sim17$
		旱金莲科	草本	单叶,互生,叶片盾状着生	单生	$\male\female \uparrow K_5 C_5 A_8\, \underline{G}_{(3\,:\,3)}$	分果	$x=12\sim14$
超菊类	檀香目	檀香科	草本或木本,寄生或半寄生	单叶,互生或对生,无托叶	单生、伞形花序或聚伞花序	$\male\female \ast P_{4-5} A_{4-5}\, \underline{G}_{(3)}$	坚果状	$x=5、6、9、12、13$
		桑寄生科	草本或木本,寄生	单叶,对生或轮生,无托叶	单生、簇生、总状、穗状	(♂♀)♂/♀♂ $\ast$ $P_{2-8} A_{3-8}$; ♀: $P_4 \underline{G}_{(2)}$	浆果、核果	$x=8\sim12$
	石竹目	柽柳科	乔木或灌木	叶小,成鳞片状	圆锥花序	$\male\female \ast K_5 C_5 A_5\, \underline{G}_{(8)}$	蒴果	$x=12$
		蓝雪科	草本或灌木	叶基生或互生	穗状、头状或圆锥花序	$\male\female \ast K_{(5)} C_{(5)} A_5$ $\underline{G}_{(5\,:\,1\,:\,1)}$	蒴果	$x=8,9$
		*蓼科	草本、灌木或藤本	单叶,互生,具托叶鞘	常为两性花组成的穗状、总状或圆锥花序	$\male\female \ast K_{3-6} C_0 A_{6-9}$ $\underline{G}_{(2-4\,:\,1\,:\,1)}$（具花盘或蜜腺）	瘦果	$x=7\sim13$
		*石竹科	草本	节和节间明显,节部膨大,单叶对生	单生或聚伞花序	$\male\female \ast K_{5,(5)} C_5 A_{5+5}$ $\underline{G}_{(2-5\,:\,1\,:\,\infty)}$（特立中央胎座）	蒴果	$x=5\sim19$
		*苋科（包括藜科）	草本、灌木	单叶,对生或互生,无托叶	花簇生或形成穗状、头状、圆锥花序	$\male\female \ast K_{5-3} C_0 A_{5-3}$ $\underline{G}_{(2-3\,:\,1)}$	胞果或蒴果,胚弯生	$x=6\sim13、17$

续表

类群	目名	科名	习性	营养器官特征	花序	花程式	果实	染色体
超菊类	石竹目	番杏科	草本	叶常为对生,有时植物体肉质	单生	$\male\female$ ＊ K_{3-8} C_0 $A_{3-\infty}$ $\underline{G}_{(3-5)}$	蒴果	$x=8、9$
		商陆科	草本	单叶,互生,全缘,不具托叶	总状或聚伞花序	$\male\female$ ＊ K_5 C_0 A_{5-10} $\underline{G}_{8-10}$, $\underline{G}_{(10)}$	通常为浆果,胚弯生	$x=9$
		紫茉莉科	草本、木本	单叶,对生或互生	常成聚伞花序,花常具彩色苞片	$\male\female$ ＊ $K_{(3-10)}$ C_0 $A_{1-\infty}$ $\underline{G}_{(2:1:1)}$	瘦果	$x=10、13、$ $17、29、33$
		粟米草科	草本	单叶,互生或近轮生	簇生或形成聚伞状或总状花序	$\male\female$ ＊ K_5 C_0 A_{3-5} $\underline{G}_{(3-5:3-5)}$	蒴果	$x=8、9$
		落葵科	草质藤本	单叶,互生,全缘,稍肉质	总状花序	$\male\female$ ＊ $K_{5,(5)}$ C_0 A_5 $\underline{G}_{(3:1:1)}$	浆果状	$x=11、12$
		马齿苋科	草本	单叶,互生或对生	单生或成头状、圆锥、卷尾状花序	$\male\female$ ＊ K_2 C_{4-5} A_{4-5} $\underline{G}_{(3-5:1)}$, $\underline{G}_{(3-5:1)}$	蒴果盖裂	$x=4\sim12$
		仙人掌科	灌木	茎肉质,柱状或扁平,叶退化或早落	单生	$\male\female$ ＊ K_∞ C_∞ A_∞ $\underline{G}_{(8:1:\infty)}$	浆果	$x=11$
菊类	山茱萸目	山茱萸科(包括八角枫科)	木本	单叶,互生或对生	总状、聚伞、头状花序	$\male\female$ ＊ $K_{4-5,0}$ C_{4-5} $G_{(2-4)}$	核果	$x=8\sim13、19$
		*绣球科	木本	单叶,对生或轮生	聚伞花序排列成伞形、伞房或圆锥状	$\male\female$ ＊ K_{4-5} C_{4-5} A_{8-20} $G_{(2-5)}$	蒴果	$x=9$
	杜鹃花目	柿树科	木本	单叶,互生,全缘,无托叶	腋生	$\male$ / $\female\male$: K_4 $C_{(4)}$ A_{8-16} $\female$: K_4 $C_{(4)}$ $\underline{G}_{(4-16)}$	浆果	$x=15$
		报春花科(包括紫金牛科)	草本、灌木或乔木	单叶,互生、对生或轮生	单花或形成聚伞、总状、圆锥花序	$\male\female$ ＊ $K_{(5)}$ $C_{(5)}$ A_5 $\underline{G}_{(5:1)}$	蒴果或浆果	$x=5、8\sim15、$ $17、19、22$
		山茶科	木本	单叶,互生,无托叶	单花,腋生	$\male\female$ ＊ K_{5-7} C_5 A_∞ $\underline{G}_{(2-5:2:5)}$	蒴果	$x=15、18、$ $21、25$
		杜鹃花科(包括鹿蹄草科)	木本或草本	单叶,互生、对生、轮生或基生	单生或形成伞形、聚伞花序	$\male\female$ ＊ $K_{(4-5)}$ $C_{(4-5)}$ $A_{4-5,8-10}$ $\underline{G}_{(2-5:2-5)}$ (花药常顶孔开裂)	蒴果、浆果	$x=8\sim23$

续表

类群	目名	科名	习性	营养器官特征	花序	花程式	果实	染色体
菊类	杜鹃花目	花葱科	草本	复叶,单叶,对生或互生	聚伞花序	$\male\female$ $✳$ $↑$ $K_{(5)}$ $C_{(5)}$ A_5 $\underline{G}_{(3:3)}$	蒴果	$x=9、8、7、6$
		猕猴桃科	木质藤本	单叶,互生	腋生	$\male\female$ $✳$ K_5 C_5 $A_{\infty,10}$ $\underline{G}_{(5-\infty:5-\infty)}$	浆果、蒴果	$x=15$
		凤仙花科	草本	单叶,对生或互生,植物体常肉质	腋生	$\male\female$ $↑$ K_{3-5} C_5 A_5 $\underline{G}_{(5:5)}$	蒴果	$x=6\sim11$
	丝缨花目	杜仲科	落叶乔木,茎常具片状髓	单叶,互生,无托叶,叶片内具白色橡胶丝	单生或成头状花序	$\male/\male\female:P_0 A_{4-10}$ $\female:P_0 \underline{G}_{(2:1:2)}$	小坚果扁,周围具翅（翅果）	$x=17$
	龙胆目	茜草科	草本、木本	单叶,对生或轮生,常具叶柄间托叶	顶生或腋生的聚伞花序	$\male\female$ $✳$ $K_{(4-5)}$ $C_{(4-5)}$ A_{4-5} $\underline{G}_{(2-5)}$	浆果、蒴果	$x=6\sim17$
		*龙胆科	草本	单叶,对生,稀互生,无托叶	聚伞花序	$\male\female$ $✳$ $K_{(4-5),4-5}$ $C_{(4-5)}$ A_{4-5} $\underline{G}_{(2:1)}$	蒴果	$x=5\sim13$
		*夹竹桃科（包含萝摩科）	草本、木本,植物体常具乳汁	单叶,对生或轮生	圆锥花序、伞形花序、聚伞花序、总状花序	$\male\female$ $✳$ $K_{(5)}$ $C_{(5)}$ A_5 $\underline{G}_{(2)}$	蓇葖果	$x=8\sim12$
	紫草目	紫草科	草本	单叶,互生,无托叶	蝎尾状聚伞花序	$\male\female$ $✳$ $K_{(5)}$ $C_{(5)}$ A_5 $\underline{G}_{(2:4:1)}$（子房常四深裂）	小坚果	$x=4\sim12$
	茄目	旋花科（包括菟丝子科）	草质藤本或寄生植物	单叶,互生或退化（寄生类群）,常具乳汁,无托叶	单生、簇生	$\male\female$ $✳$ $K_{(5)}$ $C_{(5)}$ A_5 $\underline{G}_{(2-3:2-3:2)}$	蒴果	$x=7\sim15$
		*茄科	直立草本	单叶,互生,无托叶	单生或聚伞花序	$\male\female$ $✳$ $K_{(5)}$ $C_{(5)}$ A_5 $\underline{G}_{(2:2:\infty)}$	浆果、蒴果	$x=7\sim12$
	唇形目	*木犀科	木本	单叶或复叶,对生	花单生、簇生或成圆锥状或聚伞花序	$\male\female$ $✳$ $K_{(4)}$ $C_{(4),0}$ A_2 $\underline{G}_{(2:2)}$	蒴果、单翅果、核果	$x=10、11、13、14、23、24$
		苦苣苔科	草本、木本	单叶,基生或对生	聚伞花序	$\male\female$ $↑$ $K_{(5)}$ $C_{(5)}$ $A_{4,2}$ $\underline{G}_{(2)}$	蒴果	$x=4\sim17$

续表

类群	目名	科名	习性	营养器官特征	花序	花程式	果实	染色体
菊类	唇形目	*车前科（包括金鱼草、毛地黄、婆婆纳等属）	草本	单叶,互生对生或轮生	单生、总状或穗状花序	⚥ ✳ $K_4 C_4 A_4 \underline{G}_{(2)}$	蒴果	$x=4\sim12$
		玄参科（包括醉鱼草）	草本或灌木	单叶,互生或对生	总状或穗状花序	⚥ ↑ $K_{(4-5)} C_{(4-5)} A_{2+2} \underline{G}_{(2:2:\infty)}$	蒴果、核果、分果或浆果	$x=6$
		脂麻科	草本	叶对生或上部叶为互生,植物体常具黏液腺	总状花序	⚥ ↑ $K_{(5)} C_{(5)} A_{2+2} \underline{G}_{(2-4)}$	蒴果	$x=8、12、13、15、18$
		爵床科	草本、木本	叶对生	总状、穗状、头状或聚伞花序	⚥ ↑ $K_{(5-4)} C_{(5)} A_{4,2} \underline{G}_{(2)}$	蒴果（中轴胎座）	$x=7\sim21$
		紫葳科	木本,稀草本	单叶或复叶,对生或互生	总状、圆锥或聚伞花序	⚥ ↑ $K_{(5)} C_{(5)} A_{4,2} \underline{G}_{(2)}$	蒴果,种子具翅或毛	$x=7、20$
		狸藻科	水生草本	叶基生或沉水,具有捕虫小囊	总状花序	⚥ ↑ $K_{(2-5)} C_{(2-5)} A_2 \underline{G}_{(2)}$	蒴果,二瓣裂	$x=6、8、9、11、21$
		马鞭草科	木本、草本	叶对生,无托叶	圆锥或聚伞花序	⚥ ↑ $K_{(4-5)} C_{(4-5)} A_{4-5} \underline{G}_{(2:2)}$	核果、蒴果	$x=5\sim12$
		*唇形科	草本	茎四棱,叶对生	聚伞花序或成轮伞花序	⚥ ↑ $K_{(4-5)} C_{(4-5)} A_{4,2} \underline{G}_{(2:4:1)}$	小坚果	$x=5\sim11$
		通泉草科	草本	叶基生或茎生,茎生叶对生	总状花序	⚥ ↑ $K_{(5)} C_{(5)} A_{2+2} \underline{G}_{(2:2:\infty)}$	蒴果	$x=6$
		透骨草科	草本	单叶,对生,节上不稍膨大	穗状花序	⚥ ↑ $K_{(5)} C_{(5)} A_{2+2} \underline{G}_{(2:1:1)}$	瘦果	$x=6$
		泡桐科	木本	单叶互生	圆锥花序或聚伞花序	⚥ ↑ $K_{(5)} C_{(5)} A_4 \underline{G}_{(2)}$	蒴果	$x=6$
		*列当科（包括马先蒿）	寄生或半寄生草本	寄生物种叶退化为鳞片状,半寄生物种叶对生或轮生	总状花序或穗状花序	⚥ ✳ $K_{(4-5)} C_{(5)} \underline{G}_{(2)}$	蒴果	$x=6、12、18\sim21$
	冬青目	冬青科	木本	单叶、互生、托叶早落	聚伞花序	♂/♀♂: $K_{3-6} C_{4-5} A_{4-5}$ ♀: $K_{3-6} C_{4-5} \underline{G}_{(2-4)}$	核果	$x=9、10$

续表

类群	目名	科名	习性	营养器官特征	花序	花程式	果实	染色体
菊类	菊目	*桔梗科	多为草本,常具乳汁	单叶,互生,稀对生或轮生	多为聚伞花序	$\male\female \ast K_{(5)} C_{(5)} A_5 G_{(2-5)}$	常为蒴果	$x=6\sim17$
		睡菜科	水生草本	单叶,互生,稀对生	单生或形成总状花序	$\male\female \ast K_{(5)} C_{(5)} A_5 \underline{G}_{(2)}$	蒴果	$x=9、17$
		*菊科	多为草本	单叶,互生,稀复叶对生或轮生	具总苞的头状花序	$\male\female \ast \uparrow K_{0-\infty} C_{(5)} A_{(5)}$ $\overline{G}_{(2:1:1)}$	连萼瘦果	$x=2\sim19$
	川续断目	*忍冬科(包括川续断科、败酱科)	草本、灌木、小乔木或藤本	单叶,稀羽状复叶,对生	各种	$\male\female \ast \uparrow K_{(4-5)} C_{(4-5)}$ $A_{4-5} \overline{G}_{(2-5)}$	蒴果、浆果、核果或瘦果	$x=8\sim12$
		五福花科(包括接骨木和荚蒾)	小乔木、灌木或草本	单叶、三小叶、羽状复叶对生	伞形花序、聚伞花序	$\male\female \ast K_{2-3} C_{(4-6)}$ $A_{8-12} \overline{G}_{(3-5)}$	核果	$x=9$
	伞形目	海桐花科	木本	单叶,互生或轮生,无托叶	聚伞花序	$\male\female \ast K_5 C_5 A_5 \underline{G}_{(2-5)}$	浆果状蒴果	$x=12$
		五加科	木本	单叶或复叶,常为互生,植物体通常具刺	伞形花序、圆锥花序	$\male\female \ast K_5 C_5 A_5 \overline{G}_{(5-2:5-2)}$	双悬果	$x=9\sim12$
		*伞形科	草本	互生,羽裂,叶基具叶鞘	复伞形花序	$\male\female \ast \uparrow K_{(5)-0} C_5 A_5$ $\overline{G}_{(2:2:1)}$	浆果、核果	$x=11、12$

注:※:重点科,K:萼片,C:花瓣,A:雄蕊 ,G:雌蕊,P:花被,$\male\female$:两性花,$\ast$:辐射对称,$\uparrow$:两侧对称,$(\male\female)$:雌雄同株,$\male/\female$:雌雄异株,$\underline{G}$:子房上位;$\overline{G}$:子房下位;$\overline{\underline{G}}$:子房半下位,数字之间的",",表示"或者"。

参考文献

[1] 贺士元，尹祖棠，周云龙. 植物学（下册）[M]. 北京：北京师范大学出版社，1987.

[2] 贺士元，邢其华，尹祖棠，等. 北京植物检索表[M]. 北京：北京出版社，1980.

[3] 贺士元，邢其华，尹祖棠，等. 北京植物志（上、下册）[M]. 北京：北京出版社，1984—1987.

[4] 傅立国，陈谭清，郎楷永，等. 中国高等植物（3—13 卷）[M]. 青岛：青岛出版社，1999—2005.

[5] 侯宽昭. 中国种子植物科属词典（修订版）[M]. 北京：科学出版社，1982.

[6] 华东师范大学，上海师范学院合编. 种子植物检索表[M]. 北京：人民教育出版社，1980—1981.

[7] 吴国芳，冯志坚，马炜梁，等. 植物学（下册）[M]. 北京：高等教育出版社，1992.

[8] 吴国芳，冯志坚，欧善华，等. 种子植物图谱[M]. 北京：高等教育出版社，1989.

[9] 吴征镒，等，中国被子植物科属综论[M]. 北京：科学出版社，2003.

[10] 张宏达，等. 种子植物系统学[M]. 北京：科学出版社，2004.

[11] 中国科学院植物研究所编. 中国高等植物图鉴（1—5 册，补编 1—2 册）[M]. 北京：科学出版社，1972—1976.

[12] 中国科学院中国植物志编辑委员会编. 中国植物志（1—80 卷），[M]. 北京：科学出版社，1959—2004.

[13] 中山大学，南京大学合编. 植物学（系统分类部分）[M]. 北京：人民教育出版社，1978.

[14] 周云龙. 植物生物学[M]. 2 版. 北京：高等教育出版社，2004.

[15] Gurcharan Singh. 植物系统分类学——综合理论及方法[M]. 刘全儒，郭延平，于明，译. 北京：化学工业出版社，2008.

[16] 詹姆斯·吉·哈里斯，米琳达·沃尔夫·哈里斯. 图解植物学词典[M]. 王宇飞，赵良成，冯广平，等，译. 北京：科学出版社，2001.

[17] 伦德勒 A B. 有花植物分类学[M]. 钟补求，译. 北京：科学出版社，1958—1959.

[18] 哈钦松 J. 有花植物科志[M]. 唐进，汪发赞，关克俭，译. 上海：商务印书馆，1959.

[19] Judd W. S.，Campbell C. S.，Kellogg E. A.，等. 植物系统学[M]. 李德铢，等，译. 北京：高等教育出版社。

[20] Croquist A. The Integrated System of Classification of Flowering Plants[M]. New York：Columbia University Press，1981.

[21] Lawrence H M. Taxonomy of Vascular Plants[M]. New York：Macmillan Company，1951.

[22] Mabberley D J. The Plant-Book，A Portable Dictionary of the Vascular Plants [M]. 2nd ed. London：Cambridge University Press，1997.

[23] Samuel B J. Plant Systematics[M]. 2nd ed. New York：McGraw Hill Book Company，1985.

[24] Takhtajan A. Diversity and Classification of Flowering Plants[M]. New York：Columbia University Press，1997.

[25] The Angiosperm Phylogeny Group. An Update of the Angiosperm Phylogeny Group Classification for the Orders and families of Flowering Plants：APGⅢ[J]. Botanical Journal of the Linnean Society，2009，161：105－121.

[26] The Angiosperm Phylogeny Group. An Update of the Angiosperm Phylogeny Group Classification for the Orders and Families of Flowering Plants：APGⅥ[J]. Botanical Journal of the Linnean Society，2016，181(1)：1－20.

[27] Christenhusz M J M et al. A New Classification and Linear Sequence of extant Gymnosperms[J]. Phytotaxa，2011，19：55－70.